Hope

Refugees and
their Supporters
in Australia
since 1947

希望

オーストラリアに来た
難民と支援者の語り

多文化国家の難民受け入れと
定住の歴史

アン＝マリー・ジョーデンス 著
加藤めぐみ 訳

明石書店

日本語版に寄せて

アン＝マリー・ジョーデンス

私が本書を書いたのは、文化が違っていても難民は私たちと同じ人間だということを、読者が理解する助けになりたかったからです。故郷を逃れることを余儀なくされた難民の苦しみを想像するのは容易なことではありません。第二次世界大戦後、オーストラリアはおよそ八〇万人もの難民を受け入れてきました。最初の難民が到着したとき、オーストラリアの人口はおよそ七五〇万で、基本的に白人・イギリス系の国という自覚がありました。

本書の物語は一九四七年以降の、オーストラリアの難民受け入れと定住政策の大きな変化を振り返っています。当初は、共産主義の国を逃れてきたヨーロッパ系の白人難民のみが白豪主義下で受け入れられました。この白豪主義は、当時社会で認識されていた人種的統一を保つためのものでした。ベトナム戦争に加担したことで、オーストラリアは紛争から逃れた難民を再定住させる国際的取組に従事することになりました。この難民たちによって、私たちはオーストラリアがアジアの一部だと実感することになったのです。一九七〇年代以降は、アジア、アフリカ、南アメリカなどますます多様な国々からの難民がやって来ました。今日《こんにち》、オーストラリアは七五〇万人もの移民と難民を擁する国です。これらの人びとによって、多文化国家を誇れるようになったのです。

難民は移民とは異なり、故国を離れることを選んだわけではありません。生命の危険があるために、できるだけ早く逃れなければならなかったのです。世界の難民の中で再定住できているのは一％未満で、その人たちも異質な文化や社会の中で適応するのが困難な状況です。オーストラリア政府は、難民ができるだけ早く社会に統合され、市民として完全に同等になれるようなサービスに投資してきました。到着後の住居、英語教室、社会保障、就職斡旋、通訳・翻訳、そして虐待と心的外傷《トラウマ》対応カウンセリングサービスなどです。もっとも重要だったのは、一九五〇年の「良き隣人運動」の立ち上げ後、政府が一般市民に、難民をコミュニティに迎え入れ、オーストラリアの法制度や文化を理解する助けになるよう奨励したことでしょう。本書の後半部では、難民再定住にさまざまな形で関わってきた人びとの話を通して、この運動のプロセスを描いています。過去数十年にわたってこの支援サービスは、難民を成功裡に、そして社会の調和を保ちながら統合するのに不可欠であり、彼らが新しい生活を送る機会を提供した社会に貢献できるようにしているのです。ことに両親の文化と新しい社会の文化双方を理解している難民の子どもたちは、オーストラリア国内外における財産なのです。

現在、難民は第二次世界大戦後よりも増加していて、国連難民高等弁務官事務所（ＵＮＨＣＲ）はその支援に奮闘しています。一九五一年の国連難民条約に加盟している国々でさえも、非正規の入国者に対して国境警備を強化している状況です。それぞれの国がこの危機に対して対応を決めなければなりません。本書にある難民とその支援者たちの物語は、オーストラリアが過去の国際危機における被害者にどのように対応してきたかを示しているのです。

私はシドニーの郊外で育ち、そこで家族がヨーロッパから来て隣人となった最初の戦後難民や移民と仲良くなりました。家族がことばの違いを超えて意思疎通を図ろうとしたり、私たちの文化との違いによって彼らが戸惑ったりするのを目撃してきました。文化の相違はあっても、コミュニティにおいて家族や近隣の人びと、そして新しく来た人たち双方が心を開いたことがきっかけで、私は異国出身の人びとへの好奇心を持ち続け、社会正義への情熱を培ったと思えるのです。

オーストラリア国立図書館から私にオーラル・ヒストリー・コレクションのために難民とその支援者の語りを記録するよう依頼がありました。これは、他の国々について知り、その国から逃避せざるを得なかった難民に起こった恐ろしいできごとについて個人的な経験から理解できるという、またとない機会でした。彼らの勇気と、オーストラリアに来たばかりの頃に出会った困難に対応するその柔軟性、さらに新しい環境に適応できるよう彼らを支援した人びとの人道主義に心を動かされました。このインタビューは、国立図書館に所蔵されています。

明星大学の加藤めぐみ氏が本書を日本の読者に届けてくれることとなり、私はとても嬉しく、また誇りに思っています。読者のみなさんが本書を楽しんで読んでくださることを祈っています。

序言

フランク・ブレナン　イエズス会神父　ＡＯ（Order of Australia）

オーストラリア人の多くは、難民や庇護申請者に一度も会ったことがなく、この問題についての現在の政治的論争に当惑したり混乱したりしている。本書は、私たちの国がいかに多様で豊かな文化を持っているか、そして他者を迎え入れる寛容の精神が深い根を張っているかを若い人びとに理解してもらうのに好適であろう。本書はまた難民問題がいかに複雑で、また往々にして不正確に伝えられているかについて、よく知らされていない読者にとっても有益である。

アン＝マリー・ジョーデンスは、その持ち前の的確さで、一九四八年から二〇一〇年までのあいだに六九万三五四九人の難民がいかにオーストラリアで新しい人生を見出したかを紹介している。だが本書は、遠くの政体や政権から庇護を求めて船や飛行機でやって来る難民に対してオーストラリアがますます守勢的な態度を取っていることについて、統計や分析の説明で終始するような読みにくい類の本ではない。本書はその著者と同様、希望に溢れている。その希望とは、歴史を詳しく振り返り、新しく来る者とそれを迎え入れる者の物語を注意深く聞くことによって生まれた希望である。本書は、深刻な人権侵害、世界的な被害者たちの移動習性、そして国防や国境警備に関する国民の懸念などと折り合いをつけるための政府の政策や戦略という明らかな文脈の中で語られている。著者は一方的に判断したりあら捜ししたりしてはいない。過去六〇年のあいだに、不確実性の暗雲が立ち込めた人生を送る難民と、それを受容してきた人びとの中に、きらりと光る希望を注意深く拾い上げているのだ。

アン＝マリーは幼少期に、地域に移り住んできた難民を知ることになった。そしてキャンベラの移民省職員として難民再定住のプログラムを企画・支援する仕事に七年間携わった。二〇〇五年には首都特別地域（ACT）政府の多文化省から、キャンベラのコミュニティへの難民の貢献について関心を高める仕事に関わってほしいという依頼を受けた。それ以来、彼女はオーストラリア国立図書館と協力して、難民とその家族のオーラル・ヒストリーを記録してきた。本書で紹介されたこれらの物語に関心を深めた読者は、図書館に所蔵され公開されているインタビューの全容を聴くことができる。アン＝マリーは傾聴を重んじる共感に満ちた語り手であり、真の多文化社会で難民と新たな隣人とのあいだに培われている「アイ・ザウ・リレーションシップ」――相手を尊重し受容して向き合う態度――を真摯に伝えている。

アン＝マリーは一九四七年以来オーストラリアが受け入れてきた難民とその定住の歴史の展開を、関係者の目から見たものとして描けるよう、インタビュー対象者を厳選して本書を構成した。読者は本書で、第二次世界大戦のドイツやハンガリー、チリやベトナムの政治的迫害、アフガニスタンや南アフリカの抑圧、イランやコソボの宗教的・民族的迫害、アフガニスタンやビルマの児童避難、そしてスーダンやリベリアの民族紛争を実際に経てきた人びとに出会うことになる。これらの被害者が新しい国に貢献する市民となり、一人称で語っている。彼らは、定住を助ける人びとがその物語に耳を傾け、信じ、それを貴重なものとみなしたことで、新天地での希望を見出しているのだ。

本書は人の移動や多文化主義について学ぶ人にもすばらしい資料となるだろう。難民や移民が当事者として、それまでの彼ら自身の背景をもとに声を上げ、さらに自分がその一員として参加し責任を共有している社会に向けて語りかけているのだから。例えば、ラメシュ・ゴヴィンドはアパルトヘイト体制下の南アフリカから超党派のオーストラリア議員の協力により難民としてやって来た。労働党のバリー・コーエンはゴヴィンドの兄が住む選挙区の議員であり、自由党のジョン・ホッジズは関係省の大臣だった。ラメシュは南アフリカにいたときに自身とその家族が受けた組織的虐待について詳しく語っている。オーストラリアの大学で勉強する機会を得て、宇宙測地分析学センターのセンター長になった彼はこう述べている。「一九八〇年代にオーストラリアに来たときには人種間の不寛容は目につきませんでしたが、今は違います。これは指導力の問題であり、指導者層の不寛容が社会に広がってしまっている、と私は思っています。私たちはこういったことに対して気をつけなければなりません。けれどもここで生まれ、私のようなアパルトヘイトの経験がない人たちは、オーストラリア社会の変化に適応していることに気づかないのです」。ラメシュのような新しい国民が、私たち国民の意識に深みを与える力となるのであり、彼らの人生や洞察力が本書のあらゆる章で私たちを啓発してくれているのだ。

本書が難民の経験を振り返る上で独創的な役割を果たしているのは、難民とその支援者双方の関係者のことばでその思いをオーストラリア国民に伝え、歴史の一面における誇るべき主要な変化を伝えていることだ。それは、一九四七年以降、およそ七〇万人もの難民や庇護申請者の定住に成功しているということである。もし現在問題になっているボート難民について、あまりに狭義の党派的な政治に終始してしまうと、私たちは他者を受け入れるというオーストラリアの歴史的背景と誇るべき伝統を失ってしまう危険がある。この背景と伝統は、新たな問題を知らしめ、国として取り組む姿勢を打ち出す助けとなるのである。

私たちオーストラリア人は、ほとんどの近隣諸国が難民条約に加盟していない地域の中で、国境を保ち移民政策を一貫し続けながら、庇護申請者や新たな移民を迎え入れる最良の方法を議論し続けるだろう。ときにはその議論は醜いものになるかも知れない。だが、ラジオ番組で難民反対の意見をぶつける聴者とそのホストらも含めて、議論に参加する人びとの多くが個人的に難民を知り、その旅の詳細を聞き、定住に伴う困難について知り得たら、その議論はずっと違うものになっていくだろう。アン＝マリーはこの実現に向けての道すじを示してくれたのだ。

私が難民と出会う端緒となったのは、一九八七年ある暑い夏の日の午後、タイとカンボジアの国境にある巨大な第二サイト難民キャンプでのことだった。一人のクメール人の男性に、晴れて天気の良い日だねと挨拶をした。男性は疲れ切ったようすで何も言わず私を見た。けれども私にははっきりと大きくその声が聞こえたのだ。あんたには良い日だろう。オーストラリアのボランティアとして善行を施すためにキャンプに来た。帰りたければいつでも帰れる。自分はクメール人だ。ここを出られない。どこにも行く当てはなく、人のためどころか、自分のためにも何もできない。その晩、宿舎に戻った私は、キャンプに来ているのは何のためか自問した。当初は、彼のような人たちに希望をもたらすことができると思っていた。だが私には彼に希望をもたらすことができなかった。私は彼の苦しみを味わっていない。ではなぜ？　誰かがいつの日か、クメール人に背を向けず、その希望に耳を傾けるようにすることが、私の存在意義だった。ことばで表されない希望は消えゆく希望だ。本書は、まったく普通の人びとがオーストラリアで他者を迎え入れ、また迎え入れられるというすばらしい経験の地道な物語を伝えることによって、私たちを鼓舞しているのである。

熟練した著者であるアン＝マリーは、誠意を込めて難民とその隣人たちの希望を本書に著し、彼らへの献辞としている。執筆中に愛する夫「ベルギーの息子、オーストラリアの市民、インド学の学者」のジョスを喪いつつ、彼女はオーストラリアのコミュニティで人びとの力を借りながら新生活をスタートした人びとの粘り強さに希望を見出した。もしオーストラリアの未来に希望を見たいのなら、本書に描かれている人びとの歴史と人生の行路に浸ればよい。ここに安息場所を求めた人びと、そしてそれを与えた人びとの物語に。

目　次

ジョス・ジョーデンスの思い出に捧ぐ

ベルギーの息子、オーストラリアの市民、そしてインド学の学者　一九二五〜二〇〇八

「オーストラリアは恐怖や強欲で作られる国ではない。
愛は恐怖より強い。思いやりは強欲より強い」

オーストラリアで新生活を果たそうとして海に沈んだ一四六名の子ども、
一四二名の母親、そして六五名の父親に捧げるＳＩＥＶ Ｘ号のメモリアルより
キャンベラ　ウェストン・パーク

まえがき

難民の新しい国での定住は、当事者側と迎え入れる国側の双方にとって困難を伴う、人生を変えるような経験である。本書『希望　オーストラリアに来た難民と支援者の語り』は、オーストラリアのコミュニティ、政府、関連組織、そして国連難民高等弁務官事務所（ＵＮＨＣＲ）が、難民保護において長きにわたり協働し、おおかたにおいて寛容で成功している伝統を創り上げたことを思い起こさせてくれる。

本書の難民の人びとの驚くべき物語は、彼らが危険から逃れるあいだに直面してきた苦難を語り、迫害や紛争から自由を求めて逃げるときの人びとの移動が、ほとんど必ず混乱を極め、複雑で、危険を伴うことを示している。難民が新天地で生活を再建するためには、温かく迎え入れ、適切な支援サービスを供給することが重要だ。本書の物語の中には、難民や庇護申請者が時と場合によって――オーストラリアでも、世界中の他のキャンプや避難所でも――ときには悲劇的に、期待通りにはいかないことを表しているものもある。けれども難民が地域のコミュニティや支援ネットワークによる歓迎を受けて、最終的にオーストラリアを「ホーム」と呼べるようになるのはとても勇気づけられることである。普通のオーストラリア人が、ボランティアや専門支援員として大きな役割を担い、難民がオーストラリア中でコミュニティのメンバーとしてうまくやっていく助けになっている。その多くは自身がもと難民で、新しくオーストラリアに来た人びとのために、定住プロセスを負担がより少なく孤立しないようなものにしたいと願っている。また地域のコミュニティの一員として、時間、お金、または専門性を供与して、すべてを失った人を支援したいと考える人びともいる。コミュニティの中から生まれた組織は、難民がオーストラリアでの日常生活に溶け込めるように教育や社会参加を助けてめざましい成果を上げている。

　本書は、着いたばかりの難民一人ひとりと顔を向き合わせることの大切さ、そして難民の人びとが社会の一員となって受け入れ側の国やコミュニティに貢献できるようになる可能性を強調している。さらに本書は、一般社会の認識を深めることが、コミュニティレベルでより多くの人びとを巻き込み、難民がその経験によるトラウマを克服し、やがてオーストラリアでの定住を成功させられることを証明している。この本に描かれている地域コミュニティ、関係組織、支援グループやネットワークが果たしている重要な役割、そして一般社会から寄せられる素朴な寛容の行為は、豊かな西洋社会なら難民が定住するのは易しいだろうと考えていた人には驚きかも知れない。定住のプロセスに関わっている個人やコミュニティが、オーストラリアに来たばかりの難民に多くの時間を費やして助けていることを賞賛すべきである。同様に、この国で往々にして難民問題の議論が加熱するときには、本書のような当事者の語りが難民の来《こ》し方《かた》の現実について認識を高め、地域のコミュニティで隣人になるかも知れない人びととの経験についての理解をより深めることを、私は望んでいる。

　本年（二〇一一年）は難民条約六〇周年に当たる。この条約はその後国際的な保護制度の道徳的・法的な礎となってきた。読者が本書の難民による物語により、この重要な条約の価値と、普通のオーストラリア人が世界でもっとも弱い立場にいる人びとを助ける上で果たせる役割について再認識できることを願うものである。

リチャード・トウル
ＵＮＨＣＲオーストラリア、ニュージーランド、パプアニューギニア・太平洋地域代表
二〇一一年一〇月　キャンベラ

本プロジェクトはＡＣＴ首都特別地域政府によるＡＣＴヘリテージ助成プログラムによる支援を受けている。

略語一覧

ABC	オーストラリア放送協会（公共放送）
ACFOA	オーストラリア海外援助会議
ACM	国立矯正管理局
AMES	成人移民教育計画　成人移民教育プログラム
ANC	アフリカ民族会議
ASEAN	東南アジア諸国連合
CCAE	キャンベラ専門教育カレッジ
CIT	キャンベラ工科専門学校
CRS	キャンベラ難民支援組織
CRSS	コミュニティ難民定住計画
ECC	エスニックコミュニティ委員会
FECCA	オーストラリア・エスニックコミュニティ委員会連合
HIV	ヒト免疫不全ウィルス
ICRA	インドシナ難民協会
IOM	国際移住機関
IRO	国際難民機構　国際難民機関

KWO	カレン人女性組織
MRC	移民リソースセンター
NATO	北大西洋条約機構
NPFL	リベリア国民愛国戦線
NUSAS	南アフリカ学生連合　南アフリカ学生全国連合
PAC	汎アフリカ会議
RAC	難民アクション委員会
RAR	地方オーストラリアの難民支援
SASO	南アフリカ学生機構　南アフリカ学生組織
SIEV	不法侵入容疑船
SPLA	スーダン人民解放軍
SWAPO	南西アフリカ人民組織
TAFE	職業訓練専門学校　高等職業訓練専門学校
TRANSACT	トランザクト
UN	国際連合
UNHCR	国連難民高等弁務官事務所

凡　例

本書では、難民（refugee）、避難民（displaced persons）、庇護申請者（asylum seeker）などの語については原則として原著の通りに訳した。難民については、難民条約に基づく認定を受けていなくても、より広義にこの語が用いられている場合がある。

なお、難民とは、国連の「難民条約」（1951年採択の「難民の地位に関する条約」および1967年採択の「難民の地位に関する議定書」の総称）による定義では、「人種、宗教、国籍もしくは特定の社会的集団の構成員であることまたは政治的意見を理由に迫害を受けるおそれがあるという十分に理由のある恐怖を有するために、国籍国の外にいる者であって、その国籍国の保護を受けられない者またはそのような恐怖を有するためにその国籍国の保護を受けることを望まない者」とされる。しかし、紛争や暴力、迫害等により国外に避難した人びとを、難民条約に基づく難民として認定されているか否かにかかわらず、広く難民と呼ぶことも多い。他方、避難民とは国内に留まっている人びと、庇護申請者とは国外において保護ないしは難民認定を求める人びとを指す。

人名、地名などの固有名詞の表記は、著者との確認及びオーストラリア国立図書館所蔵のインタビュー録音をもとにした。日本で定着していると思われる地名はそれを用いた。

第一部　命がけの希望

序章

私が子どもだった一九四〇年代の終わり頃、住んでいたシドニー南西部郊外のラケンバに、とても変わった人たちがやって来た。英語に訛りがあり、奇妙な服装だった。彼らは第二次世界大戦後にオーストラリアに到着した最初の難民で、やがて私たちと家族ぐるみのつき合いが始まった。およそかけ離れた世界からやって来ていたので、私たちはどんな質問をしたらよいかもわからなかった。その人たちも聞かれるのは嫌だったかも知れない。あちらは英語を話すのに四苦八苦し、オーストラリア的に物事を進めるのにも慣れず、こちらの理解もなかなか進まなかったけれど、私たちは次第に人間として、個人として知り合うようになった。おそらく失敗もたくさんあったに違いないけれど、それは問題ではなかったように思う。当時は想像もしなかったが、この難民の人たちが私の将来を形成するのに関わることになった。移民や難民がオーストラリアにどのような影響を与え、今日のような活気のある多文化社会に変えていったかを一生かかって探求する出発点に私を立たせたのだ。

本書は、近隣で見かける難民について、どのような人たちなのか、なぜオーストラリアにやって来たのかをもっと知りたいと考えるオーストラリア人に向けて書いた。これは、過去六〇年にわたって難民定着が順調に進んでいるキャンベラという地域をもとにした、オーストラリアという国としての物語でもある。本書の第一部に登場するそれぞれの難民の物語からは、オーストラリアにやって来た難民の特徴、年齢、宗教、出身国が多岐にわたっていることがわかる。彼らにインタビューするまで、それぞれの人生がどれほど興味深く、また元気づけられるものか考えつかなかった。難民の背景はさまざまだが、誰にも共通するのは生きようとする意欲、忍耐強さ、そして教育への情熱だ。難民の人びとは家族と自分の命を守るために、衝撃的なできごとを経て家や祖国を逃れてきた。そして今、未来への希望を差し出してくれたこの見知らぬ国で、新しい人生を始めるために新たな挑戦に立ち向かっている。彼らが語るのは、希望と勇気の物語なのだ。

それぞれの物語は、オーストラリアが難民を受け入れ始めた一九四七年以降のこの国の変化を描き出している。この年に、栄養失調に陥っていた一〇代のユダヤ人少年ピーター・ウィティングがメルボルンに着いたのだった（第一章）。ピーターとその家族は第二次世界大戦中に上海で日本軍による囚われの身だったが、もしドイツに留まっていたらナチスにどんな目に遭わされたか知れなかった。ラズロ・マカイの物語は、大戦後のヨーロッパの講和調停によりハンガリーのような国々がソビエト連邦の一部になった結果、何百万もの人びとが陥った混乱状態を表している（第二章）。ラズロは他の多くの避難民と同様に当時新しく設立されたオーストラリア政府移民省に認定され、国際難民機構（IRO）によってオーストラリアに送られてきた。このIROは、ヨーロッパに設営された定員過剰のキャンプから何千という難民を再定住させるため世界中の第三国へ送ったのだ。オーストラリアで二〇年以上にわたり三二万人もの戦後移民と難民の最初の家となったボネギラ移民キャンプでの生活を、ラズロは昨日のことのように語っている。

ナチスによる強制収容所の恐怖が世界に伝わり、第二次世界大戦以前にその迫害を逃れてきた人びとを受け入れなかったことへの反省に基づいて、多くの国が、生命の危険にさらされた人びとがその国に戻されることがないようにと結束した。一九五一年にはオーストラリアは「国際連合難民の地位に関する条約」（国連難民条約）に署名した最初の国の一つになった。この条約では難民、および彼らを受け入れる国の責任が定義された。当初はこの条約は一九五一年以前に難民になった人びとを該当者としたが、一九六七年に将来的な難民すべてに当てはめることとなった。二一世紀を迎えるまでに、一四五か国がこれを批准した。この条約によれば、難民とは「人種、宗教、国籍若しくは特定の社会的集団の構成員であること又は政治的意見を理由に、迫害を受ける恐れがあるという十分に理由のある恐怖を有する国籍国の外にいる者で、その国籍国の保護を受けることができない、又はそのような恐怖を有するためにその国籍国の保護を受けることを望まない者」である〔外務省ウェブサイト訳 http://www.mofa.go.jp/mofaj/gaiko/nanmin/main3.html#section1〕。この条約を批准したときにオーストラリアが負った責任の一つは、正規でない方法で到着した人びとが、その後に庇護を求め、それに見合う正当な理由があった場合には、罰則を加えないということだった。けれどもラメシュ・ゴヴィンド（第三章）とムスタファ・ジャワディ（第五章）の物語が示すように、庇護を求める人びとへのオーストラリアによる処遇の仕方も変化している。

オーストラリアの難民政策は、異なる人種、民族の人びとに対するこの国の政治的な信条や態度の変化を反映している。一九五〇年代、六〇年代には、冷戦と白豪主義がオーストラリアの方向付けをしていて、受け入れていたのは共産主義の迫害を逃れてきたヨーロッパ系の白人難民だけだった。チリの右翼政権を逃れてきた共産主義者エルバ・クルズ＝ザヴァラの物語（第二章）は、一九七〇年代初期の労働党ホイットラム政権下に起こった大きな変化を映し出している。一九七五年のインドシナ戦争終結後は、何十万人もの人びとがかの地を逃れ、他に方法がないままに、沈みそうな船で海に逃れ、その多くがオーストラリアを目指していた。ヴァン・フン（第二章）は、そのような危険な船旅について胸が張り裂けるような経験を語っている。一九八〇年代には、国連難民高等弁務官事務所（UNHCR）と国際移住機関（IOM）という二つの中心的機関ができたことにより、国際社会は戦争によって難民となった人びとをアジアのキャンプから第三国へ移住させる協力体制を構築した。

一九八〇年代の難民の出身国はますます多様化した。一九八二年に、命を懸けて抑圧的な政権に抵抗した二人の大学生がオーストラリアに到着した。ソ連占領下のアフガニスタンから来たマムード・サイカルと、南アフリカのアパルトヘイト（人種隔離政策）に抵抗するブラック・パワーのメンバーだったラメシュ・ゴヴィンドだ。それぞれすでにオーストラリアにいた兄弟が身元引受人となり、オーストラリアで学業を続けることができた。マムードは建築家になり、やがてアフガニスタン最初の在豪大使を務めた。ラメシュは宇宙測地学者になった。多くの難民が故郷に帰って自分の能力を生かし状況を改善しようと願っているが、その機会を得られる者はほとんどいない。そのような中、マムードは幸運にも、戦禍に疲弊したアフガニスタンに戻って大きな開発事業に携わった。一九八五年にはイランのバハイ人学校のスクールカウンセラーだったシミン・ファルザンが家族とともにオーストラリアに到着した（第四章）。シミンはその経験を生かして、現在キャンベラのカトリックケアという組織で他の難民が定着する手助けをしている。

一九七〇年代終わりに最初の「ボート難民」がやって来たとき、オーストラリア政府は他の難民と同様に対応し定着支援を行った。一九八九年に、特にカンボジアを中心にしたボート難民の第二波がやって来たとき、この人たちへの政府の対応には大きな変化が現れた。政府は彼らを抑留し、一九九二年には非正規の入国者は難民申請が通るまで強制抑留することを法制化した。一九九一年にポートヘッドランド〔西オーストラリア〕に最初の抑留センターが開設され、庇護申請者を法律やコミュニティ支援からできるだけ遠いところに留めてしまった。

もう一つの大きな変化は一九九九年に起こった。このときハワード〔自由党連立〕政権はコソボ難民を三か月しか保護しなかったのだ。それまでオーストラリアはいつも永住を前提に難民を受け入れ、オーストラリアで生活を再建するために心の安寧と生活の安定を供給し、オーストラリア市民として貢献できるように計らっていた。荒廃したアルバニアのプレセシェヴォ・ヴァレーに戻るよう言い渡されたイスラム教徒のジゼリ・オスマニは、戻れば危険であることがわかっており、離国を拒んだ。すると夫と五人の幼い子らとともにポートヘッドランド抑留センターに送られたのだった（第四章）。

本書で一番年齢が若い二人の難民の話は、民族的迫害によって故郷を追われた子どもたちにとって国外や避難国到着後の抑留センターでの生活がどのようなものかを明らかにしている（第五章）。一〇歳だったハザラ系アフガニスタン人のムスタファ・ジャワディは、二〇〇一年に両親とともに船でオーストラリアにたどり着いた。最初はクリスマス島に、のちに三年間ナウルに留め置かれた。パ・リ・ルは四歳のとき、カレン族の家族とともにビルマ政府の迫害から逃れてタイの難民キャンプに収容された。二〇〇六年にオーストラリアで身の安全と生活の安定を得られたときは、二二歳になっていた。

二一世紀に入って最初の数年間は、オーストラリアは広範な国々から難民を受け入れていた。二〇〇二年にはアフリカ系オーストラリア人の移民局職員パウラ・カンスキーが、アフリカ難民をオーストラリアに移住させるためにＵＮＨＣＲやＩＯＭと協力して働いた。第一〇章で、カンスキーは超満員になった惨めな難民キャンプ生活、そして難民を選別しなければならない過酷な過程について赤裸々に述べている。アテム・ダウ・アテムは一〇代のときに、他の多くのスーダン人とともに庇護を求めて近隣の国々をさまよい、やがて数千もの人びとに混じって国連設営のケニヤにあるカクマキャンプに逃れ、二〇〇二年にオーストラリアに渡ってきた（第六章）。ガーナにある国連キャンプから選別されてきたリベリア人のピーター・デニスは、二〇〇六年に五人の子どものうちの二人とともにオーストラリアにやって来た（第六章）。こういった巨大な難民キャンプでの経験談は、世界の避難先キャンプで人生を費やしている約一〇四〇万の人びとの絶望感や悲惨さを物語っている。彼らには故郷に帰る望みはほとんどなく、また第三国に定住できる当てもないのだ。

本書の第二部では、一九四八年から二〇一〇年のあいだに、オーストラリアがこのあいだの移民総数の約一〇％に当たる六九万三五四九人の難民を受け入れてきた偉業を記録している。第一部で自分史を語った難民の人びとは、第二部に登場する支援者によってキャンベラのコミュニティにうまく溶け込んでいった。第七章ではボランティアによるコミュニティ組織の発達について述べる。一九五〇年以降、移民省は難民の定住のためにこういった組織に大いに依存していた。当初はドメニコ・ロマーノのような一般市民が「良き隣人運動」のような組織を通じて活動していた。一九八〇年になると、ジョン・モロニーとドニーズ・モロニーやマリオン・レイのように移民省の「コミュニティ・難民定住定着計画」に関わる組織へのボランティアとして活動する人、またはドメニコ・ロマーノやエリザベス・プライスのようにキャンベラの「移民資源センター」のような組織で働く人が出てくる。サイモン・シハラスとキャンベラのラオス人コミュニティグループの協働が示すように、エスニック・グループの組織も難民の定住に重要な役割を果たしている。一九九九年には政府は各州の主要な福祉団体に難民定着サービスを行う契約を結んだが、それはかつてコミュニティのボランティアが行っていたことだった。そのような組織の一つであるキャンベラのカトリックケアについてシミン・ファルザンも触れている（第四章）。

第二次世界大戦後、オーストラリア連邦政府は難民向けに英語クラスや社会生活移行のクラスを開講するため、専門家を訓練・育成する資金を提供してきた。難民がそれを受講して、新しい社会にうまく溶け込み生活を再建できるようにするためだった。戦後すぐの時代には、渡航前、渡航途中、そして到着後に授業を受けたり、ボランティア教師によって在宅で英語を学んだりすることができた。第八章ではメラン・マーティンが、船上教育官として渡航前の授業を運営し、またホーム・チューター計画のコーディネーターとなり、さらに教師としてトラウマを抱えた難民へ英語を教えた経験を語っている。エリザベス・プライスも、キャンベラにあるコンパニオンハウスという虐待・トラウマカウンセリングサービスのカウンセラーになる前に英語を教えていた。またクリスティン・フィリップ医師も、二〇〇一年からここで一般医として難民への対応をしている。難民から要望の高いこのカウンセリングサービスは、一九八九年に連邦政府によって国中で開始された。

一九〇一年の連邦成立から一九九六年までのあいだに、オーストラリアは約一万五〇〇〇人の庇護申請者を受け入れた。一九九六年から二〇一〇年のあいだには、三万二四三二人の国内〔on-shore〕申請者が難民認定を受けたが、近年他の国々に到着している難民の数と比べると少なくなっている。当初は、その到着方法にかかわらず難民はすべて永続保護を受けていた。ところが一九九九年以降、上陸して庇護申請をする難民に一時保護ビザが段階的に導入され、やがて二〇〇三年には上陸した申請者は一時保護しか受けられなくなってしまった。これにより、申請者が収容所で長い期間留め置かれたあとにようやく難民と正式に認定されても、社会保障の恩恵や、これまで政府の下部として福祉組織がいつも供給してきたすばらしい定住のためのサービスに、限られた範囲でしかつながらなくなってしまった。

幸いにも、州政府・準州政府や二〇〇一年に設立した独立系の地域規模、全国規模のコミュニティ組織が、庇護申請者たちの支援に乗り出した。第九章では、「キャンベラ難民サポート」のジェフ・マクファーソン、「難民を助けるオーストラリア地方の会」のヘレン・マキュー、「難民アクション委員会」のシスター・ジェイン・キーオウ、そして移民手続き代理人のマリオン・レイが、なぜ、そしてどのようにして庇護申請をする人びとを助けるのかについて述べている。

一九六七年以降オーストラリアは「オーストケア」〔現在は「アクション・エイド・オーストラリア」〕と

いう組織を通じて、海外の難民キャンプに収容された人びとを支援してきた。一九八二年には、「オーストラリア難民委員会」という別組織を設立し、政府の難民政策改善を進める助けになった。第一〇章でウィリアム・メイリーが国のこういった組織で働いた経験について紹介している。国連難民条約に基づいた貢献をするために、オーストラリア政府は二つの国際的組織のトップ、UNHCRとIOMと協働してきた。同じ章で、パウラ・カンスキーは二〇〇二年から二〇〇五年にかけて、移民省の役人としてアフリカで両組織とともに仕事をした経験を述べている。

二〇〇五年に、私はオーストラリア首都特別地域の多文化局に、キャンベラのコミュニティで難民がどのような貢献をしてきたかについて人びとを啓発する企画についての依頼を受けた。オーストラリア国立図書館の契約インタビュアーをしていたので、第二次世界大戦以後にキャンベラにやって来た難民とその支援者たちの物語を記録し、オーストラリア、そして世界の次世代の人びとにその声を届けたいと考えた。中でも、一九四七年以降の連邦政府の難民認定と定住政策の主要な変化を映し出すものを選択した。ポジティブな物語だけを求めたのではないが、傷つきやすい元難民の人びとが、さらにトラウマに囚われることがないように気をつけた。長年キャンベラの「難民ウィーク」〔六月二〇日の「難民の日」の時期〕委員会のメンバーになっているので、この地域の難民とその支援者のネットワークを知っており、イベントでもインタビューの相手に会っていた。支援者については組織を通じて連絡が取りやすかった。本書で支援者としての経験を語ってくれた人びとは、過去六〇年のあいだにオーストラリアでこれほど大勢の難民がうまく定着できたことに寄与してきた多くのボランティアや専門職の人びとのうちの、ほんの一握りだ。これについては、すべてのオーストラリア人が誇ってよいことなのでは、と思っている。

私のインタビューはすべて、相手の母国語でなく英語で行われた。彼らの語りを注意深く物語に起こし、その口調も損ねないように注意を払ったが、読み物として提示するためにかなり編集を施した。インタビューした相手には、テープから起こした物語を読んでコメントを求めた。これによりあとから情報を付け加えた人もいたが、誤りがあればすべて私の責任である。

難民や庇護申請者であるということは、その人の人生航路の中のほんの一時的な期間だ。いったん難民認定が下りて受け入れが決まれば、この地の住民となり、市民として国の十分かつ平等な一員とみなされるのである。本書は第二次世界大戦以後キャンベラで発展した難民、庇護申請者、その支援者のネットワークを通じて見た難民定住についての国の物語を描いているが、同様の物語はオーストラリア国内どこでも多くのコミュニティに見られるに違いない。そういった物語は、個人的なものであり、そして人びとに感動を与えるものである。そしてそれは総体として一九四七年以降のオーストラリアの難民史の概観となっている。

第二次世界大戦——ドイツ、ハンガリー

ピーター・ウィティング

ナチス支配下のドイツに育ち、一〇代を上海の日本軍収容所で過ごす。

一九二八〜一九三八年　ドイツ

私は一九二八年に当時ドイツだったグリヴィツェ〔現ポーランド〕で生まれました。父は炭鉱会社の役員をしていました。七歳になる頃には、ドイツの小さな町はどこも反ユダヤ主義的な雰囲気になっ

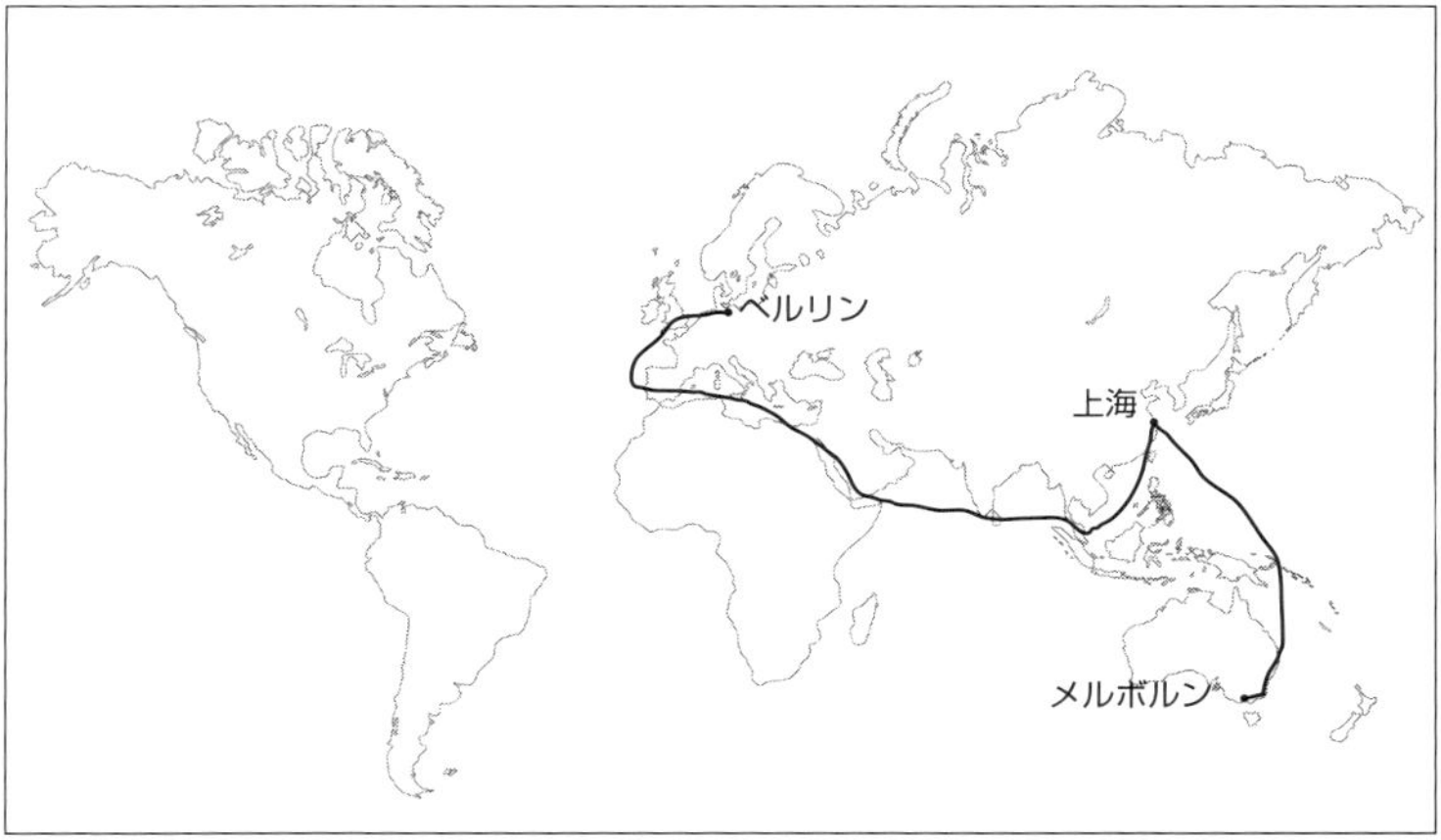

ていました。学校では私は唯一のユダヤ人生徒でした。小学校では、教師はしょっちゅう私をいじめ、悪い成績しかつけてくれませんでした。このように教師からいじめられていたことで私は生涯苦しんでいます。当時植えつけられた劣等感に苛まれ、今でも自分の気持ちを素直に言えないことがあります。水泳の授業のとき、ある教師に溺れさせられそうになったことが忘れられません。腰にベルトを締められた私は、滑車で天井からロープで水の上に吊されました。プールの真ん中まで滑車が届くと、その教師はいきなりロープを外したのです。私は水に落ち大量の水を飲みました。運よく別の生徒が飛び込んで助けてくれました。それ以来、私は水中に頭をつけるのが怖いのです。

九歳になったとき父が職を失いました。会社はユダヤ人のもので、政府が取り上げて「アーリア化」したのです。一九三九年に私たちはベルリンに移りました。ベルリンでは状況は良かった。都市の人びとはユダヤ人に寛容だったし、多くの親戚もみなベルリンにいたのです。

祖父母や、おじ、おば、大おじ、大おばが、私と妹を甘やかしてくれました。父方、母方双方の祖父母は一九二三年にドイツ東部のポーズンからベルリンに移住しました。それは、第一次世界大戦後の和平交渉でポーズンがポーランドの一部になったからです。祖父母らはポーランドが反ユダヤ的だと恐れていたのでドイツに住むことを望んでいました。一九三八年の時点でもまだドイツをキリスト教的文明国とみなしていたのです。祖父母もその他の家族も、ずっとドイツに暮らし、税金を払い、法も犯していないのだから何も恐れることはないと考えていました。祖父母、特に母方の祖父は、私の両親よりも信心深かったのですが、両親はドイツに同化していました。ベルリンの祖父母の家ではいつも金曜日の安息日シャバットの正餐を守っていました。私の両親は主要な休日には従っていましたが、その程度でした。

私たち家族は母方の祖父母が所有していた建物のアパートに住んでいました。祖父母はそこそこに豊かでした。そのあたりはシェーネンベルクというとても素敵な地域でした。多くのベルリンの住居のように、四角い建物で中庭があり、正面には小さな庭がついていました。その近隣には公園もありましたが、ユダヤ人は入園禁止でした。公園のベンチに示された掲示には、ユダヤ人座るべからず、とありましたが、私たち子どもはお構いなしに公園に立ち入っていました。両親や親戚は私たちを守り、良くないニュースは耳に入れないようにしていました。私たちの近隣は穏やかなところで、ベルリンでの反ユダヤ的な攻撃の記憶はありません。ユダヤ人の子も、同じ建物に住んでいたキリスト教徒の靴屋の娘などの非ユダヤ人の子も一緒に遊んでいました。何の屈託もない九、一〇歳の子どもでしたが、両親にとっては違っていたのでしょう。

父はベルリン大学で経済学を修めていましたが、ベルリンでは仕事を見つけられませんでした。何か技術を身に着けようと、コックとドライクリーニングの訓練を受けました。母は帽子作りを学びましたが、こんな技術は役に立ちませんでした。仕事を見つけるのが事実上不可能だったのです。妹のマリオンと私は近くのユダヤ人学校に毎日通いました。友達もたくさんいてとても楽しかった――一九三八年一一月九日夜から一〇日の未明にかけてまでは。このときが、クリスタルナハト――「水晶の夜」として歴史に名を刻むことになったのです。

幸運なことに、同じ建物に住んでいたキリスト教徒の靴屋はとても良い人で、多くのユダヤ人や反ファシスト者を助けていました。彼が父にこの夜は家にいないように忠告してくれたのです。この恐るべき夜、父は地下鉄にずっと乗車していて無事でしたが、ユダヤ人商店やシナゴーグが焼き討ちに遭い、多くのユダヤ人が殺され、何千もの人びとが強制収容所に送られたのでした。マリオンと私には何が起きたのかわからなかったので、翌朝学校に行きました。歩いて行く途中で、店の窓の壊れたガラス、シナゴーグを焼く炎、ユダヤ人についてのひどい落書き、そして追い立てられていく人びとを目撃したのです。何が起こっているのかまったくわかりませんでした。学校に着くと、すぐに家に帰るように言われました。教師の多くが連れ去られ、次に何が起こるか誰にも見当がつかなかったのです。私は一〇歳、マリオンは九歳で、二人とも怯えきっていました。

それから五か月のあいだ、両親は何とかドイツを出る手段を探していました。アメリカにいたおじが私たちの移住の保証人になってくれようとしましたが、アメリカ政府は両親の出身ポーズンをポーランドとみなしていました。ポーランド移民数を制限していたので、アメリカ行のビザには一、二年はかかると言われたのです。マリオンと私にキンダー・トランスポートという子どもの移送プログラムの話もありました。イギリスなどの国々が、一万人の子どもを受け入れることになったのです。両親は、親戚がいるオランダに私たちを送ることも考えましたが、離ればなれになることには堪えられなかったようです。ビザなしで行けるのは上海だけだったので、私たちはそこに行くことになったのでした。

中国のような知らない国に行くことになって、両親がどのような気持ちだったか、想像もできません。上海についても何も知らず、父はずっと失業していたので渡航費もありませんでした。母方の祖父母が助け舟を出してくれてロイド・トリエスティノ社のコンテ・ヴェルデ号の一等船室切符を買ってくれたのです。

私たちの出発直前に、祖父が買い物に連れ出してくれて、モンブランの万年筆とシャープペンシルを餞別に買ってくれました。私はそれをまだ持っています。あとに残る家族にさよならを告げたときのことは忘れられません。祖父母が、私たちの出発をどれだけ悲しんでいるか考えると胸がつぶれるようでした。もう二度と会えないと思うとひどく心が痛みました。ベルリンから、ミュンヘン、ミラノを経由して乗船するトリエステまで行く汽車に乗り込んだときは胸が引き裂かれるようでした。とても仲の良い家族でしたから。けれどもドイツをあとにしたことに後悔はありませんでした。それに子どもにとっては心躍る冒険でもあったのです。私は実際に起こっている状況をよく理解するにはまだ幼すぎたのです。

一九三八年　中国行きの旅

船旅はすばらしく、天国のようでした。大人たちに甘やかされ、友達もでき、珍しい港も目にしました。ベニス、マルセイユ、ブリンディジ、ポート・サイード、ボンベイ、コロンボ、シンガポール、そして上海。乗船していたのはヨーロッパを逃れるユダヤ人ばかりで、寄港するたびに当地のユダヤ人コミュニティの代表が助けてくれて、贈り物をくれました。港に着いてもお金がなかったのですが、ロイド・トリエスティノ社がくれたバッジがあったので、シンガポールではそれをパイナップルに交換しました。ドイツではパイナップルはひじょうに高価なのでスライスでしか売っていなかったのです。両親は何とか捻出したお金で、船上でカメラを購入し、父は上海で何枚か写真を撮りました。けれどそれもやがて食糧を買うために売ることになるのです。

一九三八～一九四三年　虹口《ホンキュー》のゲットー

上海で豪華客船から下り、栈橋から埠頭に着きました。そこはまちの中心に位置していました。私たちは屋根のないトラックの荷台にぎゅうぎゅう詰めになってホンキュー地区のユダヤ人ゲットーに連れて行かれました。当時上海は中国支配地域、国際共同租界、そしてフランス租界に分かれていて、それぞれが支配する国の法によって治められていました。一九三七年の日本侵略に伴い、ホンキューを含む上海の北側が、国際共同租界から日本に譲渡されていました。戦争でこの地域はほとんど完全に破壊されていてようやく再建が始まったところだったので、安く住むことができたのです。そういうわけで、私たちのような文無しの難民がそこに住みつくことになったのでした。ユダヤ人は一九三〇年代半ばからホンキューにやって来ていましたが、「水晶の夜」と一九三九年九月一日のヨーロッパ開戦のあいだに、約二万人のユダヤ人がドイツや中央ヨーロッパから船で移って来ました。その後船舶での輸送が中断すると、難民の人びとはシベリア鉄道でウラジオストックまでの長旅ののち、船で上海にやって来たのです。

ゲットーでは私たちはバラック建ての小屋に他の三五人とともに収容されました。狭い通路を挟んだ二段ベッドが列をなし、みなそこで眠りました。プライバシーを保つため、ベッドのあいだにシーツを吊したのです。幸運にも南アフリカにいた母の兄がお金を送ってくれたので、一家は避難所を出て同じホンキュー地区にある三階建ての建物の一室を借りることができました。そこは一〇の部屋に分かれていて、およそ二五人が住んでいましたが、当時少なかった水道とトイレがある建物でした。私たち四人は、小さなベランダがついた四メートル四方の部屋に一緒になって寝ました。正方形のテーブルと椅子を四脚置くことができ、また母のトランクがタンスの代わりになりました。私たちは一所有物をベランダに置いた戸棚にしまいました。ここが上海で過ごした八年間の家になりました。一九四三年五月以降、日本軍がこの地域一マイル四方をユダヤ人指定地域にしたのです。

一九四一年一二月に太平洋戦争が勃発する前は、上海のどこでも行けたし職業に就くことさえできました。父ははじめアメリカの会社の簿記と出納係になりました。母はとても積極的な気質だったので、祖父にコネをつけてもらってドイツとの輸出入のビジネスを始めようとしたのです。開戦後は、父は中国の化学会社の代理店をすることになり、やがて父母ともに商品で重くなった鞄を抱えて共同租界とフランス租界へ遠くまで売り歩くようになりました。市電やバスに乗るお金はなかったのです。暑い夏、雪の降る冬という厳しい気候のあらゆる天気の中を父母は歩きました。母とその友人は埠頭の近くのバーにも物売りに行きました。財布やストッキング、その他こまごましたものを水夫やその連れの女性に売る商品で鞄はいっぱいでした。商売はうまくいっていたのですが、ある日中国人犯罪者の一味に金と商品を盗まれてしまい、結局それきりでした。命が助かっただけ良かったのです。幼い子どもを抱えた三〇代半ばから後半の父母にとっては、たいへんな時期だったと思います。私たち子どもにとっては、特に始めの頃は学校にも行っていたので、冒険じみた印象のほうが強かったのです。母が金を稼ぐために一日歩き回ったあと疲れ切って帰ってきて、それからホットプレートで夕食を作っていたことを思い出します。一九四〇年頃、両親と私は腸チフスにかかりました。父は四週間入院し、この病のために以後ずっと心臓が悪くなったのです。

太平洋戦争前は、上海は巨富と極貧の対比が大きい場所でした。ホンキューのゲットーでも豊かで活力に溢れた文化生活が見られたのです。財源が限られていて舞台は粗末でしたが、才能ある芸術家がいて、多くの音楽会が開かれ劇が上演されました。難民向けのドイツ語や英語の新聞や雑誌もたくさん刊行されていて、難民の中にはその出版業でかなり成功した者もありました。レストランやカフェもありましたが、利用できる人は限られていました。多くは貧しくてそのような恩恵にはあずかれなかったのですが、余裕のある人たちもいたのです。ゲットーの地区に、ルーフガーデンがついたカフェがありました。そこではダンス会が催され、両親はまだ稼いでいた頃、何度か行っていました。

けれどそれはとてもまれなご褒美だったのです。

一九四一年一二月の真珠湾攻撃が、ホンキューのすべてを変えてしまいました。日本軍が国際共同租界とフランス租界に行軍してきて上海港に停泊していた英・米の小型砲艦を爆撃したので、何ごとか起こったのだとわかりました。日本軍はロシア以外のニュースを遮断しました。当時ロシアは参戦していなかったのです。ラジオを所有している者は厳しく罰されましたが、隠し持っている人もいてこっそり聴いていました。地下組織もあって、上海周辺のキャンプにいた連合軍の戦争捕虜や民間抑留人と連絡を取ったり助けたりしていたのです。

一九四一年一二月以後は、私たちには収入の道が途絶えてしまい、蓄えもすぐに底をついてしまったので、慈善に頼らざるを得なくなりました。両親がそれだけは避けたいと考えていたことでしたが。父はアメリカの会社が上海から引き揚げたときに職を失い、靴墨を売る仕事をしたのですが、母ほどうまくいきませんでした。母には売るぞという強い決意があり、また英語も流暢だったのです。ユダヤ人コミュニティがこれだけ多くの難民を支えるのは難しくなりました。上海に長くいて裕福だったユダヤ人たちはイギリス国民だったのでみな強制収容され、その商売や財産が没収されてしまったのです。彼らは一八四〇年代の阿片戦争のあとにインドやイラクからイギリス人とともにやって来た、東洋系ユダヤ人の貿易商でした。強制収容されなかったロシア系ユダヤ人の大半は一九一七年のロシア革命後に上海に逃れて来た人びとで、さほど豊かではありませんでした。しかし戦争中はほとんどアメリカユダヤ協会と赤十字からの経済的支援がありました。戦争初期は赤十字を通じてドイツの家族から返信切手が入った郵便が届きました。ユダヤ系の慈善事業は私たちの部屋代を助けてくれていたのだと思います。やがて、上海に到着したときに身を寄せていたユダヤ人避難所の共同キッチンで日々の食事をとらなければならなくなりました。そこの食事はまずくて量も少なかったのです。トウモロコシのひどいお粥が出たのを覚えています。ときには卵やバナナ、また何かよくわからないスープもありました。でもとにかく食べ物であり、それで生きられたのです。

両親に稼ぎがあった頃は、マリオンと私は近くの私立学校に通いました。収入が途絶えると、今度は金持ちのイラク系ユダヤ人のホレス・カドゥーリが難民の子どものために建てた学校に通うことができました。この人が学校に私たちを視察に来たときのことを覚えています。太平洋戦争前は教師はイギリス人、アメリカ人、またはユダヤ人難民でした。中国語、フランス語、歴史、地理といった科目を英語で習いました。日本軍がやって来ると、私たちは日本語も学ばなければなりませんでした。カドゥーリは生徒が一四歳になって卒業するときには仕事を保証し、病気の子どもには果物や自筆のサイン入りの素敵なカードが入った籠をくれたのでした。私が腸チフスになったときもそのような籠をもらい、このカードは後にエルサレムのホロコースト博物館に寄贈しました。彼はまた卓球のような課外活動がいろいろとできるクラブを開いてくれたので、楽しむことができました。ラジオの組み立てを覚えたのはそのクラブでした。一九四〇年にはユダヤ人のボーイスカウトに加わり、戦争中もずっと活動しました。自分たちの会議室まであったのです。はじめの頃は上海の他の中国人、イギリス人、アメリカ人ボーイスカウトクラブとの大会も開催しました。このように楽しいときもあり、私たち難民の子どもを助けようとする親切な人が多くいたのです。

一九四三～一九四五年　日本軍下の強制収容

一九四三年二月までは、比較的自由に上海内を移動でき、また日本軍から干渉もされませんでした。その後、一九三七年以降に来たユダヤ人はみな五月までにホンキュー内の一マイル四方の地域に移るようにという布告があったのです。このユダヤ人たちは一九三七年にドイツの市民権を剥奪されていて無国籍状態でした。私たち一万八〇〇〇もの難民は、すでにそこに住んでいた一〇万もの中国人とともに、その収容所に押し込められました。この「指定区域」から出るには許可が必要でした。許可なしに外にいて捕まれば、投獄されたのです。監獄は腸チフスが蔓延していたので、これは死刑に等しいことでした。

収容所の周囲にはフェンスはありませんでしたが、人の出入りは日本軍と「パオ・チア」と呼ばれる自警団のような組織で管理されていました。この組織は難民のうちある年齢の男性によって構成されていて、父も徴用されていました。父たちは警棒と腕章を支給され、すべての出入りを管理しました。日本軍への共謀者だと言う人もいましたが、他にどうしようもなかったのです。嫌な役割で、誰も引き受けたくありませんでした。中国人収容者たちにも似たような組織がありました。外出の許可を受けられるかどうか不確実でした。ゴヤという、自分を「ユダヤ人の王」と称していた日本人士官の前に並ばなければならなかったのです。小さな男で、精神的に不安定でした（おそらく統合失調症だったのでしょう）。バイオリンを弾く趣味があり、下手なのにオーケストラに参加したがりました。出入りの許可をもらうのに、このゴヤの事務室の前に並び、面接を受けるのです。相手が気に入らなければ、ことに背が高くて見栄えが良かったりすると、殴って許可も与えなかったのです。この男は机の上に上がって相手の顔をひっぱたくのでした。

普通の兵士たちはあまり私たちを構いませんでしたが、士官らは残虐で、部下の扱いもひどいものでした。ある日、それを直接目撃したのです。私たちが住んでいた建物の向かいにあった倉庫には、何か化学薬品が貯蔵してあったようで、あるとき火災が起きました。連合軍側の捕虜の中から経験のある消防士が呼び出されて消火に当たりましたが、消し止めるまでに時間がかかりました。明らかに妨害行為で、私たちは尋問されました。とても恐ろしい経験でした。収容所の中や周囲には多くの日本兵がいましたが、士官が彼らをどのように扱うかを見たのです。自分自身の軍の人間に平手打ちをしていました。ショッキングなできごとでした。中国人の公開処刑も見せられました。ひどいことでした。

日本人は、ユダヤ人に対して変わった態度を取っていました。一方では私たちは外国人であり、他の連合国軍側の民間人と同じような扱いでした。イギリス人やアメリカ人よりは少々ましだったかも知れません。またドイツとイタリアとは同盟関係にありましたが、人種的に劣った仲間とみなされている感じがしました。またユダヤ人は裕福な陰謀者で世界の経済とメディアを牛耳っているというドイツのプロパガンダが信じられていて、私たちの扱いには気を付けていました。おそらくそれで私たちの命が救われたのでしょう。後に、一九四三年の終わりにドイツから上海にヨーゼフ・マイジンガーが送られてきたと聞きました。この大佐は、ワルシャワのゲットーでユダヤ人を殺戮して「ワルシャワの屠殺人」として知られていたのです。マイジンガーは日本側に上海のユダヤ問題を、ガス室に送るか平底の荷船に乗せて黄海で沈めて、「最終的に解決」するよう説得を試みましたが、日本側はこれを拒否しました。一九〇四〜〇五年の日露戦争に先駆けて軍備の必要が生じ世界中に融資を求めたとき、唯一資金を貸し出したのがニューヨークの民間銀行ローブ・クーン＆カンパニーのユダヤ人金融家ジェイコブ・シフだったのです。二億ドルという融資によって、日本軍は海軍を増強してロシアを破ったのでした。日本軍はドイツほどのひどい扱いはしませんでした。私たちは生き延びられたのです。もしドイツに留まっていたら、みな死んでしまっていたことでしょう。

白系ロシア人は、総じて反ユダヤ的でしたが、運が良いことに私たちの地域にはあまり多くは住んでいなかったので、接触もありませんでした。中国人との接触も限られていましたが、彼らは友好的でした。彼ら自身は何も言える状況にありませんでしたが、私たちを受け入れてくれていました。問題もほとんどありませんでした。私たちの暮らし向きは悪かったけれど、彼らの暮らしはもっとひどいものでした。ただ彼らは大家族主義なので助けてくれる親戚がいました。中国人は土地の気候や状況に慣れてはいましたが、その貧困はひどいものでした。特に冬には、路上で寝ていて死んでしまう人びとがいました。毎朝、ござにくるまれて放置された大人や赤ん坊の死骸が運ばれていきました。それが毎日の光景だったのです。中国人にはかないません。僅かな稼ぎのためにとても勤勉に働き、また上手な商売人でした。私は、ことに一緒に仕事をした中国人を高く評価していました。中国では無駄になるものがないのです。どんな小片でも何かに使えそうなら捨てずにおかれました。彼らからそれを学んだ私は、今でもものを捨てることができないのです。

収容所には医者がたくさんいたので、医療は良かったのです。ユダヤ人難民コミュニティや病院が医療サービスを施しましたが、医薬品は値段が高くて不足していました。厳しい気候とおおかたの難民の劣悪な生活環境のせいで、医療需要は高かったのです。栄養不良、胃腸炎や下痢などの症状が多く見られました。人びとはひじょうな困難に堪えていました。夏は四〇度以上にもなり、とても湿気が多かったのです。冬には暖房もなく、雪も降りました。衣服や靴はすぐだめになり、白カビを防ぐために清潔にしておかなければなりませんでした。水は煮沸しなければ飲めないのに、その燃料や電気も手に入りませんでした。果物はアルコールや過マンガン酸カリウムで洗浄しなければならず、また皮を剥かなければ食べられないのでした。スイカは喉が潤うのでとても人気《にんき》がありましたが、中国人はスイカを重くするために川の水を注入したので、とても危険でした。日本軍は疫病を恐れて私たちに腸チフス、コレラ、天然痘の接種を頻繁に行いました。彼らは防柵を建てて、接種証明書がない人間はそこですぐに注射を打たれました。彼らはみなに同じ針を使っていたのです。

一九四二年に一四歳になった私は、カドゥーリの学校を卒業することになりました。職業訓練組織が運営していたユダヤ人職業訓練学校で整備工・旋盤工の見習いになりました。この組織は、一九世紀終わり頃にロシアで、逃れてきた将来のあるユダヤ人が生計を得るための訓練を施す場所として作られたのです。この学校では理論と実践の訓練を行い、一番重要なことに、食事を出してくれたのでした。上海時代でもっとも苦しい時期、学校では毎日一斤のパンが配給され、私はそれを大事に家に持って帰って家族に分けたのです。それは家族の食生活を補うのに大切でした。学校には多くの技術者や有資格者がいたので、教員には不足しませんでした。ただ訓練設備はとても粗末でした。日本軍がこの学校を継続させてくれたのは驚きでした。というのも学校は指定区域の外にあったのです。日本軍は教師と生徒に指定区域と学校を往復するための許可証を出していました。

職業学校の技術者の一人は、小さな作業所を持っていて、戦争中ずっとそこで仕事をしていました。雇われていた二、三人の中国人は、高い技術を持った、すばらしい人たちでした。自由に移動できたので、必要な材料を調達することができたのです。技術者は、戦後シドニーに移住しました。私が学校に通うあいだ、見習いとして雇ってくれたので、金を稼ぐことができたのです。終戦直前には、私は職人の資格書を手に入れることができました。開戦当時は機械を動かす電気はまだ通じていましたが、終わり頃になるとまったくなくなりました。もう一人の見習いと私は足踏み車で電気を起こして機械を動かしました。肉体的に厳しい仕事でした。特に私には食べ物が不足していたのです。衰弱して病気になり、終戦前の一年と三か月ほど寝たきりになってしまいました。

妹はビジネススクールに通って速記とタイプを習い、その後女性たちの編み物グループに入りました。古着のセーターをほどいて毛糸を洗い、新しい洋服に編み直したのです。お金のある人たちがこういう衣類を注文したり、刺繍細工にお金を払ったりしました。妹は上手だったようです。私たちのようにうまくいかない人たちもいました。真冬に着るものが何もない男の人を見たのを覚えています。裸足で、小麦の袋に穴を開けて手足と首を突出していました。惨めなようすでした。心理的な苦痛も大きいものでした。堪えられる人たちもいれば、だめになってしまう人たちもいました。私たちの部屋の隣には、困難な状況でも献身的なすばらしい夫婦がいました。夫は統計学者で、娘をオーストリアからアルゼンチンに児童移送で送っていたのです。娘に会うことを切望していて、やがて再会することができました。一方、同じ建物の小さな部屋に住んでいた弁護士がいました。彼は完全に参ってしまっていました。身なりも構わず清潔にもせず、とうとう死んでしまったのです。本当にかわいそうでした。別の側の小さな部屋に住んでいた医師と歯科医は、いつもけんかをしていました。ベルリンでは長年仲が良かったのに、こちらに来て互いにうまくやれなくなったのです。みな空腹を抱えていて、数日ごとに配給されるパンを分けるにも疑心暗鬼でした。彼らは一六歳の私を捕まえて、パンの配給をさせたのです。困難な状況の下で、人がどのように振るまうかは予想できません。天使のように振るまえる者がいる一方で、犯罪者になる者もいる。人は生きるためには何でもするのです。

一九四五年　解放

終戦までの数日間、毎日飛んでくる米軍機の空爆に対する日本軍の抵抗が見られなくなっていました。飛んでくる米軍に喜んだけれども、指定地域にはラジオ局、工場、弾薬庫などの軍関連の目標地点があったので、危険でもあったのです。私たちの地域を狙ってくることはなかったけれども、終戦直前には何発かの爆撃があり、三一人の難民が死亡し、一〇〇人以上が負傷してしまいました。何百人もの中国人も殺されたり負傷したりしたのです。妹の一六歳の誕生日だったので、その日のことは鮮明に覚えています。

戦争の進展についてはほとんど知らされていませんでした。日本軍が許可する刊行物、上海で出ていたロシア語の新聞、そしてラジオを隠し持っていた人たちからの情報をかき集めていました。伝わってきたニュースもたいてい古いものでしたが、広島と長崎に投下された原爆についてはすぐに知りました。一九四五年八月六日頃の新聞で戦争が終結するだろうとわかりました。その月の終わりに米軍によって解放されたのです。「ユダヤの王」ゴヤをはじめ日本軍の士官は取り押さえられました。そうして良い時代がみなに始まったのです。連合軍はこれ以上ないほど良くしてくれました。特に私たち若者に親切でした。残念ながら私は病に伏せっていたのでそれにあずかることはできませんでした。けれどもその翌年には、連合軍艦隊が上海に来て、私たちボーイスカウトのグループは英、米、豪の艦船に乗船させてもらい楽しんだのです。アメリカ側は多くの人、ことに技術者を雇い入れました。私は整備工・旋盤工の見習いを終えていましたが、まだ健康体に戻っていなかったのでたくさん稼ぐ機会を逸してしまいました。妹は米軍の速記者になり、良い収入を得ました。父も当時は体調がすぐれず仕事ができませんでした。

一九四七年　オーストラリア

一九四九年に共産党支配が始まるまで上海に留まっていた難民もいましたが、大部分の外国人、特に私の母などは不吉なものを感じて離れる決意をしました。両親は上海から出て普通の生活が送れるようにあらゆる努力をしたのです。メルボルンにいた親戚が保証人になってくれるという知らせを寄こしましたが、ユダヤ人難民には割り当て数があり、受け入れてもらうのは難しいことでした。さらに上海のオーストラリア領事だったフルマン氏は反ユダヤ主義者だったので、オーストラリアにユダヤ難民が入るのをあらゆる手段を使って阻止しようとしたのです。彼の講じるさまざまな障害にもかかわらず、何百、おそらく一〇〇〇人以上のユダヤ難民が上海からオーストラリアに渡りました。アメリカユダヤ人連合協会が船賃を払ってくれ、オーストラリア国内での移動費用はユダヤ福祉協会が払ってくれました。この協会はオーストラリアへのユダヤ移民を積極的に支援していたのです。

私たちは上海から他の八人のユダヤ難民とともにフランス籍貨物船のベンジャミン・ラ・トローブ号に乗り、一九四七年六月六日にブリスベンに到着しました。当地のユダヤ人コミュニティが出迎えてくれ、歓迎してくれました。そこから列車に乗ってメルボルンに行き、保証人が用意してくれたアパートに行きました。そこには、何年も見なかったような食糧が棚や冷蔵庫にぎっしり詰まっていたのです。その後、私たちはウィンザーに寝室が三つある貸家を見つけてもらって引っ越しました。当時は賃貸住宅はとても少なかったのですが、両親はその家に死ぬまで暮らすことができました。はじめの頃は、栄養失調がたたって私は立っていることができず仕事も始められませんでした。十分に力がついてからは、整備工の補助員になりました。オーストラリアでは私の見習い資格は認められなかったのです。父と妹も働き始めたので、自分たちで生活することができ、少しばかりの貯蓄もできました。

私には大学入学の資格がなかったので、メルボルン工科学校に行き、七年かけて機械工学を修了しました。その後メルボルン大学で六年かけて経営学を学んだのです。一九六二年にはメルボルンの連邦通商省に入り、そこでの二年のあいだに学士を取りました。それまでに結婚して二人の幼い娘もできていました。一九六四年に卒業し、一九六五年に昇格してキャンベラに移りました。一九六八年には移民省に異動になり、ロンドンで三年半を過ごしました。キャンベラに帰ってからはまた通商省に戻り、そこで一九七九年まで勤め、退職後はコンサルタント業を立ち上げました。輸出誘因についてのビジネスをアドバイスする仕事でした。

オーストラリア国立大学で中国語を勉強し、すでに四回中国に帰りました。上海の中心には新しい建物がたくさん建っていますが、ホンキューはほとんど変わっていません。新しい建物は幾つかありますが、一九四七年とほとんど変わらない風景です。ただ清潔にはなっていて、木々や通りも増え、私たちが八年住んだ建物は新しい自動車道のために壊されてしまっていました。

ドイツでの生活の思い出になる品はほとんどありません。ベルリンを出るときに両親が持っていた銀のティースプーンとケーキ用のフォーク半ダースはまだ残っています。それ以外はホンキューですべて食べ物のために売ってしまいました。私はまた、ドイツで使っていた羽毛ベッドを上海に持って行き、さらにオーストラリアにも持って渡りました。両親はそれを使って羽根布団を作り直しました。私たちの子ども、さらには孫までそれに暖かくくるまったのです。母が親戚や友人に宛てて上海から出した手紙を一二通持っています。ドイツから持ち出した小型タイプライターで打ったのですが、上海にいるあいだにそれも売ってしまいました。もっとも悲しみがこもった品は、母方の祖母がベルリンにいたとき身に着けていた「ユダヤの星」です。祖母は地下にもぐったときそれを外しました。お金が底をつき、逃亡生活に耐えられなくなった一九四三年一一月に、祖母は集合住宅の戸口で自殺を図ったのです。一九九五年にベルリンを訪れたときに、祖母を助けてくれていた正義感あるドイツ人家族の息子から、そのユダヤの星を受け取った私は涙をこらえきれませんでした。

ホロコーストは私の家族に多大な影響を及ぼしました。一九四五年八月になってロシアのニュース映画を見るまで、ホンキューにいた私たちは、それをまったく知る由もなかったのです。噂はありましたが、誰も信じたくありませんでした。ある男が、持っていた短波ラジオで聞きつけてラビに伝えたのですが、信じてもらえませんでした。犠牲者のリストが公開されてからも、信じがたかったのです。いとこやおじ、おばなど少なくとも親戚のうち一二人が強制収容所で亡くなりました。父方の祖父は、第一次世界大戦で勇敢に戦って鉄十字勲章まで授与されているのに、一九四三年はじめにナチスによってテレージエンシュタット強制収容所に送られました。これは虐殺用の収容所ではなく、移送用だったのです。祖父はすでに七〇代半ばになっていて、たいへんな目に遭ったのですが、生き延びることができました。まったくタフな人です。祖父はダーナ号で一九四八年一一月にオーストラリアに来て、一九五六年八月に八七歳で亡くなるまで私たちと暮らしました。あの年齢でひどい時期を生き延びることができたのには驚嘆します。

戦争中起こったことについて、現代のドイツ人を責めることはできません。ドイツは修復を図ろうとしてきたので、私のドイツに対する姿勢も変わっています。私はいつも人に対して自分はユダヤ人でありそれを誇りに思うと言っています。嬉しいことに、オーストラリアでは反ユダヤ主義は見られません。グリヴィツェでの幼い頃の経験のせいで私は過敏になっていて、いつも反ユダヤ主義を探してしまいます。一九六五年からキャンベラのユダヤ人コミュニティの一員になり、いつも社交的催しには参加しています。それほど宗教的な人間ではありませんが、重要なユダヤ教の祝日にはシナゴーグの礼拝に出ます。またユダヤ人歴史協会の会員でもあります。

最初にオーストラリアに来たときから一九五五年に初めてヨーロッパに戻ったときまで、オーストラリアにずっといたいかどうか決めかねていました。おそらくドイツにいたらどうだったかという郷愁のような思いがあったからでしょう。けれど海外に行って人びとの暮らしを見ると、すぐにオーストラリアほど良い国はないとわかりました。成功しようと決意し、働きさえすればよいのです。海外に行くほどオーストラリアの良さがわかるのです。ここが、ずっと私たちの故郷なのです。

ラズロ・マカイ

第二次世界大戦後のヨーロッパから逃げてきたハンガリー避難民である私の人生とボネギラ移民収容訓練センターでの最初の一九年について。このセンターはオーストラリアに到着した三二万人の人びとが最初の数か月を過ごした場所だった。

一九一八〜一九四五年　ハンガリーとロシアにて

私は一九一八年三月二八日にハンガリーのブダペストで生まれました。父のヤノシュ・マカイはビジネスマンで、母のユリアナは私たち五人の子どもの面倒を見ていました。ブダペストの公立学校に通っていた私は、さらに上の学校に進みたかったのですが、第一次世界大戦のあとハンガリーはそのような状態ではなかったので、それはかないませんでした。私は商社に勤め、第二次世界大戦が起こったとき徴兵されました。

一九三九年にはドイツがポーランドに侵攻し、一九四一年六月にハンガリーが同盟国になりました。私は最初にハンガリー北東部のカルパシアに送られ、さらにロシアへと移動しました。そこで共産主義体制について知ったことが、私の将来に影響したのです。ロシアは遅れた国で、人びとには自由がないと思いました。彼らの土地家屋は没収されて国営の集合農場になり、そこでは労働者が低い賃金

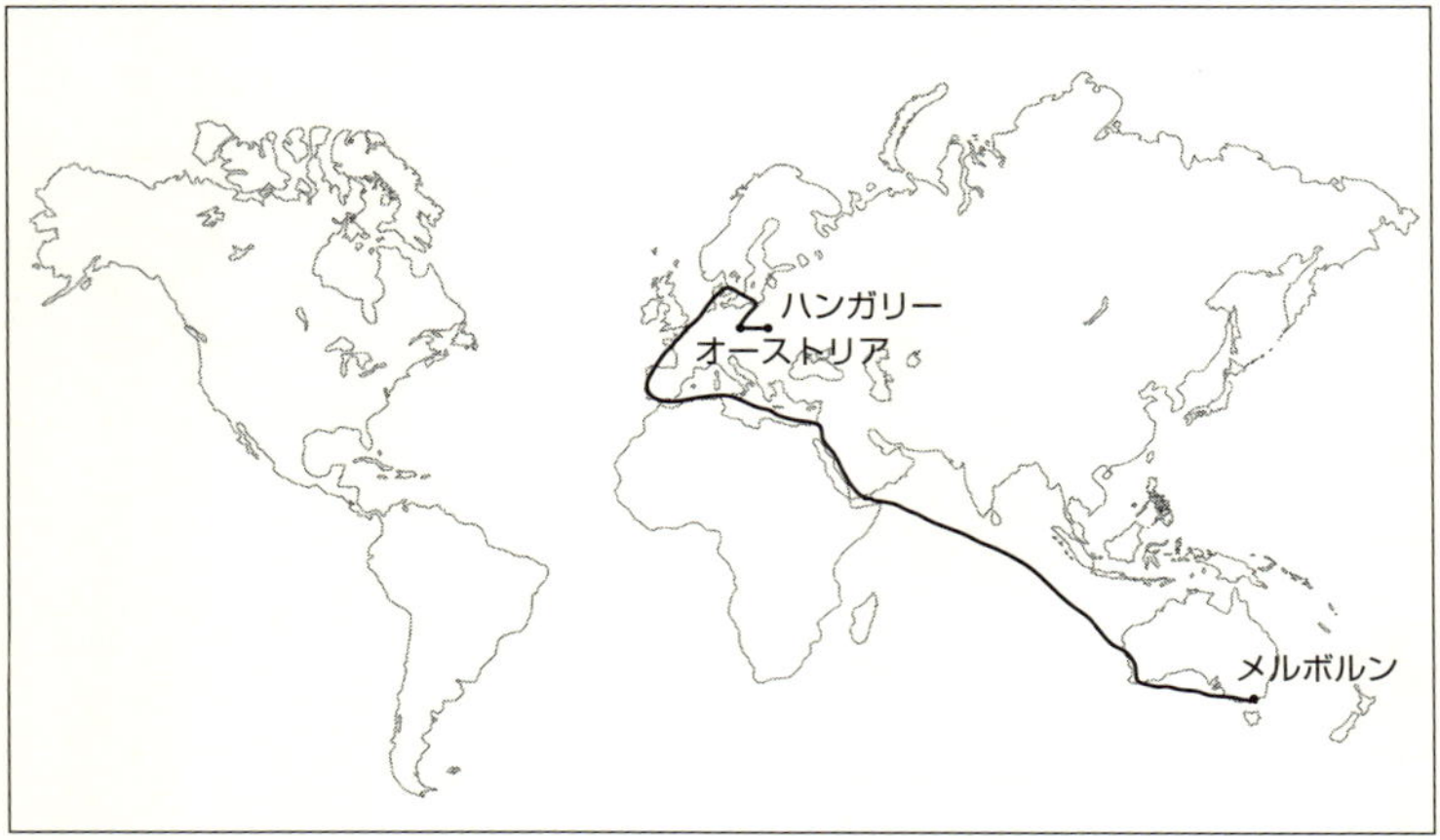

で働かされていたのです。当初は軍にいてもそれほど危険ではありませんでした。ハンガリー部隊は占領軍としてのみ機能していたからです。ところが一九四二年にウクライナのパルチザンがドイツの占領軍に対して反撃し始めたので、我々もドイツ軍支援のため東に送られたのでした。

一九四五〜一九五一年
オーストリアへの逃避

戦争が終わりハンガリーがソ連の一部になったので、私はオーストリアに逃れました。一九四五年四月に、友人と軍のトラックをヒッチハイクして、国境を越えたのです。数週間後には、バイエルンの、アメリカの占領地だったプファルキルヒェンという小さな田舎町に着きました。ドイツ軍側で戦った兵士だったので、国際難民機関（ＩＲＯ）の庇護申請はできませんでしたが、ドイツからは少額ながら定期的な支払いがありました。町の人たちは親切で、サッカーをしたりもしました。私たちを含め多くの避難民は、ドイツ側が用意したパブを宿泊施設とし、一～二週間麦わらの上で寝泊まりしたあと、他の場所に移されました。

一九五一年　オーストラリアへの移動

六年ほどそのような暮らしをしたあと、私はオーストラリアに行こうと考えました。友人がすでに移民していたのです。ハンガリーの政治的状況が変わるという希望が失われたので、ミュンヘンに行き、移民申請が処理されているあいだの七週間を軍の野営地で過ごしました。ハンガリーとドイツ両方の書類があったので、オーストラリア政府から要求される証明書の類については問題ありませんでした。面接を受け、オーストラリア政府が送った場所のどこでも働く意思があるかどうか尋ねられました。私はあると答え、契約書にサインしたのです。政府は健康な人が欲しかったので、身体検査は厳しいものでした。私は独身だったので、出発まで三か月待たされました。家族持ちが優先されたのです。待っているあいだに私は国連難民協会でアメリカや他の地域に移民していく人たちに情報を与える仕事をしました。そのときに将来妻となる女性と出会ったのです。彼女の両親は結婚に同意してくれましたが、彼女が私と一緒にオーストラリアに渡ることはできず、六か月あとに来ることになりました。

私は西ドイツのブーレマーハーフェンからスカウブルン号に乗り込みました。家族持ちには船室が、独身者には女性と男性に分かれた仕切りのある小寝室があてがわれました。船旅は楽しいものでした。

船上ではとても役に立つ英語の授業を受け、オーストラリアや、到着してからについての大切な情報を得ることができました。たいていの人がドイツ語を話し、私は基本的な英語は理解していましたが、英語の教師が幾つかの言語を話すことができたので、理解するのに問題がありませんでした。

一九五一〜一九七〇年　ボネギラ移民収容所（ビクトリア州）

一九五一年一一月一二日に私たちはメルボルンで下船し、すぐに列車でボネギラに移動しました。列車の窓からは、荒れて乾燥した土地と焦げた木々しか見えませんでした。ヨーロッパとはかなり違っていましたが、避難民としてドイツで六年過ごしたあとだったし、オーストラリアに移住した友人からの手紙によって、収容所では良い生活ができると期待していました。

かつては軍の駐屯地だったこの収容所に着いた私たちは、さまざまな区画にある小屋をあてがわれました。私は他の独身者とともに第八ブロックに入れられました。私たちの小屋は壁に裏張りが施されておらず、到着前に急きょ区分けされ、一つの区分けには薄いマットレスを敷いた軍用の簡易ベッドと戸棚がしつらえてありました。天井から三〇センチほどの高さに金網が張ってあり、そこにはポッサム〔オーストラリア固有の有袋類動物の一種〕が巣を作っていたのです。「やれやれ、こんなところには長くいたくはないものだ！」。毛布やシーツは部屋に備えてあり、ポッサムの件以外はまずまずの居心地でした。餌をやろうとした人もいましたが、ひっかくくせがあるので少々危険でした。手洗いと風呂場の建物は、一区画の小屋の中央に位置していました。私たちの風呂場には四〜五台の洗面台と簡易なシャワー設備がついていました。トイレは穴の上に木材の腰掛けが着いているだけで、場所によってはそれもなかったので、しゃがんで用を足すしかありませんでした。ずいぶん旧式でしたが、こういったことに慣れていきました。風呂場に文句を言う人もいましたが、私のような避難民は、ドイツの避難所で贅沢などさせてもらえませんでしたから、文句もありませんでした。周りには蛇がいると言われましたが、遭遇した野生動物はポッサムだけでした。蝿が多かったので、ネットを顔に掛けていた人もいました。

第八ブロックの台所には、薪を燃すコンロと、もと軍で使用していた調理器具がありました。焼いたマトンはヨーロッパの羊肉とは味が違っていて、美味しいと思う者はいませんでしたが、誰も奇跡を期待していなかったので、食べ物にはおおかた満足していました。いったん職に就けば、収容所を出て好きな暮らしができると思っていたのです。収容所ではドイツ語が共通語でした。私は最初の三週間ほどはドイツ語で話していましたが、その後は英語が十分上達しました。ハンガリーの学校で習っていたのです。就労支援担当官は、ミルデュラ（ビクトリア州）の果物摘みかポート・ケンブラ（ニューサウスウェールズ州）でのアスファルト工場の仕事を提案してきましたが、私はフィアンセが着くのを待つと言って断りました。そこで担当官が収容所での仕事を見つけてきてくれました。たった三週間後には収容所職員になり、ブロック一九に移ったのです。そこでは冬には電気ラジエータがあり暖を取ることができました。移民らには何もなかったのです。文句を言う者もあれば、灯油のヒーターを購入してしのぐ者もありました。

六か月後にエヴァが到着し、一九五二年六月二日に私たちはウォドンガ・カトリック教会で結婚式を挙げました。お祝いの会は収容所のレクリエーションホールで開いたのです。友人が二〇名ほど来てくれて、収容所の料理人が食事を出してくれました。そして私たちは、果物の箱で作った棚を置き窓にカーテンを掛けて住みやすくした新しい部屋に入居したのです。所帯持ちの者の区画では、ベッドも少し上等で、底がワイヤの鉄製のものでした。約一年半後には妻の両親を呼び寄せる金が貯まり、彼らもボネギラにやって来ました。エヴァも収容所で、はじめは給仕係、そして次に病院での仕事に就くことができたのです。子どもを持つのには少し待たねばなりませんでした。

一九五一年から五七年まで、私は収容所のパトロール係として働き、良い給料をもらっていました。消防団にも属していましたが、火事が起こったことはありませんでした。また、夜間の交換台の担当もしました。とても大きい収容所だったので、周りに張り巡らされた鉄条網も見えないほどでした。中央ゲートを通ってくる車を止め、収容所に来た理由を聞き、運転手の名前と車のナンバーを記録しました。来る人たちは書類を示す必要はありませんでした。病院のそばには歩行者専用のゲートもあり、ここはチェックもなく人の出入りが自由でした。ときによって収容所の収容者数は変化しました。最初に開所されたときは、おそらく七~八〇〇〇人いたようです。私が着く頃には、一〇〇〇人ほどでしたが、その後不況になって、オーストラリアに来る移民の数も減りました。日々の人数は記録されていなかったようです。というのもその数がよく変わったからです。収容された人びとの滞在日数も、その人の職業や資格、英語のスキルによって変わりました。大部分は二~三週間いましたが、六か月、それ以上になる人もいました。収容所にいるあいだは、福祉事務所から二週間ごとに手当を受け取りました。収容所は二三ブロックに分かれていて、それぞれに食堂、風呂と手洗い施設があり、労働局によって建てられた三〇くらいの小屋に三〇〇〜五〇〇人の人が暮らしていました。一時期、三三もの国の出身者がいたこともありました。

収容所の専任職員は本部に八人ほどで、供給担当が五人、そして福祉担当が三人でした。保育所と学校の教員や職員は移民省ではなく教育省からの人たちで、郵便局の職員も収容所関係者ではありませんでした。直接的なサービス、例えば食堂等の人数はまちまちでした。移民の職員はみな臨時雇いで、移民の数が減って収容所の一部が閉鎖されると解雇されてしまいました。私はキャンベラに来るまで正規採用の仕事に就いていませんでした。オーストラリア人の職員は収容所の外に住んでいることが多かったので、移民の職員とはあまり交流しませんでした。チューダーホールでときどきダンスの会が開かれ、土地の人びとに移民についての理解を深めてもらうために、私たちも招かれました。ロータリークラブやエイペックスクラブなどの主催で、映画ホールで会合が開催され、食堂から食事も出されました。難民の中にはヨーロッパでプロの音楽家だった人たちもいて、すばらしい音楽会や劇の上演がありました。ボネギラは退屈な場所ではなかったのです！

当初は、所長が軍関係者だったので、収容所は軍隊のように運営されていましたが、一九五三年から一九六三年にかけて、もと陸軍大佐だったクイン氏が、ここはもう陸軍駐屯地ではないのだから運営方法も変えるべきだと考えて、多くの改革を行いました。ボネギラに来た三二万人のうちおよそ九割が国の労働省の収容所事務所で就職斡旋を受けました。いったん仕事があてがわれたら、収容所からオルベリーやウォドンガの駅まで収容所の車で連れて行ってもらい、就職先まで通ったのです。中には斡旋してもらうまで待っておらず、自分で職を見つけてくる者もありました。

移民は、収容所を自由に出入りできました。オルベリーやウォドンガ〔各々ニューサウスウェールズ州、ビクトリア州のマレー川対岸に位置し、双子都市を形成〕に買い物にも行けましたが、お金もほとんどなかったしその必要もありませんでした。ボネギラで何でも配給されていたからです。地域の人たちも自由に入れましたが、来る人はほとんどいませんでした。「良き隣人活動」（第七章）のメンバーや教会関係者はよく訪ねてきて、移民が将来どのように暮らしていくかの計画について助言したり、問題に一緒に対処したりしてくれました。こういった人たちは、移民を活動本部の催しにも招いてくれました。多くの移民は、やがてオルベリー - ウォドンガ地域に定住することになったのです。一九六〇年代後半にはこの地域の人口の約二〇パーセントが移民で、その後住宅が見つけやすくなったので、その割合も増えました。ボネギラ収容所のおかげで、オルベリー - ウォドンガ地域が経済的・社会構造的に発展し、土地の人たちにも移民の効果が実感できたのです。はじめの頃は、土地の人たちは移民を少々怖がっていたのですが。

ボネギラはだいたいにおいて穏やかな場所でしたが、二度ほど事件がありました。一度目は一九五二年のこと、八〇〇人ほどのイタリア人が数か月経っても仕事が斡旋されないと抗議したときです。この抗議は反乱と報道されましたが、実際はデモのようなもので、うまく治められました。警察の介入も最小限で、大きな問題にならないよう待機していました。ゴムの警棒で殴られた者もいましたが、それは彼らが少々乱暴になったからでした。約六キロ先のバンディアナに駐屯していた陸軍が警戒警備に当たりましたが、見えるところにはいませんでした。あとでわかったことですが、収容所の裏にいたそうです。イタリア人をなだめるために、バンディアナ駐屯所内での職がすぐに何人かにあてがわれ、その後もっと永続的な職がオーストラリアの別の場所に見つけられました。次の抗議は一九六一年で、最初のときと似ていましたが、起こしたのはユーゴスラビア人とドイツ人でした。彼らの不満も、何か月経っても仕事がない、ということでした。職業斡旋の事務所を損壊しましたが、職員や他の入所者への危害はありませんでした。ボネギラには一九年いましたが、一度も警察が呼ばれたことはなかったと思います。家庭内暴力についてはソーシャルワーカーが対応していましたが、さまざまな国からの人びとが集まった中で、問題や摩擦は起こらなかったのです。ボネギラに戦争犯罪者がいるとは思いませんでしたが、事実無根の訴えが起こされたことはありました。難民の人たちは明らかに反共産主義で、一方ナチスに属していた者や共産主義者もいたかも知れませんが、どちらの側にも悪いことをしたことのある人たちがいたのです。精神を病んだケースは一件だけありました。

収容所には働く母親のために保育所も幼稚園もあり、また大人たちのためには英語の授業がオーストラリア人教師や母国の教員資格を持っている移民によって行われました。収容所の銀行では人びとは主に母国から持ってきたお金を替えていました。またボネギラ郵便局で海外送金したり手紙を送ったりしました。医療を施す医師もいましたが、その数は収容者の人数によって上下しました。ヨーロッパの医師免許では医療行為ができなかったので、彼らは収容所の五病棟の病院で病棟勤務員として雇われ、実際には医師の仕事をしていました。資格のある看護師が私の妻のような病棟勤務員の監督をしていました。病院で扱ったのはほとんど軽い病症のもので、患者の多くが子どもでした。外科手術が必要だったり出産したりする場合は、オルベリーの病院に送られました。

収容所のどの区域にも、レクリエーション用の建物があって、いつも誰かしら移民の余暇活動の計画を助けてくれる人がいました。そしてシビックセンターが、スポーツ用具を使わせてくれたのです。ボネギラでは移民と職員のサッカーチームがあり、またローンボーリング〔球を芝生の上で転がして敵球になるべく近づけようとする競技〕チームはオルベリー‐ウォドンガにある幾つかのチームと試合をしていました。子どもたちのために、それぞれの国の移民グループのほか、レクリエーション担当の職員やソーシャルワーカーが娯楽を担当しました。所内の映画館には専属の映写技師がいて、移民省が提供するオーストラリアに関する教育的映像や娯楽映画が毎週上映され、いつでも満員でした。アルコールも自由に入手できましたが、酔っぱらいの心配はありませんでした。カトリック、ルーテル派、長老派教会が所内の主な三つの教会で、それぞれの牧師が来ていました。ユーゴスラビアからの移民はおおかたがカトリック正教だったので、イスラム教徒はほとんどいませんでした。またユダヤ人は、オーストラリア内のユダヤコミュニティの支援を厚く受けていたので、ボネギラをすぐ出て行きました。

年を経るにつれて、住居設備はだんだん良くなっていきました。小屋の中の仕切り壁は裏張りされ、天井にはペンキが塗られ、トイレも下水道とつながったのです。一九六三年から一九七〇年までのあいだ、私は配膳担当者で九〇人ものスタッフを統括していました。それ以前は食事メニューには選択の余地がなかったのですが、私が引き継いでからは、毎食二種類の肉、米かポテト、温野菜かサラダ、そしてデザートも二種類提供したのです。料理人も出身がさまざまだったので、それぞれがその国の料理を作りました。マトン肉は相変わらずでしたが、もうグリルかフライパンで焼くだけではなく、何日も漬け込んで独特の臭みをなくした料理に仕立てました。これで食事に対する多くの不満が解消されたのです。

ボネギラでは、良い給料を支払ってもらい、安い住居に住むことができ、昇進の機会もあるという、とても恵まれた生活を送りました。生活を楽しんでいたのですが、一九七〇年に閉鎖されることになり、私は家族とともにここを出なければなりませんでした。

一九七〇～一九八三年　キャンベラ

私ははじめにキャンベラの移民省の統計局で仕事に就き、その後一九八三年に退職するまで計画・研究・管理局で働きました。一九七七年にはキャンベラ高等専門学校で経済・経営学の学士を取りました。勤務先が授業に通わせてくれたのです。好きだった科目の一つは「オーストラリアの政府と政治」でした。ボネギラでの過去の経験が結びついたからです。勉強は楽しかったし、良い成績を収めました。この科目は、私たちがどのように他の人びと、政府、そして世界と関連づけられるかについてだからです。

オーストラリアに移民できたのは、私の人生で最良のできごとでした。ボネギラというオーストラリア最大で一番長く続いた移民収容センターで過ごした年月のあいだに私は多くのことを学びました。ボネギラは、オーストラリアの経済、人口成長、そして人びとの幸せに大きく貢献したと思います。ボネギラを経た三二万人の人びとは、特に二世、三世の子どもたちへとつなげることでオーストラリアに貢献してきました。それ以外にも多くの社会への寄与がありました。ボネギラにいた日々からそれを目の当たりにしてきたのです。ここに来て本当に良かったと思っています。

第二章

政治的迫害——チリ、ベトナム

エルバ・クルズ＝ザヴァラ

チリの貧しい共産党系の家庭に生まれた私は、一九七三年にサルヴァドール・アジェンデ大統領のボディガードを務めていた兄が殺されたとき、アルゼンチンに逃れた。一九七七年に家族と私はオーストラリアに難民認定された。

一九四五年〜一九七三年　チリ

私は一九四五年にチリのシェピカという小さな町に生まれました。父はレオポルド・クルズ＝ソト、母はマリア・マグダレナ・ザヴァラ＝ヒメネスで、私はその生き残った六人の子どものうちの一人で

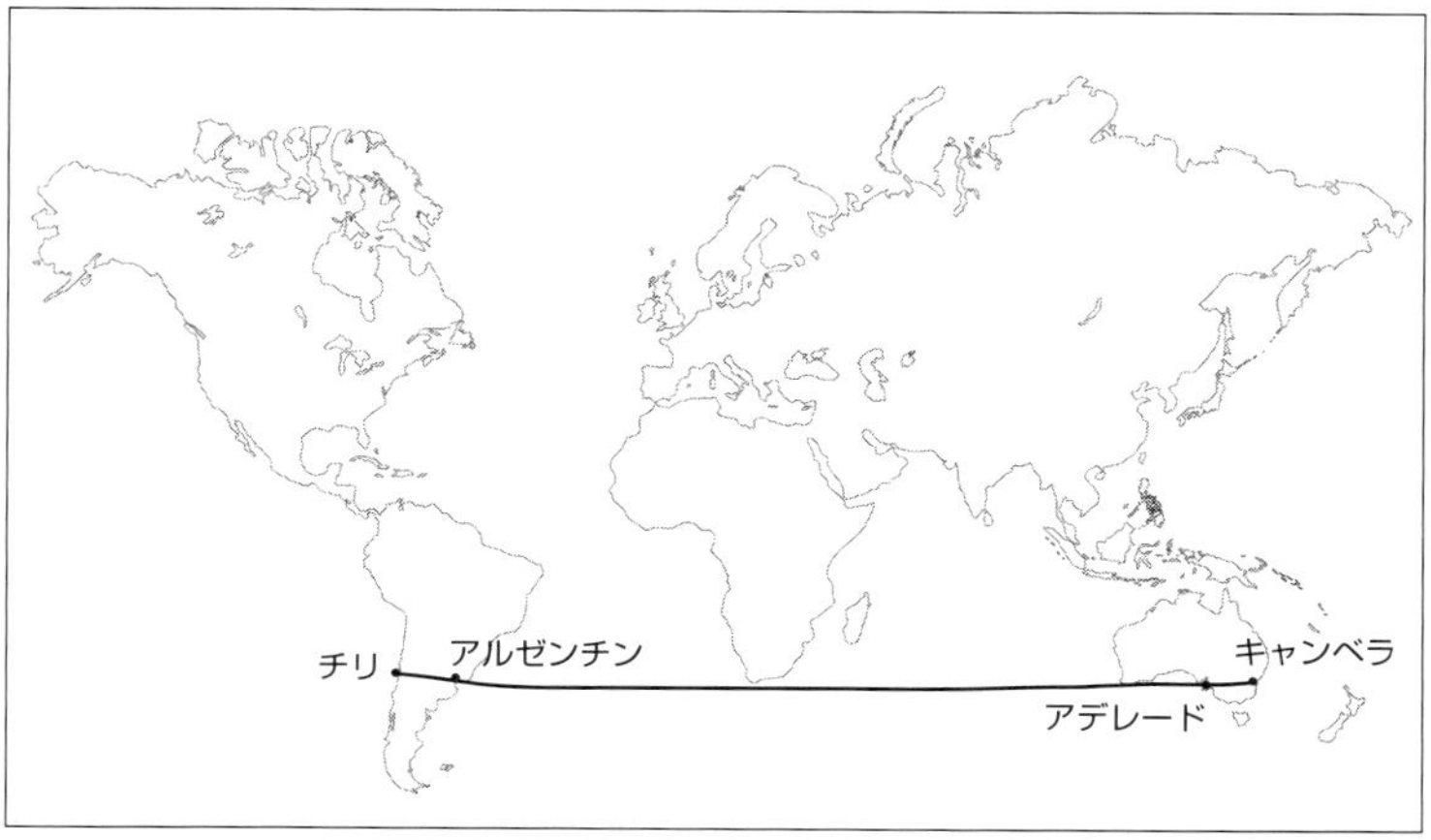

す。四人の子が幼いときに亡くなっていました。人里離れた地域に住んでいて、医療がなかったのです。子どもが亡くなったときには父はたいてい家にいませんでした。遠くに出稼ぎに行っていたのです。母は生涯子どもの死を悼んでいました。母は自分の母親の記憶がありませんでした。子どものときに出産が原因で亡くなっていたのです。

父は貧しい労働者階級の家庭に生まれた七人きょうだいの一人でした。一二歳のときに父親が亡くなったので、地方に働きに出なければなりませんでした。前政権のときに迫害を受けて生き残った共産主義の農夫たちと、小麦を刈り取ったりトウモロコシを収穫したりして働いたのです。その人たちは父を助け、読み書きを教え、チリの労働者階級への抑圧や世界における正義の必要を説いてくれました。若いときにこのように政治的意識が目覚めたことで、父はチリの大部分の土地を所有していた大地主や上役に仕えることを拒み、土地から得る収穫が公平に分配されることを望みました。それで父は誰に従属することもなく家族を養ったのです。生涯農夫だった父は、自分自身の農場は持ちませんでしたが、小さな庭付きの家で、冬のあいだも家族が十分食べられるような食糧を作ることができました。ものをため込むことには興味がありませんでした。生きて、家族を養い教育を授けることができるだけのもので十分だと考えており、その信条は私たちみなに受け継がれたのです。

私がまだ四歳のとき、家族は母の実家がある小さな町に移りました。このときが、それから何度も続く私の移動の始まりだったのです。当時のことを一番よく覚えていますが、それは母方の家族がみんないるのが嬉しくて、また祖父の家は大きくて広々した土地があったからです。祖父母の子どもは結婚してもみなその家に留まりましたが、私の母だけ別でした。父がとても独立志向だったのです。母方の家族はカトリックでしたが、父は共産主義者だったので、制度化された宗教というものを信じませんでした。父は、神は信じていて毎晩神が与えてくれるものに対して感謝の祈りを捧げていましたが、どの宗教にも属さず、教会に行くのを見たこともありませんでした。

男性の多くがそうであるように、私の父も女たらしで大酒のみだったので母方の家族が母を守りました。それが父が一緒に暮らしたがらなかったもう一つの理由です。けれども父は知的で、勤勉で、家族の面倒をよく見てくれました。ある晩、父が酔っぱらって帰ってきて母を打ちのめしたので、おじの一人が父を殴り倒し、そんなことをするなと言ってきかせていました。当時はドメスティックバイオレンスにもそのような対処方法だったのです。父はその後、自営を始めるのにもっとチャンスがありそうな町に私たちを連れて引っ越しました。その頃私は六歳半で、親からは引っ越しのことについては聞いていませんでした。当時尼僧が運営していた学校に通っていて、とてもそこが気に入っていたのですが、あるとき家族が家財を積んだトラックで学校にやって来て、私を連れて行ったのでした。

私は一四歳位で学校をやめてしまったので、ちゃんとした教育を受けませんでした。それに私は失読症だったのです。それがわかる教員が一人もいなかったので、読み書きを習得するのに長い時間がかかりました。両親にはこの問題がわかっていて、私が八歳くらいのときに母がようやく読みかたを教えてくれたのです。一〇代の私は勉強に飢えていました。そしてその機会がもうないということを理解するまでときを要したのです。両親が懸命に働いているあいだ、私は家の用事をして幼いきょうだいの面倒を見なければなりませんでした。洗濯機もありませんでしたから、衣服は手洗いでした。生活は悪くはありませんでした。父の仕事に人を雇うこともできたのです。両親はサンティアゴで衣服、靴、鍋や釜、陶器や食卓用ナイフ類を買い付けて、トラックで離れた町に行き商いをしていました。私がついて行くこともありました。とてもうまい商売をしていて、儲かったのです。私が一七歳になったとき、母は親のネグレクトで苦境にあった少年を不憫に思い、家族に迎え入れました。私たちはその子をとても可愛がり、兄の一人と私が親のようによく世話をしてやったのです。私たちがみな家を出たあと、その子が両親の面倒を見るようになりました。

一八歳になってから私は、サンティアゴにある男性用衣料を製造する工場に働きに出ました。一一人も子どもがいる建設業者の家に友人と間借りし、一九六九年にその子どもの一人と結婚したのです。夫は大工で、教育はあまり受けていませんでした。私たち夫婦は職場の組合活動に深く関わり、チリ社会党に入党しました。サルヴァドール・アジェンデが一九七〇年の選挙で勝ったときには、応援していたのです。労働者階級の人びとは、アジェンデが大きな社会改革をかなえてくれることを期待して、その政府を支援しました。それで夫と私は街でアジェンデの計画について伝える活動を始めました。地域の成人教育センターでは女性に読み書き、調理や工芸を教えていて、そこで私たちはアジェンデの社会改革プログラムを教えたのです。チリの国民は政治について教わることはなく、たいてい頭を垂れて言われることに従ってきました。大部分が右派かキリスト教民主主義者でした。

一九七二年の終わり頃にクーデターが起こりそうだったので、そのときに備えて夫と私の兄弟二人が政府支援のための訓練を始めました。アジェンデが大統領になったとき、兄弟は非公式のボディガードに選ばれていたのです。それは私たちには高くつきました。キリスト教民主党員らと軍がアメリカ側から多くの資金を援助され、アジェンデ政権の転覆を謀っていることは知っていましたが、それほど早く起こるとは思っていなかったのです。夫と私の兄弟は事態が深刻なことを知っていましたが、その活動が機密事項だったので、家族にも知らせていませんでした。夫たちは一週間に一度家に帰り、悪い状況になりそうだから食糧を蓄えて準備をしておけと言いました。私たちはそんなことを信じたくなかったのです。

一九七三年のクーデターとサルヴァドール・アジェンデの暗殺

一九七三年のクーデターの前週に兄の一人が母のところに来ました。さよならを言わずに去っていったあと、彼は逮捕されて処刑されたのです。もう一人の弟と議会にいて、ボディガードとして武装していました。夫とその兄弟も、アジェンデ大統領のボディガードをすべて収容していた増築部にいたのです。一番年上の義理の兄が、仕事に行く途中、富裕層が住む町の一角で兵士や警察がぎっしり乗ったトラックを見て、私の弟たちにも事態が深刻になりつつあることを知らせました。そして車で一緒に逃げないかと申し出てくれました。そのとき弟はモネダ宮殿に行くアジェンデに付き添うよう命令を受けていました。兄も、逃げないと決めたのです。「僕は政府を信じる。死ななければならないとしても、今に誰かがその理由をわかってくれるだろう」。この兄も宮殿に呼ばれ、後で死ぬことになりました。二人はアジェンデが即刻退去を命じるまで、守りにまわって戦い続けたのです。多くの人びとは退去しましたが、二人は残りました。最後まで政府を守りたかったのです。ついにアジェンデが、「もう退くときだ。私は残る。誰も責めたりしない。退去したい者は今だ」。それで弟は言いました。「よし、みんな、もう負けだ。どうしようもない。行こう」。彼らが外に出ようとしたとき、銃声がしました。アジェンデの執務室に戻ってみると、大統領が机の上に倒れ込んでいて、窓の外から男が銃口をまだ向けていました。それで弟たちはその男を射殺したのです。どうしてこのことを知っているかというと、生き残った弟がオーストラリアに来たからです。

兄は、そのときモネダ宮殿から離れた建物で応戦していました。宮殿が落ちたとき、仲間とともに降伏したのです。捕らわれて手を頭の上で組まされている写真を新聞で見ました。でもどこに連れて行かれたのか、それからどうなったのかわかりません。その後二～三日戦い続けた人たちもいましたが、やがて降伏しました。実家の母のところに子どもたちを連れて行き、知ったことをすべて話しました。母は気が動転してしまっていました。反乱軍のリーダーであるアウグスト・ピノチェトの支持者らが、私の兄弟を探して家を捜索しており、兄を捕らえていたのです。彼らを見つけようと私はサンティアゴに戻りました。でもどうすればよいのかわかりませんでした。彼らの身元を偽るべきなのか？　捕らわれたとき彼らは何と言っていたのか？　どこに連れて行かれたのか？　何と名乗っていたのか？　一人を捜しているときに別の一人を危うくしてしまわないか？　私自身が巻き込まれて、家族を陥れることになりはしないか？　私は長女で、いつも勇気があり積極的でした。今やみなが私を頼っていました。まさにこういうときに、父が癌であることがわかり、体調が悪くなってしまったのです。私はこれらの問題すべてに一人で当たらなければなりませんでした。

一週間後に弟を見つけ出しました。サンティアゴの国立競技場に拘束されていたのです。新聞の写真で捕まったのは知っていました。競技場に行くと、机の前に座った兵士がそこで捕らわれていた人びとの名前を読み上げていました。たったそれしか情報がなかったのです。そこには、多くの人がいました。母親だったり、兄弟姉妹だったり。そしてみな、私と同じ気持ちでした。誤ってまずい相手に話しているのではないか、という恐怖を感じていたのです。翌日家族がかき集めた差し入れを持ってまた競技場に戻りました。セーター、ズボン二本、歯磨き粉とブラシ、そして少しばかりのお金です。差し入れを置いてきましたが、受け取ったかどうかはわかりませんでした。一日おきに食べ物を持って行ってみました。また、消息を絶った兄についても軍の収容所に探しに行きました。けれど誰にもわかりませんでした。夫が病院の死体置き場に行ってみましたがそこにもいませんでした。夫はそこで何を目にしたかを私に話しました。それから、何とか眠るために深酒をするようになったのです。何か月も捜しましたが、兄は見つかりませんでした。あとになって、兄は宮殿を防衛していて秘密警察に捕まり、処刑されたことがわかりました。名前はどのリストにも載っていませんでした。後に川に多くの遺体が上がり、そのうちの一人が兄でした。

競技場に拘束されていた弟はあとになって、そこでは寝具もなかったと言っていました。地面に寝ていたのです。毎日一〇人が選び出され、その最初と最後の人が処刑されたのです。彼も何度かその一〇人に入れられました。処刑された人びとの遺体を乗せたトラックが競技場から出て行くのをあとで見たそうです。四か月のちに彼は解放されましたが、それまで拷問を受けていたのでした。取り調べで弟は、自分は田舎から仕事を探しに来て、夜間外出禁止のときに出ていて捕まったのだと言い張りました。当時競技場で処刑された中に、チリのとても有名な歌手のヴィクトール・ハラがいました。ハラは労働者階級が何世代にもわたって苦しんだ不公平さについての革命歌を歌っていたのです。彼は競技場でギターを弾こうとしましたが、ギターは取り上げられて壊され、指をすべて折られました。そしてとうとう処刑されてしまったのです。

教会が、消息を絶った者たちの家族を支援する組織を立ち上げました。弁護士を雇い、普通の人ができない調査をしてもらったのです。母は、右派で豊かだった父の家族に連絡し、私たちに起こったことを知らせました。ところが彼らは、こう言ってはねつけたのです。「そんなことに関わる必要はなかった。共産主義者でなければ、そうはならなかったのだ」。私たちはプライドを捨てて、解放された弟の面倒を見てくれるよう彼らに頼みました。当局が、弟の実際の活動について調べ上げてくるかも知れないと恐れたのです。町から遠く離れた農場のおじのところに弟を送り、一年半ほど匿ってもらいました。そして彼を出国させたのです。

一九七四年に弟が解放されたあと、夫と兄弟たちがアジェンデ政府の支持者だったと当局に密告する人が現れました。私が第三子を産んで病院から退院したその日に、家が捜索されほとんどの所持品が破壊されました。近所の人が、当日の朝、義理の母に当局が家族全員を探しているから町を出たほうが良いと忠告していました。夫は最初、拘束された人やその家族を支援する教会系の組織に助けを求めました。けれどもすぐに出国ができず、あちこち逃れたあと、もっとも近かった避難国であるアルゼンチンに渡ったのです。そのとき赤ん坊はまだ六週間でした。いったん身の安全が確保された夫は、私にも逃れてくるよう言ってきました。けれども母が自暴自棄になっていて置いていくわけにはいかず、また消息不明の弟を探していたので、行きませんでした。

私は信条として、現状に背を向けることはするまいと決めていました。そこで人びとに家を一時避難所として開放したのです。中には、かつて重責にあって国を逃れようとしている政治家もいました。用心していたのですが、やがて当局に気づかれてしまったのです。ある僧侶が訪ねてきて兄は処刑されたと教えてくれたのですが、証拠がなかったので私たちは信じようとせず、捜索を続けました。この頃までに政府は議事堂を部分的に修復していて、行方不明者の消息について情報を提供する事務所を開設していたので、私は行ってみました。とても怖かったけれど、平常心を装いました。長女であり、果たすべき役目があったからです。父は病気で、母は取り乱しており、家族が散り散りになりかけていました。夫の家族も落胆していました。家族の中で息子一人だけが政治に関わっていたからです。逮捕されるかも知れない、家族がまた標的になるかも知れない、という恐れはありましたが、事務所に一人で行きました。そしてそこで、提供できる唯一の情報は私の兄の名が処刑者名簿にあることだ、と告げられたのです。両親にこれを知らせに帰るのは怖いことでした。すでに死が近かった父は、息子が殺される前に拷問されたかも知れないと考えて苦しみました。最後までそれはわかりませんでした。

一九七四〜一九七七年　アルゼンチンでの避難生活

赤ん坊がいたので私は働けず、とても貧しい状態でした。夫の家族が支援してくれて、食糧をくれ、アルゼンチン行のバス切符を買ってくれました。あとになって弟にもアルゼンチン行を可能にしてくれました。チリとアルゼンチンのあいだを陸路で通行するのはとても危険でした。警察が通る人すべての書類をチェックしていたのです。私が誰だかばれて、拘束されないか不安でした。一九七四年一一月に、幼い三人の子どもとチリを離れました。長女は六歳、息子は二歳、赤ん坊は三か月半でした。国連が、チリとの国境に近いアルゼンチンのメンドーサという町に大きな事務所を構えていました。そこで避難民宿泊所用にモーテルを借り上げていたのです。夫と子どもたちと二年暮らしたモーテルは三階建てで大きなキッチンがありました。それで他の三つのモーテルにいた難民たちもやって来て食事をしたものでした。私たちのモーテルには四〇組くらいの家族が収容されていました。そして私も含めた女性たちがグループになって交代で食事を作りました。モーテルの経営者はイタリア人でとても良くしてくれました。食料の相談をしてくれたり、料理したらお金を払ってくれたりしたのです。

避難民は第三国定住に応募するように言われました。そして、受け入れ可能なラテンアメリカかアングロサクソン系の国のリストを渡されたのです。世界について知っていたのは学校で習ったことだけで、大した知識ではありませんでした。メキシコやベネズエラならことばが通じるし、チリの状況が良くなったら戻りやすいだろうと思って、はじめはそこを希望しました。けれど却下されたので、私たちはチリが安全になったら戻ることを優先してアルゼンチンに留まることにしました。アルゼンチンは他の南米の国に比べると豊かな国だったのです。一九七五年までは生活は安定していましたが、軍のクーデターが起こり、人が消息不明になり始めました。国連の保護下にないチリ難民は、拘束されて殺されるか、チリに戻されてそこでチリ政府に殺されるかしました。アルゼンチンにいるあいだ夫は九回逮捕され、そのたびに私は国連事務所に駆け込んで介入するよう頼みました。夫は私たちの宿泊所の代表として、難民と国連事務所をつなぐ役割をしていたのでした。そして国連事務所に向かうたびに逮捕されたのです。一週間留め置かれることもありました。

軍事政権のもとで、アルゼンチンの経済は急激に悪化しました。スーパーマーケットには十分な食料が見当たらず、失業者の数が跳ね上がりました。チリではまだ抑圧が続いていて、そこからなだれ込む多くの避難民を国連は支えきれなくなってきたのです。やがて国連の資金が底をついてしまい、難民は自分で家を借りるよう求められました。家賃の補助や就労許可が与えられ、夫は大工の仕事で生計が立てられるように道具を支給してもらいました。軍部が常に私たちを見張っていたので、国連の支援は私たちの生死に関わったのです。

モーテルを出た私たちは、他の難民の五家族とともに大きな家を借りました。国立競技場で処刑されたチリの音楽家ヴィクトール・ハラの音楽をかけていたので、近隣の住民が警察に共産主義者だと密告したのです。銃を持った警察がやって来て家を捜索し、男たちを尋問するために連れて行きました。その日私は外出していましたが、同情的な隣人が、警察がいるから帰らないほうが良いと忠告してくれました。そして国連事務所に行って何が起きたか訴えるよう勧められたのです。国連事務官が家に来て警察と対応し、男たちは解放されました。その家に住んでいるあいだに私には四人目の子どもが生まれたのです。

一九七六年の終わりまでに、オーストラリアとカナダの役人の面接を受けていました。そして国連はこの国々に、直ちに我々を引き受けるよう圧力をかけ始めました。カナダは寒すぎるので、行きたくありませんでした。オーストラリアについて知っていたことといえば、カナダよりは暖かいというだけだったのです。

一九七七年　オーストラリアに到着

三年アルゼンチンで難民として暮らしたあと、一九七七年五月にオーストラリアに向けて出発しました。自分たちの文化とはまったく違う国に、鞄一つを手にして旅立ったのです。その鞄には子どもたちの一揃いの着替えとおむつが入っていただけでした。最初にアデレードの中心から離れた郊外にあるペニントン・ホステルというところに宿泊しました。そこは人気《ひとけ》がなく寂しいところで、ぽつんと孤立した感じでした。話せたのは、学校で習った幾つかの英単語だけ。ホステルはアルゼンチンの宿泊所とよく似ていましたが、食べ物が違っていました。そこではフィッシュアンドチップスとパスタなど、私たちが食べたことのないものばかり出たのです。

ソーシャルワーカーと、チリ人コミュニティの通訳が、私たちを社会保障事務所と銀行に連れて行き、また古着を持ってきてくれました。私たちには移動中に着ていた服しかなかったのです。ほどなくして、チリとアルゼンチンから来た難民の二家族と知り合いました。それで寂しくなくなったのです。子どもたちはホステル近くの学校に通い始め、英語を勉強して友達を作りました。当時アデレードでは大工が不足していたので、夫はすぐに職に就けました。それで他の南米から来た家族の近くに家を借りることができました。

ソーシャルワーカーは、英語の先生が私に英語を教えに来るよう手配してくれました。八歳をかしらに子どもが四人いて、赤ん坊がまだ一〇か月だったのです。その先生は若い大学生でヒッピー風のヘアスタイルをし、裸足でした。とても素朴な良い人で、つき合いやすかったのですが、英語は難しくて私はよく泣いてしまいました。先生がくると隠れ、すぐ見つかってしまいました。私たちは五月にオーストラリアに到着しましたが、その年の一二月の誕生日には先生がシャンパン一本と小さなケーキ、そして腕時計を持ってきてくれました。その頃時間の言い方を習っていたのですが、私は時計を持っていなかったからです。その後はちゃんと習うようにしなければなりませんでした。先生は、私がキャンベラに移ってからも英語を勉強する決意させてくれたのです。子どもたちが学校に通っているので、教育制度を理解し、子どもたちが学校になじんでいるかわかり、守ってやるためにも英語ができなければなりませんでした。

一九七八年〜　キャンベラで

アデレードにいたとき、私たちはキャンベラに住むチリの難民から、一緒に家に住もうと持ちかけられたので、キャンベラに移り住むことにしました。移ってきてすぐに子どもたちを学校に入れ、私自身も成人移民英語クラスに通い始めました。この頃には私自身も学ぶことに積極的になり、英語をマスターしてオーストラリアの文化を理解しようと決心したのです。成人クラスには三年通い、先生たちも英語を読んだり話したりする力をつけてくれましたが、学習障害のため、書くことはできませんでした。

私たちがキャンベラに着いた当初、かなり大きなチリ人コミュニティがありました。私たちは連帯グループと、成人および子ども向けのサッカークラブを設立しました。募金を呼びかけ、古着を集めてチリに送り、またチリで何が起こっているかオーストラリア社会の理解を深めようとしました。議会とチリ大使館の外で抗議デモも行い、労働党や民主党の議員たちは私たちの活動に対して同情的でした。私たちの抗議行動は一九九〇年くらいまで続きました。一九八五年にまた抑圧が起こったときには、オーストラリアの教会がチリの難民の受け入れ組織を立ち上げ、夫と私は多くのチリ人難民をキャンベラに呼んで定住の助けをしたのです。

一九八三年からはパートタイムで働き始め、ケータリング、ホテルのメイド、そして清掃会社の仕事をしました。その後ミッチェルという郊外で、病院中のシーツなどを洗う政府が運営していたクリーニング会社の臨時雇いになりました。労働環境はひどく、私たちは組合にも無視されていました。

従業員の多くは英語がろくにできない移民の女性でしたが、通訳もおらず、臨時雇いは差別を受けていました。私は組合に関わるようになりました。二週間のストライキを決行し、要求が通ったのです。労働者たちは私のことを、問題を解決してくれる小さなチリ女性とみなして、組合の代表に選びました。このストライキの件で、その後何年も人に名が知られるようになったのです。

そのクリーニング会社で六年間働きましたが、反復性疲労障害になり、もう肉体労働ができなくなってしまいました。一九九一年にはベリル女性シェルターの支援員になりました。そこは一九七五年にできた、家庭内暴力を逃れた女性を助ける施設でした。私はそこで今も働いています。一九八〇年代はじめから、2XXコミュニティラジオ局でチリ人、ラテンアメリカ人向けの番組放送にも関わるようになり、アルゼンチンで消息を絶った家族を探す人びとを援助するアルゼンチンの組織を支援しています。さらに、エスニックコミュニティ委員会連合の一部である、英語を母語としないオーストラリア女性協会の仕事もしているのです。

チリには一度だけ戻りました。母が生きていた頃は援助をしていましたが、亡くなったときには帰国するお金がありませんでした。兄の遺骸が火葬されたとき、ようやく帰ったのです。兄はクーデターの三日後に処刑され、遺体は川に投げ込まれました。その後、他の一五人とともに、墓地の共同墓石の下に葬られていたのです。チリに帰るというのは大きな精神的苦痛でした。きょうだいの一人がチリの人権団体で働いていて、遺体を識別し、私に帰るよう求めてきたのです。キャンベラのコミュニティの人たちがお金を集めてくれて、私は兄をきちんと埋葬できるようチリに帰ったのでした。

私は自分がフェミニストだと思っています。シェルターで働き始めてから、人間的に成長し、多くを学びました。家族も頑張っていて、子どもたちには教育を受けさせることができました。それが私の優先事項だったのです。私の給料が足しになって、家賃を払って良い生活を送れるようになりましたが、家を買うところまではいきませんでした。娘はアデレード大学で医療補助病理学を学びました。息子の一人はキャンベラ大学を卒業して技師になりました。もう一方の息子はオーストラリア国立大学とキャンベラ大学でコンピュータを勉強したのです。子どもたちには両親より秀でてもらいたいと思いましたが、同時にそのルーツ、そして政治的価値観を忘れないでほしいとも考えました。私たちの生活には制限がありましたが、子どもたちはしっかり勉強してくれました。

家族を通してオーストラリアには貢献してきました。そして難民は悪者ではなく、人間だということを示してきたのです。私たちは困難な状況にいたけれど、他の人と同じく社会のシステムの一部として働けるのです。難民としての経験をもとに社会に貢献し、私たちと同じような苦境からオーストラリアに逃れてきた人びとを助けられるのです。この国を愛していますし、ここにいられることにとても感謝しています。私の信条や政治的見解——私の考え方や生き方——は変わっていません。支援を必要とする人なら誰でも助けますし、もし社会のシステムや政治に変化を起こすことができるなら、喜んでそうします。

ヴァン・フン

戦禍の中のベトナムで育った私が、重い病の二人の息子を連れて、難民で溢れんばかりの船に乗りオーストラリアに渡った物語。

一九四四〜一九七九年　ベトナム

私は一九四四年七月二五日に、サイゴンから北西三〇キロのところにあるビンズンという小さな町で生まれました。父はトジョン・クオック・タイ、母はフン・テイ・サットといいました。私はその小さな町、そして両親、四人の姉妹、弟、そしておばといとこと暮らした小さな黄色い家を忘れないでしょう。みんなとても幸せだったのです。

父は第二次世界大戦中、フランス資本のゴムのプランテーションで働いていました。一九四五年に戦争が終わると、父とその兄弟二人、そして母の兄弟二人がベトミン〔ベトナム独立同盟会〕に加わりフランスの植民地支配からベトナムを開放するために戦いました。父は病がひどくなって除隊しましたが、おじたちのうち二人は戦死し、一人は負傷しました。そして一年後に亡くなったのです。一人残ったおじは北部に移動しました。それほど共産主義には共鳴していなかったのですが、党の設立からのメンバーだったため、そこで通常の生活を送り、一九七五年にサイゴンが陥落してから初めて南

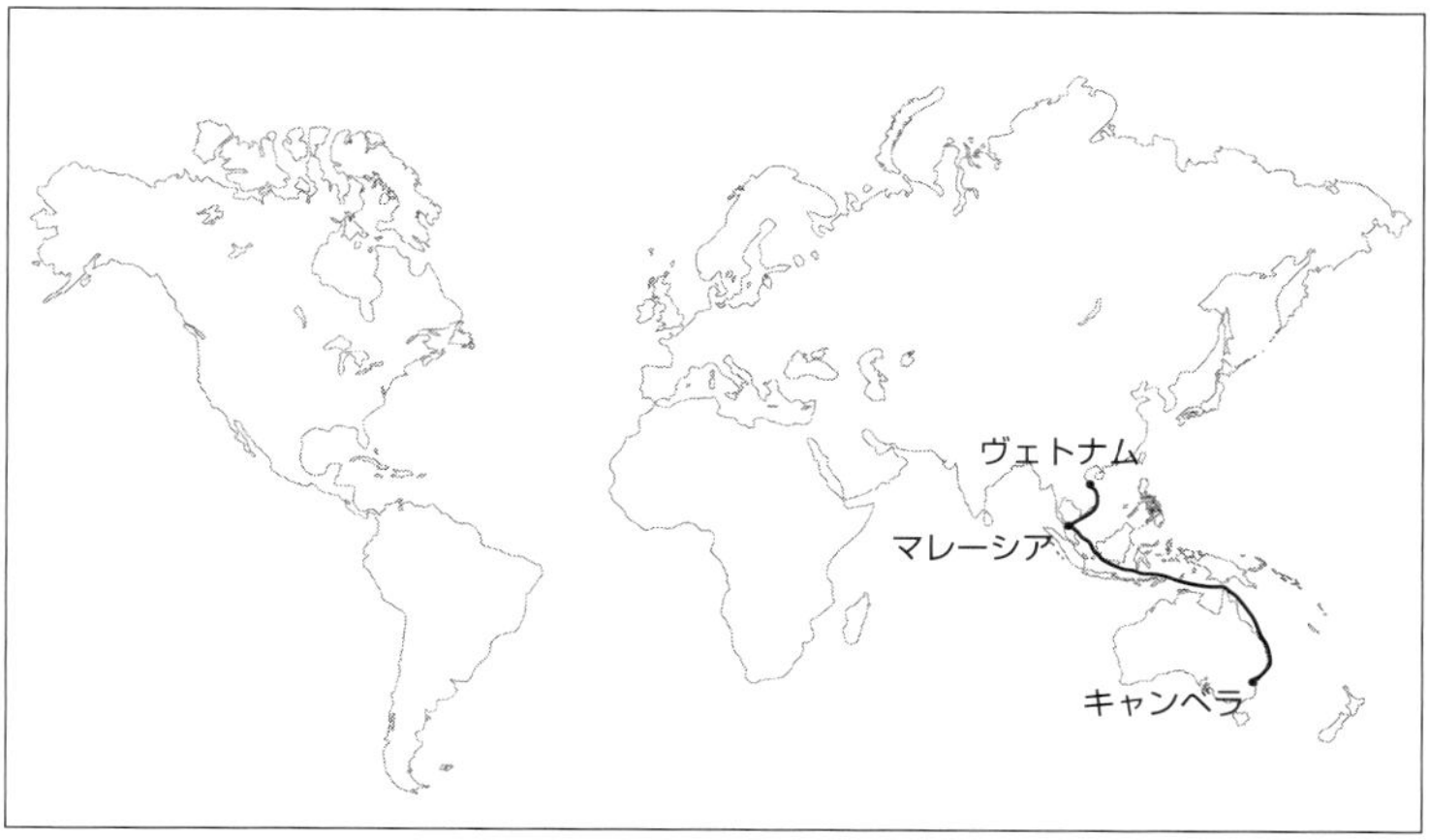

に戻ってきたのです。私は幼少時代、母からベトミンと距離を置くよう言われていて、彼らをとても怖がっていました。

ゴムのプランテーションが閉鎖されて職を失った父は、ビンズンに戻り、いとこの家の隣に黄色の家を建てました。私の兄は私が生まれる前に熱病で亡くなっていて、後年二人の弟も同じ病で亡くなりました。家族は悲しみに包まれたのです。ローンという名の姉はポリオを患っていました。とても美しい少女でしたが、病気にかかったあとは歩くことはかないませんでした。そして家族が長年面倒を見たのです。私は健康な女の子でした。母を助けて家事をし、ローンの世話を引き受けました。車椅子がなかったので一六か一七歳の頃までいつも私が姉を抱えて運んだのです。

私はビンズンの学校に通いましたが、数か月しか経たないうちに、家族の状況が悪化して、続けられなくなりました。父はビンズンとサイゴンのあいだの契約タクシー業をして家族を養っていました。またサイゴンで販売するための材木を所有していたトラックで運んだり、他の物資を輸送したりしていました。当時ベトミンが政府と戦っていて、すべての商業活動を停止させて経済を崩壊させようとしたのです。それには輸送業も含まれていたのでした。この商売が家族の唯一の収入源だったので、父は輸送業を続けました。一九五一年のある日、ベトミンが父のタクシーを止め、車を燃やしたのです。その後、父は負債を返済するためにトラックと家を売り払い、家族は親族と暮らさねばなりませんでした。

一年半後、サイゴンに行った父は、家族が一緒に住めるように仕事と家を探しました。見つかったのは、チョロン地区の貧しくて不衛生なケイマイという郊外にあるとても小さな共同家屋でした。当時私は六、七歳で、この家の人びとが屋内で一、二学級の学校を開校していました。あらゆる年齢の子どもが、教師が与えてくれた一冊の本からともに学んだのです。けれども父がみなを養うだけの稼ぎを得られなかったので、家族はそこも出なければならず、私の教育は中断されました。一九五四年、父は給料から支払いが天引きされる公営住宅を買うことができ、家族は快適な家に住めるようになりました。私も学校にまた通えるようになり、一二学年（高校三年）まで終えました。制服は伝統的なアオザイで、少女たちはその魅力的でシンプルな作りによって優しく落ち着いて見えたのです。私は小学校ではできる生徒でしたが、高校ではそうはいきませんでした。おそらく授業をきちんと理解していなかったのだと思います。クラスの生徒数は多すぎたし、誰も私にどうすればよいか教えてくれませんでした。けれども頑張って何とか毎年進級できたのです。

私は読むのが好きで、家にある本や小説、新聞を全部読んでしまいました。それからは友人や、貸本屋から本を借りたのです。残念ながらこれらの本は学校の勉強の役には立ちませんでした。私は父母が、祖父母の暮らしや家族の歴史について話すのを聞いて多くを学びました。また、姉の行動について両親が文句を言うのを聞いて、してはいけないことも覚えました。男の子のほうが女の子よりも大切にされましたが、弟がずっと年下だったので、扱いに差を感じませんでした。男の子のほうが自由度は高かったのです。私が映画に行くことは許されませんでしたが、男の子は好きなところに行けたのです。男の子は家事をせず、女の子がしました。私たちの地域はとても親しく、隣人はいつも助け合っていましたが、女の子は自由に友達や近所の人を訪ねておしゃべりすることなどできなかったし、男の子のように家の外で何かしたり遊び友達を作ったりすることもできませんでした。

学校を卒業すると、私は中国系の家族が経営する小さな金物店の事務の仕事を得ました。その頃までにアメリカ軍兵士が入ってきていて、サイゴンでは多くの家屋が建てられていたので、仕事は忙しかったのです。その中国人家族は商売がうまく稼ぎも多かったのですが、従業員の賃金は低く労働も長時間でした。父が失職して、私の家族はまた災難に見舞われました。一九六一年まであちこちの借家を移動し、ビンズンに戻ってきました。私は毎日サイゴンまで往復五時間かけて契約タクシーで通わねばなりませんでした。朝五時には家を出て、夜八時半まで帰宅できなかったのです。もっと勉強を続けたいと切に願っていたし、父も応援してくれたので、サイゴン大学の法学部に入学しました。金物店での仕事が忙しく往復にも長い時間がかかっていたので、初年度は進級できませんでした。家族のことも心配だったし、戦争も始まっていたのです。仕事と学業を一年続けたあと、私は病気になり、父は私を数か月家に置きました。それから私はサイゴンの電力公社に職を得て、家族も喜んだのです。

はじめの頃、私は平日はサイゴンの親戚の家に下宿し、週末に家に帰っていました。数年後、その親戚が家の間仕切りをしてアメリカ人兵士に貸すことにしたので、父は私がそこにいるのを嫌がりました。それでサイゴンの職場近くに下宿を探してくれたのです。二階建ての木造の家でした。家主とその家族六人が一階に住み、私は他の二一人の娘たちと二階に住みました。それぞれには木製のベッドがあてがわれ、その下に荷物を置きました。総勢二八人に対してトイレは一つしかなく、身体を洗ったり洗濯したりするのは調理場所である台所でした。たいへんな生活でしたが、食事が出て、安全で、働くことができたのです。

アメリカ人がやって来ると、サイゴンの生活は一変しました。英語を身につけなければなりませんでしたが、私はアメリカ人相手に仕事ができるほどうまくなりませんでした。古い家はみな取り壊され、高層の建物が次々とでき、いきなり金持ちになる家が出てきました。米軍の車やトラックが通りを横行し、たくさんの酒場が開店しました。ベトナム女性の服装がおかしくなり、アメリカ兵と出歩くようになり、ロックの音楽が聞こえてくるようになりました。家族や私はこういったことに影響を受けませんでした。父が私たちを見張っていたからです。私たちは簡素な生活を送り続け、アメリカ人とは関わりませんでした。その頃には私はもっと良い仕事につき、給料はすべて家族に渡していました。外出もしなかったので、当時のベトナム社会を変えてしまったアメリカの影響とは無縁だったのです。

一九六八年のテト攻勢になると、私の家族は戦争の影響を受けることになりました。家族はビンズンに住んでいたのですが、その地域のほとんどの町と同様に共産主義者から攻撃を受けたのです。他の労働者と同じく私も伝統的な旧正月テトに合わせて帰省していました。煙が立ち込め、ヘリコプターからロケット弾が発射され、人びとは身の回りのものを持って泣いたり叫んだりしながら逃げまどったのです。町全体が恐怖に包まれ、何が起こったのかわかりませんでした。戦闘が始まって三日目、父が負傷しました。病院に連れて行きましたが、家に帰されたのです。その晩心臓発作を起こした父は亡くなりました。家族は悲しみ、今でも私は、あたりを見回しながら父なしでどうやって生きていこうと途方にくれていたのを思い出します。父を埋葬して戻ったときも、まだ激しい戦闘が続いていました。夜は大きな木製のベッドの下にみなで寝て、両側の兵士が放つ弾丸やロケット砲から身を守ったのです。母、二人の妹、そして弟の面倒をどうやって見たらよいのかと思いました。蓄えも縁《よすが》もなかったのです。夜になると、父の写真を眺めて私たちを助けてと祈りました。

一九七一年に、私は結婚しました。夫となったのはベトナム中部のクアンチ省にある電力公社に勤めていた人で、ちょうど九週間にわたる軍予備隊勤務を終えたところでした。公社の勤務に戻ってサイゴンの本社に異動になり、そこで私が働いていたのです。ボバンという、ダナンからおよそ三〇キロのところにある村の貧しい農家の出でした。父親はベトミンに殺されていました。あるとき訪ねて行ったおじがフランス側に仕えていてスパイと疑われていたからです。義理の母はそのとき三四歳の若さで、ベトミンとフランス軍が戦う中、四人の子どもを養うことになりました。村の男たちはどちらかの側について戦うことを余儀なくされ、義母は当時一四歳かそこらだった私の夫にベトミンに加わりジャングルで訓練を受けるよう言ったのです。一九五四年の段階では、彼は北上してフランス軍との最終戦に加わるには若すぎ、あとにおいていかれました。戦争が終わったところで、村に帰ってきたのです。当時の夫は、教育を受けなければこれからの人生が困難になると考え、さまざまな仕事をしながら勉強を続け、何とか高校を終えました。そしてサイゴンで技術者としての訓練を受け、電力公社に職を得たのです。

結婚した私たちは夫の家族と暮らし始めました。夫が唯一の息子だったので、実家の電気店とスーパーの経営を手伝わねばならなかったのです。それに自分たちの家を買うお金もありませんでした。義母と暮らすのは辛いことでした。姓を継ぐように息子を産むよう期待されていたのです。最初に生まれた男の子は一日しか生きられず、そのあと二度流産してしまいました。それで婚家に暮らすのがますます難しくなりました。家族が、私の身体は子どもを産むのに適していないと陰口を言っているのを聞いてしまったのです。初めての息子タックが生まれて状況が大きく変わり、義母も優しくなり、一緒に暮らすのも苦ではなくなりました。

一九七五年のサイゴン陥落が近づく数か月前、私は妊娠していて、テレビに映し出される状況を心配していました。共産主義者側の攻撃で各地が次々と征服されていったのです。人びとが戦禍から逃げまどい、爆弾が車やトラックに命中したり、戦場で戦って死んでいくのを目撃しました。サイゴンの人びとは恐怖の中にいました。家屋や仕事を手離して、家族が安全でいられるような場所を探し求めたのです。義理の母はスーパーを売り、商売をできるだけ小規模にして、何かあったら財産をまとめて逃げられるようにしました。私たちはタンソンニャット空港の近くに住んでいて、共産主義者たちがアメリカ大使館に討ち入った数日前に、多くの人びとがスーツケースを手に空港に来て飛行機で逃げ去るのを見ました。どこに行ったのかは知りませんでしたが、ただ逃げおおせたことだけがわかりました。この人たちは政府の高官で、私たちのような民間人には逃げるチャンスなどありませんでした。私の義理の姉はスーツケースに荷物を詰め、空港に入ろうとしましたがうまくいかず、とてもがっかりして戻ってきたのです。

サイゴンが陥落したあと生活が劇的に変わりました。みんな地域のコミューンに所属させられ、そこで週ごとに集会が行われました。この集会では、その週に行った活動を報告したり、子どもの育て方について討議したり、共産主義政府の計画について学んだりしました。コミューンでは悪い行いについて告白し、家族構成のリストを作り、家族の歴史について書かせられました。どのように収入を得たか、家を手に入れたかも説明させられたのです。三か月、もしくは半年ごとに、再び同じことを書かせられ、それが以前に書いたものと食い違っていないかチェックされました。何か隠そうとしたらたいへんなことになったのです。欲しいものは買えず、何でも政府の配給になりました。数日ごとに食料を買うための長い列を作らなければなりませんでしたが、政府は十分な量を供給してくれませんでした。結局、闇市でものを買うことになり、高くつきました。ほとんどどこの家庭でも、共産主義政府になる前に貯めていたお金を使うことになり、食べるために所持品を少しずつ売ったのです。

私たちの家族は、これまでの背景によって永遠に罰を受けることになりました。前政権のために働いていた人びとは、「新経済区」のみで就労が許可されたのですが、そこは地雷がたくさん残っていて多くの人が犠牲になったのです。子どもたちは大学に行くことが許されず、成長しても肉体労働をする運命でした。幸運なことに電力は国の運営に不可欠で新政権も古い人たちなしでは電力公社を続けていけなかったので、夫や私のような若手の従業員は、給料は減ったものの仕事を失わずにすみました。上級職の人たちは、軍の管理職によって仕事を失い、再教育収容所に送られたのです。何年もいなくてはならない上級職の人たちとは違って、私たちは再教育に三日だけ行って終わりました。何も悪いことをしていなかったのだから、勤勉であれば新政権のもと幸福に暮らせるとばかり思っていましたが、だんだん事態は厳しくなるばかりでした。夫は高い専門的技術を持っていたのに、その上司は仕事の内容がわからないまま指示ばかり出したがりました。長男のタックが学校に上がる年齢になっていましたが、学校では共産党について、そして家族を軽蔑することについてしか習わないだろうとわかっていました。ときに子どもたちは家族のスパイをするよう訓練され、息子たちがどんなに優秀でも大学に行ったり自分を高めたりするチャンスは決してなかったのです。そして私たちはベトナムを逃れることを考え始めたのでした。

一九七九年　ベトナムからの逃避

海外からのニュースで多くの人びとがベトナムから船で脱出し、海上で救助されていることを聞きました。夫は子どもたちに今のような暮らしをさせたくない、と考え、友人とともに脱出の手配を始めたのです。夫が接触したのはある大きな組織で、その組織は、ベトナム政府が中国人を追放したがっていて中国人が逃げるのを見逃していたのに乗じて商売していたのです。そこで私たちは中国人のふりをして脱出しようとしたのでした。政府もベトナム人のそのような企てを知っていたようでしたが、金が入れば構わなかったようです。家も財産も押収するので、私たちが逃げてくれたほうがよかったのです。

当初義母は、危険の可能性があるからと言って、国を離れないよう私たちを説得しようとしました。けれど政府の役人が家にやって来て一か月居座り、隠してあった金《きん》を見つけ出したり、家財の目録を作ってそれを押収したりしたので、考えを変えたのです。「もう逃げる道を見つけなければ。注意深くね。家族との連絡は絶たないように。息子たちに未来を与えてやりなさい。ここには家族の将来はないのだから」。私たち四人が逃げるには貯蓄が足りなかったので、義母が出してくれたのです。夫は最初、四歳のタックと二人で先に逃げて、私と一歳と七か月のキムは残ったほうが良いと考えましたが、義母は一緒に行くようにと言いました。

私たちは、業者に金を払って名前を変えるのに必要な書類を整えてもらい、身分証の写真も撮ってもらいました。一九七九年四月のある日、車に乗って南にあるラット・ヤーという小さな町に行き、そこで一〇日待ったあと、船に乗り込みました。待っているあいだ、キムが高熱と下痢に見舞われたのです。まだ身分証が届いていなかったので、医者を探しに町を離れるのは難しかったのです。市場に行ってビンロウの種子を買い、それを水に浸して与えましたが、下痢は止まりませんでした。人参を買って調理し、それを食べて旅に耐えられる体力をつけさせようとしましたが、何も口に入れられなかったのです。

一九七九年　船でベトナムを離れる

当時、とても多くの人びとが逃げ出そうとしていたので、良い船を探すのはとてもたいへんでした。私たちが乗ったのはとても小さな木造船で、幅五メートル、長さ二一メートルしかありませんでした。最初は一〇〇人しか乗船できないと言われました。私たちがラット・ヤーを出港したときは三〇〇人乗っていると知らされました。ところがマレーシアに着いたとき、実は五〇七人もの人が乗船していたのです。その船に私とキムが乗ったときは、ある中国人の家族の一員のふりをしていて、夫とタックは別の船に乗ったので、とても怖い思いでした。私たちは乗船までぴったりとくっついて互いから目を離しませんでしたが、私が船に乗ろうとして振り返ると、夫が共産党の役人に止められて証明書が違うと言われていたのです。幸いにも夫の船の持ち主は力があって、役人を説得して夫を乗船させました。留め置かれていたら、私たちは二度と会えなかったかも知れません。

その晩、外洋まで出た私たちは、別の船を待ちました。それには共産党の役人が乗船していて、公海に出るまでついてくることになっていたのです。役人が私たちの船に乗り込んだところ、波が荒くて二隻は衝突しました。私たちの船には大きな穴があいてしまい、相手の船はそのまま離れていってしまいました。近くに乗っていた人たちにはその穴が見えました。他の人たちに知れていたら、みながパニックになって船が転覆していたでしょう。その役人が指示して船を近くの島に向かわせ、そこで修理がされました。翌日私たちはまた航海を始めたのでした。

出発前に私は食料や水、薬を手に入れていましたが、乗船したときに業者に取り上げられてしまい、五日間何もない状態が続きました。ある晩キムの喉の渇きがひどくなったので、業者の一人に頼み、小さな瓶をもらったのです。船はぎゅうぎゅう詰めで、人が他の人の上に乗ってしまっている有様で、所持品を持つ隙間もなかったのでした。海に出た最初の晩はとても怖い思いでした。キムは具合がひどく悪くて、一晩中嵐が荒れ狂っていました。船は嵐の中の大河に揺れる葉っぱのようだったのです。何も見えず、船も沈むんだと思いました。粉々になってみな海の藻屑となるのだと。キムがとても弱っていたので、いとこが船の真ん中にある、金持ちの中国人女性たちが陣取った船室に良い場所を確保してくれました。私は身体が大きな男の隣に座りましたが、女性たちはその男に、女ばかりのところにどうして男がいるのと言って彼をいじめていました。その男はじっと静かにしていました。朝になって海も静まりましたが、男はまだ毛布をかぶったまま隣で横たわっていました。「こんな状態でよく寝られるものだわ」と思いましたが、少しして、その男が夜のあいだに心臓発作を起こして死んでいたことがわかりました。この男は二人の子どもを連れて行って、子どもたちはその後ビドン島の難民収容所近くに停泊していたフランスの医療船の医師に保護されました。やがて親戚の者が子どもたちをアメリカに連れて行ったのです。

海の上にいた五日間のうちに、タイの海賊に三度か四度襲われました。彼らは私たちが金や宝石を持っていると知っていたのです。私たちが当たったのは幸運にも漁民上がりの海賊だったので、本当の悪党ではありませんでした。私たちのあとから来た人びとに、本物の海賊が乗り込んできた話を聞きました。奴らは乗船していた人を殺し女性を辱め、他の人たちから隠していたお金を取り上げたのです。多くの人びとがそのようにして命を落としたのでした。タイの漁師たちはナイフを持っていましたが人殺しはしなかった。けれども船に人が過重に乗っていたので、船同士をぶつけられて沈むことを恐れて、私たちは抵抗しませんでした。私たちはみな喉が渇き空腹でした。海賊の一人は片手でナイフをかざして動くなと指示しながら、もう片方の手で魚を冷やす氷を私たちに手渡しました。私はキムを抱き抱えて海賊の船に移り、水と氷をくれるよう頼みました。戻ろうとしたとき、一人の海賊が、キムが首にかけていた仏の顔のついた金の鎖に目を留めました。それはキムが祖母にもらったものだったのです。その男はナイフを振って鎖を指し、キムの首からそれを奪いました。自分たちの船に戻った私は、海賊の船に乗るなんて何と愚かだったかと思いいたりました。私たちを海に突き落としたとしても、誰もどうすることもできなかったのです。

ティエットと私には、この旅に必要な分と、小さな金の指輪を買うだけのお金しかありませんでした。その指輪も最初の海賊が船を探したときに海に放り投げてしまったのです。海賊が私の隣にいた女性を調べるたびに、何かしら見つかるので驚きました。金やお金を身体中に括り付けていたのです。高齢だったのでとても気の毒でした。首にナイフを当てられてお金を取られたのです。女性の家族はおそらく年寄りだから調べられないだろうと考えたのでしょう。けれども海賊にはわかっていたのです。ベトナム貨幣には価値がなかったので、みな米ドルを持っていました。私には海賊よりもキムとタックの体調のほうが心配でした。生き延びられるか自信がなかったのです。

最後の海賊に襲われたときに、船の羅針盤とバッテリーが奪われました。その前の襲撃で、もう何も盗るものがなかったのです。それでもう船が動かなくなりました。もはや海の上で死ぬのか、と思いましたが、船の技術者が何とか動かせるようにして、エンジンの音が聞こえたときにはほっとしました。羅針盤は奪われましたが、海賊船はマレーシアへの方向を示しました。一日後にマレーシア沖の小島にたどり着いたのです。甲板にいた人びとがそれを見つけ、みな喜びました。甲板の人たちは「陸だ、陸だ！」と叫んだのです。どこだかわかりませんでしたが、少なくとも陸地でした。私は船内にいて、船もぎゅうぎゅう詰めだったので見えませんでした。

その島はマレーシア軍の駐屯地で、上陸するなら一〇〇〇米ドル払え、さもないと船を海に引きもどしてそこで死ぬことになると言われました。船の持ち主は私たちにお金がないか尋ねましたが、海賊がすべて奪ってしまっていたのです。船主はお金を隠していたようでした。というのも兵士に支払いをして、私たちは自由になったからです。もう夜の八時か九時頃で、船上ではみな何か助けになるものを探していました。夫が空の水の瓶を二つ見つけてきました。それを抱えて海に飛び込み、岸を目がけて泳いだのです。岸に上がると、兵士が男性と女性を分けて、隠した金やお金がないか真夜中まで調べました。何か見つけたかどうか、少なくとも私たちからは何も出てきませんでした。解放されて、夫は遠くから大きな木切れを見つけてきました。それをジャングル近くの小高い場所に引きずって行き、それにもたれて眠ったのです。

私たちは所持品を身の回りに置き、キムとタックを守るようにあいだに挟んで寝ましたが、起きてまず子どもの姿を確かめたとき、キムが見えなかったのです。夜のあいだに起きて浜に這って行ったのかと思いました。数分探したところ、セーターの下に潜り込んでいたことがわかりました。寒かったので、温まろうとしたのでしょう。こんなにほっとしたことはありませんでした。海から遠いところに木切れを引いていったと思っていたのですが、夜のあいだに潮が満ちていて、起きたときには波打ち際すれすれのところにいました。

兵士たちは私たちの身辺を調べたあとは、もう放っておいてくれました。朝になると、浜辺近くの空家を示してそこにいてよいと言うのでした。その朝、船主は若者に、兵士が私たちを船に乗せて沖まで連れて行くことがないように、船を沈めてしまってくれと頼みました。それから、船旅のあいだ隠していた食料を分けてくれたのです。それで二日間しのぎました。その後、私たちが島にいることを国連が知りました。国連職員が三日分の食糧が入った配給袋をくれて、船を寄こしてくれました。それに乗ってビドン島の国連収容所に移動したのです。

一九七九年五～一〇月　マレーシア　ビドン島

マレーシアのビドン島に行って最初に気づいたのは、骸骨のような姿で浜辺に打ち揚げられた、壊れた難民船でした。上陸できてわくわくしていました。すでに島にいた人たちがみな桟橋に出てきていましたが、そのようすには驚きました。熱い太陽光と海の潮風のせいで肌が黒ずみ、痩せこけて、髪が伸び放題だったのです。衣類をほとんど持ち合わせないまま、一九七六年の終わりからそこにいたので、ベトナムの山岳民族のように見えました。当時ベトナムから多くの人びとが逃げ出していたので、ジャングルや岩だらけのこの一キロ四方の島に、四万二〇〇〇人もの人がひしめき合っていたのです。

当初私たちは、軍のテントに蚊帳を吊して床の上で寝ました。この蚊帳は夫が最初に買ったものでした。虫がとてもたくさんいたので、子どもたちが病気にかからないか心配でした。夜になると、何千匹とも思えるような大量の大きなネズミが山から収容所に降りてきたし、人びとは、小屋の柱に巣くい夜になって出てくる床ジラミに悩まされたのです。ティエットと私は、シラミから子どもたちを守るために布きれを集めてハンモックをこしらえましたが、そのハンモックを壁に吊すのに使った綱を、火をかざしてみると、シラミが綱から下りてくるのが見えました。子どもたちが血を吸われる前にシラミを殺そうと、火を灯したまま見張ったのです。とても、とてもたいへんなときでした。

島に着いたとき、子どもたちは下痢や発熱でとても具合が悪く、それからの二か月のあいだ、ずっと病に伏せっていました。島の簡素な医療機関は、解熱鎮痛剤のパナドールをくれましたが、役には立ちませんでした。運よくフランスからの国境なき医師団の医療船が沖に来たのです。この船では重篤な病人しか引き受けませんでしたが、息子二人を診てくれました。夫は子どもと船に乗り、一か月後には子どもたちは回復しました。医師団が助けようとした病人の多くは死亡し、島に葬られたのです。

島に戻った夫は、丘の頂上近いところにあるとても小さな小屋を手に入れました。そこは、物資の配給場所からはとても遠く、長い道を苦労して歩かなければなりませんでしたが、近いところは手が届かなかったのです。三日おきに一人当たり一袋の食料と二〇リットルの飲料水が配られました。島の水は飲めなかったのです。配給以外の日には、夫はジャングルに入って料理用の薪と洗濯用の水を取ってきました。キムは、私が抱っこしているとき以外は一日中泣いていたので、私たちの小屋は「泣き虫小屋」と呼ばれるようになりました。薪を割り、その火に粉ミルクの缶の鍋を置いてすべての調理をしたので、とても長い時間がかかりました。井戸から汲んできた水で子どもの身体を洗うときも、その水を沸かしてから使いました。配給された食料は、米、豆一缶、イワシ、それにほとんど肉が入っていないチキンシチューでした。最初の数か月は米が不十分で、一か月のあいだ緑豆だけだったこともあり、ひどいものでした。その後、米の配給が再開すると、ライスペーパーも作れるくらいの量になり、食事に変化をもたらしました。一緒に国を出てきた甥は、島の裕福な一家の家庭教師をして五〇米ドルももらい、リンゴやほうれん草などの野菜を子どもたちに買ってくれました。

私たちは島の国連センターに行き、どこの国に行きたいかを調査する書類に記入しました。私たちはアメリカ、カナダ、そしてオーストラリアの順に書き入れました。オーストラリアについてはほとんど何も知らなかったのです。息子の具合がとても悪かったので、最初に受け入れてくれる国に行くことに決めていました。オーストラリアの役人の面接を受けたところ、とても親切な人たちでした。夫が少し英語を話せたし、彼らの質問が「逃げる前どこに住んでいましたか」「何歳ですか」「どんな仕事をしていましたか」「ベトナムには家族が残っていますか」といった簡単で返答に困らないものだったので、通訳も必要ありませんでした。受け入れが決まったとき、私たちはとても嬉しかった。私たちを証明する書類は、国連が発行した名前、生年月日、収容所に到着した日が記載されたものだけでした。ベトナムから逃れたときに持っていた証明書は、船に乗ったときに押収されてしまっていたのです。

一〇月のある日の午後、私たちはフェリーでマレーシア本土に渡り、バスでクアラルンプールに行きました。まちの中心にある、人が溢れる中継ぎ収容所の古い家やテントで一か月過ごし、そして飛行機でオーストラリアに向かったのです。飛行機に乗った私たちはとても幸せでした。家族が一緒に逃れることができて、とても安心しました。そして「さあ、これから一緒にすばらしい生活を送るのだ」と考えました。子どもたちは実際幼すぎて状況を理解できていませんでしたが、中継ぎ収容所で、オーストラリアに行くこと、そこで生活し働いて、子どもたちは勉強もできることを言い聞かせていたのです。

一九七九年一二月二一日　キャンベラに到着

エインズリー・キリスト教会が私たちの保証人になってくれたので、キャンベラに落ち着くことになりました。実際にはキャンベラがどこにあり、どのくらいの大きさのまちかも知らなかったのです。牧師さんと奥さんが空港に迎えに来てくれました。簡単なことばで話してくれたので、夫にも言っていることがわかりました。私たちを一軒の家に連れて行き、「落ち着いて仕事を見つけるまでここに住んでよいんだよ。これは政府の家だが、これからここが住まいだ」と鍵を渡してくれました。私がドアを開けると、タックはわっと泣き出しました。私は、息子が嬉しいはずだと思って驚きました。なぜ泣くのか尋ねると、「お母さんは僕たちが家に行くんだと言っていたじゃないか。でもこの家にはおばあちゃんがいないじゃないか」と言うのです。ベトナムでは二人の息子は義母にとても愛され可愛がられていたので、息子にとっての家は、祖母のいる場所だったのです。

家はとても広く、教会が一か月分の食糧やベッド、テレビなど必要なものをすべて準備してくれました。麺、醤油や魚醤、野菜などアジアの食材を選んでくれていました。私たちは各部屋のベッドをすべて一室に移し、そこで一緒に寝ました。ベトナムでも収容所でもそうしていたからです。着いてからしばらくのあいだは、オーストラリア政府が私たちに金銭援助をしてくれると知って驚きました。最初の支払いであった一一〇ドルが一週間分とは知らず、それで一か月暮らしたのです。間もなく、やはり着いたばかりのベトナム人家族に会いました。どの店で慣れた食材を買えるか、といったことを教えてくれました。キリスト教会の人びとは社交的な催しに呼んでくれて、オーストラリアの生活様式を教えてくれました。すべてのことが新鮮で心躍るものでした。キャンベラの家屋はとても大きくて豊かで、ベトナムの家とはとても違って見えました。あるエインズリー教会員の男性が首都特別地域の電気公社で働いていて、夫にそこの仕事を見つけてくれました。教育上の資格を証明する書類がなかったので、はじめは倉庫係になったのです。一年後、技術力がテストされ、技術職の臨時雇いになりました。それでもう支援者からの援助が必要なくなったのです。オーストラリアの市民権を得たとき、専任の地位に就くことができました。

私は英語を正確には話せませんでしたが、読むことはできたので、当初から買い物をしたりバスに乗ったりすることには困りませんでした。翌年の二月には他の多くのインドシナ半島出身者と少しのヨーロッパ人とともに、オーストラリア国立大学内のブルース・カレッジで英語を学び始めました。三か月フルタイムで勉強しましたが、そのあいだ子どもの面倒を見てもらえました。キムはオーストラリアに来て多くの医療検査を受けたあともまだ弱々しく健康に問題があり、私が出かけるときにはいつも泣いていましたが、ベビーシッター係がいつもなだめてくれました。

キャンベラに来たときタックは五歳になるところだったので、翌年になるとエインズリー小学校に上がり、他のインドシナ出身の子どもたちと「第二言語としての英語（ＥＳＬ）」クラスで問題なく英語を学ぶことができました。キムはテレビで子ども番組を見ていたので、入学したときすんなりと他の子どもに混じることができました。ブルース・カレッジの教師が私たちに練習が必要だし子どもたちのためにもなるので、家庭でも英語だけで話すよう言ったので、子どもたちはベトナム語を忘れてしまいました。キムは二三歳になったとき、キャンベラのベトナムコミュニティが開設している子ども向けのベトナム語教室に行きました。その後二人は親類に会いにベトナムに帰国し、ことばもまた上達したのです。

タックが六歳、キムが五歳になろうとしているとき、私は造幣局でコインの押印を検査する仕事に就きました。技術が要りましたが、事務作業が必要なかったのです。その後は家庭に戻り、ティエットの商売を手伝いました。支援が必要なくなってからも、私たちはエインズリー・キリストの教会に行き、お世話になった人たちと交流しました。

はじめはベトナムに残してきた家族と連絡を取り続けるのはたいへんでした。何年ものあいだ、私たちはお金や物資を送り続けましたが、ようやく帰国できたのは一九九二年になってからでした。ビンズンの私の母に会いに行くのにも、ベトナムから戻るのにも、ベトナム地方政府の許可が必要だったのです。あのとき帰国できて良かった、というのも母はその後一九九四年に亡くなったのです。一九九二年までに多くの変化がありました。人びとは自分で商売ができるようになり、ベトナムはサイゴン陥落以前のようになってきました。政府も、若者が大学に行ったり好きな仕事に就いたりするのを妨げてはよくないとわかってきたようでした。キムを連れて一九九七年に再び帰ったときには、北部に行くことができました。最初のときとは違って、どこに行くにも政府職員に袖の下を渡さなくてすんだのです。人びとはずっと親しみやすく、幸せそうに見えました。ベトナム国内の移動もずっと容易でした。

現在、夫と私はキャンベラでとても静かな生活を送っています。タックはシドニーで保険計理士として働き、オーストラリア人と結婚しました。キムはオーストラリア国立大学で政治学の教員をしています。嬉しかったのはキムが私たちの家族のことをもとに博士論文を書いたことです。未来の世代に、家族の歴史を残したからです。オーストラリアに来たことにまったく後悔はありません。オーストラリア政府に受け入れられ、市民になったのは私たちに起こった最良のできごとでした。私たちを歓迎し、心を開いてくれたすべてのオーストラリアの人びとに感謝の気持ちでいっぱいです。この人びとが私たちにオーストラリアに住まいを与え、新しい生活を送る手助けをしてくれたのです。

抑圧に立ち向かう
――アフガニスタン、南アフリカ

マムード・サイカル
ソ連占領下のアフガニスタンから一九八二年に始まったオーストラリアでの生活にいたるまでの旅。オーストラリアではまず建築家、さらに最初のアフガニスタン大使となり、アフガニスタンに戻り、国の再建に関わった。

一九六二～一九八一年　アフガニスタンでの生活

私は一九六二年にアフガニスタンのカブールの旧市街に生まれました。父のアブドル・ハク・サイカルは国立印刷所で働き、母ラヒーマは専業主婦でした。私には五人の兄弟、二人の姉妹がいて、こ

の他に亡くなった姉妹もいます。私が幼少時代を過ごしたアショクワン・オ・アラファンはカブール川とシェル・ダルワザ山のふもとのあいだに位置していて、懐かしい思い出がたくさんあります。カブールも含めてアフガニスタンの人びとはみな貧しかったけれど、私の家は中産階級でした。

近隣の人びとには、愛と互助精神に満ちた共存の意識がありました。家に客人があると、いつも近所の人たちも料理をしてくれたし、こちらも近所の客に料理をしてあげていました。通りをきれいに保つように一緒に働きました。みなでコミュニティの仕事をしていたのです。凧揚げや、鳩の飼育は人気の余暇で、旧市街の文化的アイデンティティの一部でした。よく山登りをしたし、春には演奏担当の音楽家たちを連れてピクニックにも行きました。ホジャ・サファという場所にはすばらしい滝があり、子どもの頃にはその源泉まで辿って頂上まで登り、母にあげるためのチューリップを取ってきたものでした。カブールで育った子ども時代には、そのような甘い思い出がありました。

私たち家族は、泥レンガづくりの二階建ての家に住んでいました。下の階に主な部屋が三つありました。一つは客間で、きれいに保たれていましたが普段は施錠してあり、他の二つの部屋は家族が過ごし、夜は枕とマットレスを敷いて寝ました。私たちの家は居間と寝室を分けていなかったのです。また一階には台所と、家の隅に窓のない倉庫がありました。ここはとても暗くて私は怖い思いをしたものでした。二階には広い部屋は一つだけで、そこからは庭を眺めることができました。その部屋の横には下の階の屋根があり、そこを私たちはとても機能的に使っていました。冬休みのあいだ、その屋根の上で凧や鳩が空を行き交うのを何時間も眺めたり、夏の暑い夜にはそこで寝たりもしました。私は横になって眠らず星を数えていたものでした。ところがその屋根には手すりなどはなくて、とても危険でした。家族には落ちて骨を折った者もいました。旧市街ではそんなことが日常でした。屋根の上での活動は、特に夏に盛んでした。冬はそこで凧上げをしたり、母が洗濯物を干したりしました。やがて私たちはその家を離れることになりました。というのも蛇や蠍が巣くっていたのです。父は、政府からの融資を得てカブールの北西部にあるタイマニという郊外に土地を一区画買い、もっと現代的な設計の粘土製レンガでできた家を建てました。

私はアショクワン・オ・アルファン小学校に入学しました。そこでは最初の三年間は教室がなくて大きな木の下で授業を受けました。その学校で六年間の初等教育を受け、それからイスティクラル高等学校に進みました。そこは王宮の隣にあり、フランス政府が開いたとても現代的で名声の高い学校でした。校舎は金のかかった建物で、断熱、防音もしっかりしており、見事な建具や備品が使われ、教え方も先進的でした。それからの六年間、私はフランス政府がアフガニスタンに派遣していたフランス人教師からフランス語、化学、物理、生物、数学を習いました。アフガニスタン人教師からはダリ語、パシュトー語、宗教、地理、歴史を学びました。私は、教育水準がまだ良かった時代に高校を終えることができた幸運な学生の一人でした。共産革命が起こってアフガニスタンがソ連に占領されるとたちまちすべてが崩壊して教育の質も下がってしまいました。

高校一一学年〔日本の高校二年生位〕だったとき、私はアフガニスタンの現代史の中でもっとも悲劇的な光景の一つを教室の窓から目撃しました。一九七八年四月二七日の共産主義者によるクーデターで、当時大統領府になっていた旧宮殿に最初の一撃が加えられたのです。同年一二月にはソ連軍が侵攻してきて、その後一〇年続くアフガニスタンの悲劇的な時代の幕開けとなりました。ある朝起きてみると、ソ連軍が一夜のうちに我々の通りを占領し、自分と同じくらいの年の兵士が戦車の上に座っているのが目に入りました。「こいつらは僕たちの国で何をやっているんだ？　誰がここに来ていいと言った？　なぜ強制されなきゃいけないんだ？　ここは僕たちの国で、僕たちが国を動かさなければいけないのに」と私は自問していました。当時アフガニスタンには国際社会から強い支持があり、国連安全保障理事会はソ連占領に反対する決議を通していました。

学生には共産党に入党するよう強い圧力がかかりましたが、私たちの多くは拒否していました。けれども入党しないままカブールで安心して生きていくのは難しいことでした。私は他の一八〜二〇名のイスティクラル高等学校生と、ソ連占領に対抗する反共産グループを結成しました。大学で私たちのグループは公式のものになり、自国のソ連支配に対抗する独立した学生組合となりました。私はその執行部に入り、通信文や地下からの月刊紙を発行しました。私たちの仲間には著名な家の出身の者もいて、互いの家でこっそりと会合を開き、どうすればアフガニスタンを解放して独立させられるかを話し合いました。そのメンバーの幾人かはあとに殺されたり投獄されたりしました。当時は私たちはソ連と対話ができると信じていました。けれどもすぐにソ連は話し合いに来たのではなく、私たちの国を蹂躙するために来たとわかったのです。

九年生〔日本の中学三年生位〕になるまでに、私は建築、絵画、書法、詩、そして音楽への関心を深めていました。高校を卒業してからカブール大学の入学試験を受け、一九八〇年に工学部（建築も教えていた）に入学することができました。間もなく大学のソ連化が始まり、他の学部の学生と同じく私たちもマルクス・レーニン主義を教えて政治意識を高める授業を受けさせられました。民主主義的権利を行使して平和的なストライキやデモを行いましたが、ロケット機銃を装備したヘリコプターや機銃掃射で攻撃されました。それは対話など不可能だという意思表示であり、私たちは他の方法を探さねばなりませんでした。

ソ連侵攻への対抗に専心していたせいで、勉強はままなりませんでした。毎日学生や労働者が逮捕されるのを目撃し、拷問されていると聞かされました。地方ではナパーム砲やロケット機銃装備のヘリコプターによる町や村の爆撃、砲撃、焼き討ちが行われていると報道されていました。村人は攻撃されるだけでなく、その子どもがソ連のイデオロギーで洗脳されました。こうしたことで、私たちは政治的な運動に集中せざるを得なかったのです。

一九八一年、私が一九歳の年、ソ連が背後についている政府に対する激しい作戦行動に加わった私は、負傷して投獄されました。最初は秘密警察の地下監房に入れられ、その後悪名高いプルイチャキ監獄に移されました。私も拷問を受けたが、他の囚人ほどひどくありませんでした。他の人たちが拷問を受けているのを見ることそのものが拷問でした。一四歳の少年が尋問に追い立てられていくのを見ました。性器を縛って吊され、足の爪を剥がされ、出血し泣きながら監房に戻ってきました。私は仲間の活動について尋問され、その名前を明かすよう圧力をかけられました。彼らは私たちが帝国主義、中国政府、CIA、そして西側諸国のスパイだなどと言って責めたてました。まったく何を言っているのかわかりませんでした。

カブール大学で反ソ連の学生運動立ち上げに尽力したという「罪」を考えると、私は何年も投獄されていてもおかしくありませんでした。けれど今振り返ってみると、アフガン人共産主義者である私の尋問者は地下組織とのつながりがあり、同情心を持っていたようでした。この人が私の釈放を助けてくれたのです。ある晩兵士が私たちの監房のドアを開け、処刑を示唆するような呼び方で私の名を呼びました。私は立ち上がり、泣き、仲間たちの頬に口づけして持ち物をすべて分け与えました。身につけていたのはズボン、シャツ、そしてゴム草履だけでした。私は兵士について歩いたが、突然監獄の外の通りに出ていたのに気づきました。ポケットにいくばくかの金が入っていたので、タクシーを捕まえて家族のもとに戻り、安心させることができました。翌日、私の釈放は例のないことですぐに露見するだろうと言われ、再逮捕されないうちにできるだけ早くカブールを逃れなければなりませんでした。

一九八一〜一九八二年　パキスタンへの逃避

カブールの家族のもとに数日隠れたのち、投獄されていた友人の父親がジャラーラーバード行のバスに乗る手配を助けてくれました。そこで数日過ごしてからパキスタンに行くことになっていました。しかし途中で手引き役の男が捕まり、私は一人になってしまいました。バスの運転手は、どこかもわからない場所で私を路上に置き去りにしました。それから私は、徒歩でパキスタンに逃れた二〇〇万にも上るアフガン難民の一人となったのです。私たちはソ連の爆撃と残虐行為で国を追われたのでした。やがて誰かが叫びました。「ここはパキスタンとの国境だ」。

カブールを出る前、私は決して難民生活を受け入れるまいと決心していました。勉強を修め、どのようなひどい状況であろうと、祖国の独立を取り戻すためにアフガニスタンに帰るという意志を抱いていたのです。パキスタンではアフガン人抵抗組織に加わり、ソ連占領に抗議する冊子刊行に関わり、組織が支払ってくれた月二〇〇ルピーで生き延びていました。

当時、身元保証人がいればオーストラリアに再定住申請するのはさほど難しいことではありませんでした。兄のアミンはコロンボ計画の奨学金でオーストラリア国立大学に来ていて、博士課程を修了し、講師として教えていました。そこで家族呼び寄せプログラムにより兄のところに身を寄せることができました。また兄にはイスラマバードのオーストラリア高等弁務官事務所の一等書記官の友人がいて、彼がフランス語を話したので、私の面接のときにも意思伝達しやすかったのです。ビザを取得するには三か月しかかかりませんでした。この頃オーストラリアをはじめ国際社会ではアフガニスタン難民には深い同情が寄せられていました。冷戦の最中、ソ連支配の犠牲者は西側諸国では歓迎されたのです。多くのアフガニスタン人はアメリカやヨーロッパに受け入れられました。それより数は少ないが、オーストラリアにも渡った者がいたのです。

一九八二〜二〇〇五年　オーストラリア

私がシドニーに着いたのは一九八二年六月の寒い冬の日でした。兄のアミンが迎えに来てくれて、一緒にキャンベラ行の列車に乗りました。キャンベラにはアフガニスタン人は他に二人しかおらず、そのうちの一人は、着いたばかりの弟ファゼルでした。アミンはオーストラリア国立大学の政治学教授に昇格していて、アラブ・イスラム研究センターを立ち上げたところでした。

兄弟二人と一緒に暮らして数か月後、私は英語を話せる環境に暮らしたくなりました。オーストラリア国立大学の寮であるブルース・ホールに入れることになり、その寮長のビル・パッカードが数時間分の仕事を斡旋してくれました。今や英語だけで話さなければならないところ、まず覚えたのは悪いことばばかりでした！　私はウォーデンにある職業訓練専門学校（ＴＡＦＥ）で数か月英語を学びました。けれどもそれでは大学での勉強には不十分でした。しかし一九八三年二月には、キャンベラ高等専門学校〔現在のキャンベラ大学〕で建築を学ぶことになり、キャンパスの寮に入りました。当時高等教育は無料でした。

私の英語力が低かったので、一九八三年は辛い年でした。それに、心は祖国での戦争、侵攻、暴力に占められていたので、勉強に集中するのが難しかったのです。アフガニスタンのことが頭から離れず、オーストラリアの生活に適応し基本的なことを理解するのに必要な英語を覚えるのにもかなり時間がかかりました。私は店での買い物で出会う普通のオーストラリア人の英語から学びました。いったん恥ずかしさを脱すると、つたない英語でもとにかく使えば、毎日何かしら新しいことがわかり、そのうち英語を話すのが楽しくなりました。

兄が大学で政治学を教えた学生の中にウィリアム・メイリー（第一〇章）がいて、アフガニスタンに興味を持っており、フランス語を話すことができました。彼は私が最初にキャンベラ高等専門学校に行ったとき一緒に来てくれて、私の代わりに環境デザイン学科の人たちに話をしてくれたのです。今日では彼はアフガニスタンの専門家になりましたが、そのアフガニスタンについての強い関心は兄や私との関わりがあったからでした。メイリーのアフガニスタンについての著作は何冊にもなり、彼と兄のアミンはアフガニスタンについての権威として国際的に認知され、オーストラリアにおけるアフガニスタンへの関心を維持したのでした。メイリーはとても礼儀正しい紳士で、今でも良い友達です。

私はオーストラリア政府からの手当に長いあいだ頼りたくはありませんでした。自立して、ここに来られるようオーストラリアがビザを出してくれたことに対し、何か返礼をしたいと思いました。そこで大学での一年目を終えたとき、建設現場で働き、その後フランス語が生かせるレストランでウェイターを務めました。兄たちと私はカブールにいる家族に送る金を貯めました。大学二年目には三名の教員の引率で建築科の同級生とヨーロッパを訪れました。これによって私の世界についての見方が広がり、異なる文化や宗教に触れたことで心のバリアが崩れていきました。オーストラリアからヨーロッパに行くまで、世界がこれほど広いとは思っていませんでした。二か月のあいだ同級生と密接に過ごしてみて、オーストラリア人がこれほど親しみやすく、また楽しくて率直だと初めて知りました。中には外国だというのでまったく人格が変わり行儀が悪くなった者もいましたが、それ以外はみなすばらしい人たちで、何人かとは深い友情が育まれた。イスラムについてとてもたくさん聞かれたので、オーストラリアに来てから初めてコーランを全部読みました。

環境デザイン学科の三年目に、私は将来妻となる女性と出会いました。景観設計を学んでいた学生でした。私たちはともにシドニーのサーキュラー・キーの再開発を検討するチームに属していて、特に旧税関を将来どのように使うか考えていました。キャンベラ高等専門学校を卒業すると、私は民間会社か政府省庁のどちらかで実務経験を一年積まなければならなかったので、連邦政府管理サービス局のシドニー事務所で郵便局などの建物設計に携わり、その後民間会社に移りました。

一九八六年、五年目となるキャンベラの大学院には戻らず、シドニー大学に転入しました。そして建築学の修士号を得ました。

建築家としての生活

シドニー大学を出たあと、ニューサウスウェールズ州公共工事局に入り、大きなチームの一員としてシドニーオペラハウスの改装、サーキュラーキーの再開発、そしてシドニーのビジネス中心区域の再編に関わりました。私自身の最初の大きなプロジェクトは、カブラマッタ地区の警察署で、その後フェアフィールド地区やパラマッタ地区の裁判所も手がけました。私は警察署の赤いレンガのファサードに青いモザイクのタイルの列を埋め込んで、イスラム建築の要素を取り入れてみせました。オーストラリアでイスラムとアフガニスタンの要素がもっともすばらしく出ているのは、キャンベラにある新しいアフガニスタン大使館でしょう。

私はニューサウスウェールズ州公共工事局で四年間仕事をしました。そのあいだに毎年アフガン戦争から逃れた人びとを訪ねてパキスタンとイランに赴き、福祉プログラムを立ち上げ、学校や医療施設を建設し、何百もの車椅子や松葉づえを供給し、一〇〇人に上る身寄りのない子どもたちの身元引受プログラムを立ち上げました。またオーストラリアとニュージーランドでアフガン・ムジャーヒディーン〔抗ソ連軍、反政府のイスラム戦士〕のスポークスマンも務めました。そうするうちに、アフガニスタンの共産体制が崩壊したのです。一九八九年二月にソ連は撤退しましたが、大きなダメージを残していきました。四年後の一九九二年四月には共産政府が倒れました。そのとき私はシドニーの職を辞して、建築家として仕事を始めるためにカブールに行ったのです。

外交官になる

カブールは激しい砲撃と爆撃の跡でした。これがアフガニスタンの歴史において、さらに悲劇的な章の始まりということが当時はわかりませんでしたが、自国再建に私はあまり役に立たないということがわかりました。当時ハーミド・カルザイが外務次官で、アフガニスタン政府の外務省にはソ連占領に抵抗していた仲間が何人かいました。彼らは私に一等書記官として東京に赴任するよう依頼し、私はもう少しすればアフガニスタンの情勢が安定するだろうと考えそれに従いました。ところが状況は悪化するばかりでした。東京の大使館内で汚職があったため、私は代理公使に任命され、さらに参事官となりました。一年経ちましたが私にはアフガニスタンのためにできることが少ないと思い、オーストラリアに戻り、キャンベラ大学での教職に就きました。また一九九四年から二〇〇二年まで幾つかの大きな建築会社で上級建築士として仕事もしました。

一九九四年九月、私は最初の在豪アフガニスタン領事館の名誉領事に就任しました。建築と外交の両方を担い、昼も夜も働く必要がありました。一九九六年九月には、タリバンがカブールを制圧し、ひどい混乱が生じて、キャンベラでの私の外交任務も終わったかに見えました。けれども私たちは抵抗を続けました。今回は、アフガニスタン南部の邪悪な勢力——タリバン、アルカイダ、パキスタンの戦闘グループ、そしてパキスタンの諜報機関が相手でした。私はアフガニスタンのマスード司令官からの影響を受けていました。司令官はその後タリバンやアルカイダに対抗する指導者として名を馳せたのでした。彼の勇気に意欲を掻き立てられ、私は名誉領事を続けたいと考えました。

カブール陥落後すぐにオーストラリア外務貿易省の協定部門から私に呼び出しがありました。当時省内ではアフガニスタンで何が起きているのかあまりわかっていませんでした。タリバン政権下で唯一の在外大使館だったイスラマバードのアフガニスタン大使館からの書類を見せられました。他のすべての職は以前の政権が掌握していて、国連はこちらの政権をまだアフガニスタンの公的政府として承認していました。この手紙は、私がもはやアフガニスタン領事ではなく、別の者を任命する予定だと述べていました。私は怒り、もしオーストラリアがこれに同意すれば、世界で最初にタリバンの指示に従った先進国になるとオーストラリア高官に告げました。このような書類は受け入れられませんでした。翌日、オーストラリア政府はこの手紙を無視するという電話があり、私はこの地でタリバンやアルカイダに対抗しながら名誉領事兼スポークスマンとして仕事を続けたのです。

当時私たちはオーストラリアの人びとや報道機関に、アフガニスタンで何が起きているか知らせるための最善の努力をしていましたが、あまり理解を得られていませんでした。オーストラリアの情報機関には認識されていたに違いないのですが。私たちは、中東ことにサウジアラビアに資金援助を受けているタリバンやパキスタンの過激派がテロリスト小集団を組織するのをパキスタンの諜報機関が支援していることをつかんでいました。一九九四年、タリバンが誕生してから、私たちは国際社会にアフガニスタンがテロリストの温床になりつつあることを警告し続けましたが、ほとんど誰も聞いてくれませんでした。思うに、世界中の諜報機関は知りつつも見ないふりをしていたのでしょう。というのもアフガニスタンは一九九〇年代後半ほとんど無視されていたからです。私たちはずっと、ひどいことが起こりつつありそれが肥大し続けていると警鐘を鳴らしていましたが、行動は起こりませんでした。オーストラリアにとってアフガニスタンは遠い地であり、傍観者の立場を取り、結果を処理するので十分でした。問題が大きくなりすぎてみなに影響が及ぶという認識がまったくありませんでした。一九九六年九月にタリバンがカブールを制圧したとき、ホワイトハウスはそれがプラスの展開だなどと言ったのです。これにはとても失望しました。

私は一九九八年四月に初めてアフガニスタンに戻り、地震で五〇〇〇人の犠牲者が出た北部地域のロスタックを訪れました。名誉領事として、何か支援をしなければと考え、限られた範囲ながら呼びかけをして一万五〇〇〇ドルの義援金を集めました。そこはアルカイダやタリバンの支配に抵抗してきた遠隔地で、一七日かけてたどり着くことができました。到着してみると、地震に遭った人びとにはテントもありませんでした。遠すぎることを口実に支援がされていなかったのです。もっとも被害を受けたのはランジという村で、山の険しいところにありました。同じ場所に村を再建するわけにはいかないと考え、アメリカから八〇〇〇ドル携えて来ていたもう一人のアフガニスタン人とともに、四〇人ほどの土地所有者と交渉し、二〇〇エーカーの適地を購入しました。その土地を調査し、居住地域に区分けして、村人に分け与え、耐震家屋の建て方を教えました。

私はまたアルカイダとタリバンに抵抗するアフガニスタン最前線のバンシに行きました。そこで若者たちが履く靴もなく銃に込める弾もほとんどないまま戦っているのを目撃しました。彼らは初歩的な装備もないまま、戦いの先頭に立ってテロに対抗し、自分たちの町を守ろうとしていたのです！　私はアーマド・シャー・マスード司令官に招かれました。司令官はカブール工科大学で建築を学んでおり、また出身高校も同じだったので、私たちには共通点が幾つかありました。私たちは彼らが包囲されていたヒアンジャンというところで会いました。司令官はいつ捕らわれてもおかしくない状況でしたが、アフガニスタンの教育、公衆衛生、そして各機関や施設の建設について語りました。というのも彼はこういったことを重要視すればアフガニスタンはこの窮状から再生できると信じていたからです。彼は預言者ムハンマドを引用して言いました。「もし明日が世界の終わりの日だとわかっていても、ナツメヤシの枝を手にしていたらそれを植えなさい。望みを失ってはいけない」。彼は国全体が暗闇の中にあるときでも、希望の光を灯し続けたのでした。彼の考え方に従っていれば、少女が学校に行き女性の教員に教育を受けることもできたのです。マスード司令官は二〇〇一年に暗殺されるまで信念を捨てませんでした。

私たちはパンジシール谷をともに移動しました。ここはソ連占領下でアフガニスタン人の抵抗運動の中心となった場所でした。そこには何十万人もの国内避難民がいました。赤十字のようなNGOの援助組織の助けもありませんでした。一〇代の子どもたちが草を食べ、キノコが生えるのを待っているのを目撃しました。この滞在で、私はアフガニスタンが地上もっとも冷酷な場所で、アフガニスタン人はもっとも忘れ去られた人びとだとわかりました。「テロリズムが蔓延するわけだ。誰からも顧みられないのだから」と思えたのです。オーストラリアに戻り、私はさらに義援金を募りました。しかし不幸なことに同年また地震が起こり、六〇〇〇人もの人びとが犠牲になりました。今度はABCラジオの協力を得て、崩壊した村をアフガニスタンの別の場所に再建するのに三万ドルの支援を集めました。私はさらにタリバンにより避難民となった人びとの手に渡るように小麦、料理油などを調達する義援金を集めました。当時の世界は、何ごとも起こっていなかったかのような態度でした。

一九九八年に北アフリカでアメリカ大使館が爆破されて初めてホワイトハウスはアフガニスタンのアルカイダとタリバンを問題にし始めました。マデリーン・オルブライト国務長官が来て、初めてタリバンを「蔑むべき集団」と呼びました。アメリカのフェミニストグループも、アフガニスタン女性に対するタリバンの人権侵害について声高に非難し始めました。しかしタリバンはまだアメリカに黙認されており、この地域の政治的道具だったので、彼らに対する大きな対抗措置は講じられていませんでした。二〇〇一年九月の二つの大きなできごとが世界に現実を直視させました。一つは二人のアルカイダ工作員によるマスード司令官の暗殺、そしてもう一つが九月一一日のアメリカ同時多発テロ事件でした。アメリカ人もアフガニスタン人もこれに対する復讐の念に突き上げられ、突然士気が高まりました。アメリカはマスードの地上部隊を空から支援し、これでアフガニスタンの抵抗が強まりました。テロリストに支配されていた町はたちまち崩壊し始めました。

二〇〇一年八月にタンパ号事件〔沈没船から救助されたアフガニスタン避難民を乗せたノルウェー船タンパ号がオーストラリア海域への立ち入りを拒否された事件〕が起こり、乗っていた四三三名のほとんどがアフガニスタン人だったため、オーストラリアの目はアフガニスタンに向けられました。タンパ号の知らせが入ったとき、私はすぐに船上の人びとと連絡を取りたいと考えました。ABCの記者が衛星電話の番号を教えてくれたので、私は電話してオーストラリアのアフガニスタン名誉領事として船に乗っていたアフガニスタン庇護申請者の代表と話をしたいと言いました。代表の名前はワリッドでしたが、みな眠っているのであとで電話するようにということでした。次に電話したときにはつながらず、誰とも話ができませんでした。それまでにオーストラリア特別空挺部隊（ＳＡＳ）が乗船して、庇護申請者はナウルに送られていたのでした。

タンパ号についてメディアの関心が高まり、私に取材が殺到しました。これを利用して、私はアフガニスタンの状況について少しでも理解を広めようと考えました。アフガニスタンの問題はさらに大きくなって国際社会にも広がるであろうこと、アフガニスタンの庇護申請者をオーストラリアに上陸させて正真正銘の難民であると証明させるべきであること、そしてもし庇護申請者がやって来るのを止めたかったら、アフガニスタンの状況について何とかしなければならないということを私は述べました。もしアルカイダとタリバンがアフガニスタンで民族浄化と焦土戦術に着手すれば、何千もの人びとが難民にならざるを得ないだろうと警告しました。私はまた、不法難民などというものはないと指摘しました。

二〇〇一年九月の事件のあと、オーストラリアは一五〇〇人規模の部隊をアフガニスタンに送りました。タンパ号の人びとの苦境に同情が集まり、二〇〇一年終わりにはすべてのラジオ、テレビ番組や新聞で毎日アフガニスタンについての報道がなされました。政府は庇護申請者をオーストラリアに上陸させず、ナウルに送りました。その人たちの身元が判明するまでは一時的に留め置く必要があることは理解できます。けれども赤ん坊、高齢者、そして妊婦を長い期間抑留しておくことには我慢できず、私たちは強く抗議しました。ニュージーランド首相のヘレン・クラークは女性と子どもたちに救いの手を差し伸べてくれ、私たちは今でもそれに感謝しています。私は名誉領事でしたが、当初は勾留されたアフガニスタン人とほとんど接触できませんでした。しかし私がアフガニスタン大使に任命されて大使館ができたときから、抑留者の問題解決に多くの時間と労力を割くことになりました。その頃にはオーストラリアには五〇〇〇人のアフガニスタン庇護申請者がいました。そのうち三七〇〇人は一時保護ビザを支給されてオーストラリア社会に受け入れられ、一三〇〇人が収容施設に抑留されたままでした。

タリバン政権崩壊後は、オーストラリアではアフガニスタン人の状況が良くなったので抑留者を飛行機に乗せてなるべく早く帰国させるべきだ、という考え方になっています。けれども私たちは、国が混乱していて帰国者を受け入れる余裕などないと主張しています。幸運なことに、オーストラリア高官と私たちは有意義な対話を始めていて、フィリップ・ラドック移民大臣がカブールを訪れた際、現地の悲劇の規模の大きさを初めて認識したのでした。二〇〇二年五月には両者が「合意覚書」に署名し、それによってオーストラリア政府がかなりの額の奨励金を出して希望する庇護申請者を帰国させることになりました。六〇〇名を超えるアフガニスタン人が応募しました。けれども私たちは、帰国してからの住居、雇用その他必要な基本的な公共サービスがないのでは、自国民にアフガニスタンへ帰れとは勧められないと主張しました。ニュージーランドは再びかなりの数のアフガニスタン庇護申請者を受け入れてくれました。

二〇〇一年一一月のタリバン政権崩壊後に私はカブールに戻りました。長旅の最後にバグラム空軍基地に降り立ち、カブールに長時間かけて車で移動するあいだ、タリバンの焦土作戦の影響を目の当たりにしました。果実農園はすべて焼失していました。木の一本も、蔓の一株も残っていませんでした。奴らは、人びとが従わなかった腹いせに、その土地が永遠に住めなくなるようすべて切り倒してしまったのです。シャマリ平原はアフガニスタンでももっとも肥沃で生産性の高い地域で、いろいろな種類のブドウが収穫され、輸出されていました。心を打ったもう一つのことは、カブールに着いて、初めて人びとの顔に笑みが浮かんでいた光景でした。アルカイダやタリバンによって長いあいだ囚われの身だった彼らは、今やようやく女性も通りを歩いたり話したり、顔を見せたりすることができたのです。

私は父が一二年間懸命に働いて建てた家に戻ってみました。いとこたちがまだ住んでいましたが、かなり荒れてしまっていました。今は亡き両親への感謝の印に、その修復への援助を申し出ました。

アフガニスタン抵抗勢力のかつての指導者たちや、カルザイ大統領や新しい外務大臣ら暫定政権の閣僚と接触しました。当初の私の大望は、タリバン政権崩壊後の世界でもっとも荒廃してしまった首都カブールの再建のため、主要な計画を立てるメンバーになることでした。ところが新しい政権は私の関心や技量を使おうとはせず、オーストラリアに大使館を設立してくれというのでした。

大使の仕事

二〇〇二年六月、私は最初の在豪アフガニスタン大使としてオーストラリア総督に信任状を手渡しました。オーストラリアでの状況は変わりつつあり、二〇〇五年現在、収容所に拘束されているアフガニスタン人は一〇名以下になりました。国連難民高等弁務官事務所（ＵＮＨＣＲ）、国際移住機関（ＩＯＭ）そしてオーストラリアやニュージーランド政府と健全で意義ある対話を行うことができたので、オーストラリアに来た五〇〇〇人のアフガニスタン人の大部分は一時保護のビザを取得し、おそらく一〇〇〇名ほどが永住権を得ることができました。アフガニスタン政府が、キャンベラの労働者を雇用して恒久となるすばらしい大使館を建てました。

オーストラリアは二〇〇二年に行われた国際的対テロ作戦に良い軍事貢献を行いました。けれども同年一一月には、アフガニスタンから撤退という予期せぬ発表を行ったのです。これは残念なことで、メディアに対して私は、オーストラリアが抜けるのは作戦上微妙な時期であり、オーストラリアのさらなる軍事貢献を望んでいると述べました。他の国々もオーストラリアに追従するのでは、と恐れたのです。その後オーストラリアはイラクに軍を投入しましたが、二〇〇五年三月にアフガニスタンで再び紛争が勃発したので、選挙が控える中の治安を維持するためにSASを送り、翌年には陸軍技術者のチームを地方再建のために投入することを計画しました。

オーストラリアはアフガニスタンの復興に一億四〇〇〇万ドルもの支援をし、オーストラリア・アフガニスタン双方の閣僚が互いの国を行き来しています。多くの双務的なプロジェクトが開始され、過去三年半のあいだに何百人ものオーストラリア人がアフガニスタンを訪れています。歴史的なつながりも復活し、一四五年前にアフガニスタンのラクダがオーストラリアの奥地開拓に貢献したことに因んで、アリススプリングスで毎年行われているラクダ競争にアフガニスタン杯を寄付し、アリススプリングスとカブールのパファン地域とのあいだで姉妹都市協定を開始しました。

二〇〇二年にキャンベラに大使館が設立される前は、オーストラリアのアフガニスタンに対する一般的な見方は、戦争、暴力、難民というイメージでした。私たちは今、アフガニスタンの文化、食べ物、音楽、芸術、建築といった人間的な側面を伝えようとしています。大使館には文化教育センターが併設されていて、アフガニスタン友好協会およびオーストラリア―アフガニスタン・ビジネス協会を立ち上げました。これに所属している会社は、これまでにアフガニスタンにおける道路や空港建設、水道や電気の管理システム構築といった主要な計画を受注しています。現在オーストラリアには約四万人ものアフガニスタン人が住んでいて、おおむねここでの生活に適応しています。大学、官公庁、民間で働いていて、オーストラリア経済に貢献し、また故国の家族を支えているのです。

アフガニスタン政府は、その後私を経済と国際協力に特化した最初の外務審議官に任命しました。この職位が負う目標は、現在は過重に必要としている外国支援に頼ることなしに、祖国再建を自分たちの手で進めるよう計画することです。これまで長くオーストラリアに住んでいたので、私の考え方や人との接し方はオーストラリアの影響を受けています。オーストラリアの率直さ、勤勉さと言った長所にはとても感心していて、アフガニスタンにはここで培った技術を持って帰るつもりです。私は家族がキャンベラに貢献してきたことを誇りにしています。子どもたちには、良き地球市民となるよう励まし、自分が誰であろうと、他者の人生に積極的に貢献するよう教えています。

※追記　二〇一〇年、マムード・サイカルは、下記の内容を付け加えた。

二〇〇六年、私はカルザイ政権下で汚職が増えつつあることに抗議して外務審議官を辞任しました。それからは日本のＪＩＣＡ（国際協力機構）、国連開発計画（ＵＮＤＰ）、世界銀行などといった国際機関とともに、アフガニスタンで主要な開発プログラムや計画の上級調査官として仕事をしています。私は首都カブールの再建と発展、そして法の適用と民主化を求めてアフガニスタンのあらゆるレベルでの汚職に対して闘うことに、人生の多くの時間を割いてきました。私は国際開発を研究して修士号を取得し、息子のアリはキャンベラで工学と科学の学士号を得ました。娘のソラヤは法学と人文科学で学士号を取るための最終学年にいます。

ラメシュ・ゴヴィンド

アパルトヘイト下の南アフリカに住むインド人としての生活から、一九八二年以降のオーストラリアでの生活、そして宇宙測地学者としての仕事について。

一九五四〜一九七五年　南アフリカでの若い時代

私は一九五四年五月に南アフリカのダーバンで生まれました。両親はインド出身で、父方の祖父が鍛冶屋として働くためにインドからイギリスの植民地だったナタールにやって来たのです。祖父は店を出し、その後ガソリンスタンドを開きました。それを父が受け継いだのです。父のジャーガ・ゴヴィンドは、まだ若いうちインドに戻って私の母となるラリサと結婚しました。一九四九年に南アフリカでは、インド人の移民を止め、非白人が外国人の伴侶を持つことを禁止する法律ができました。その法律が一九九四年に廃止されるまで、インド人は国外に出て結婚し妻を連れて帰ることができなかったのです。こういった法律がアパルトヘイト時代の南アフリカの姿勢を示していました。

ここでアパルトヘイトがどのように機能していたか説明しましょう。南アフリカでは、私たちの生活はすべて人種に基づいた法律で支配されていました。集団地域法の下で、国全体とその都市が、それぞれの人種の地域に分断されていたのです。ダーバンにはインド人用の郊外が幾つかあり、そこで

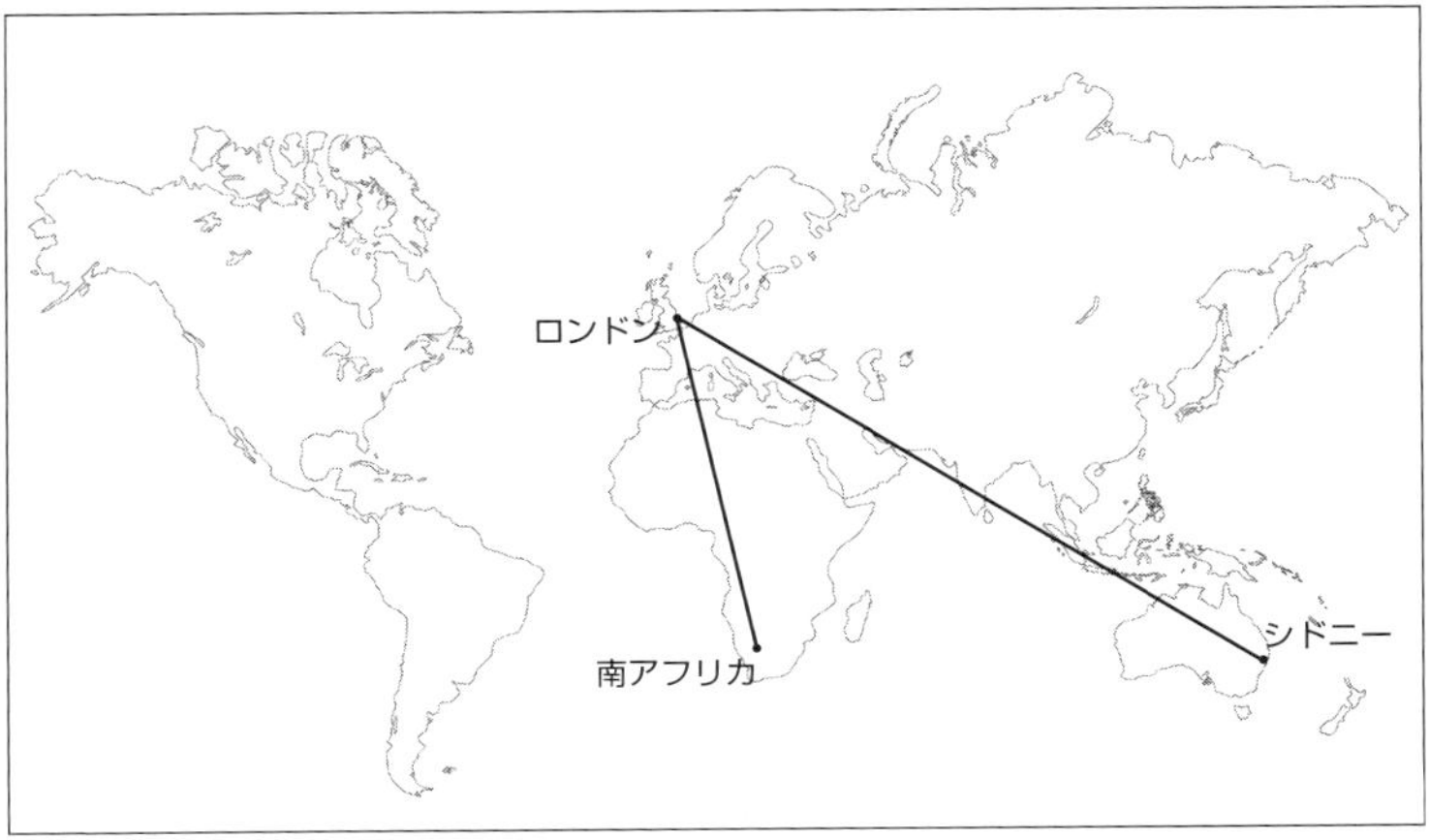

居住し、働き、学校に通わねばなりませんでした。黒人専用のバスがあり、列車の車両も決まっており、飛行機では最後尾の二席が私たち用でした。たとえそれ以外の席が空いていても、そこに座らねばならなかったのです。その二席がすでに埋まっていると、もう満席と言われ、その便には乗れないのでした。インド人用の大学も別で、職業制限もありました。それでインド人は工学系などの職には就けなかったのです。もし工学部や医学部を出たり、教師や銀行員を目指したりしても職を得るのは難しく、その職に就いたとしても、同じ仕事内容の白人より賃金が低いのでした。労働組合は人種別で、その活動もかなり制限されていました。南アフリカ労働組合協議会は禁止され、国外で活動していたのです。一九七〇年代と八〇年代には、厳しい法律に阻まれたにもかかわらず、黒人の意識向上のための組合、ことにアフリカ系コミュニティの組合が強くなっていきました。

子どもの頃は、郵便配達人は白人でなければなりませんでした。たとえインド人地区の配達をする場合でも。

そして郵便局のカウンターの後ろにいるのはいつも白人でした。郵便局の入口は黒人・白人用に二つあり、列も二つになるよう仕切りで区切られていたのです。いつも白人より黒人のほうが多く列を作っていましたが、白人が入ってくると、黒人への対応をやめて白人に向かうのでした。アルコールを売る店でも列は二つに分かれ、白人は自由に購入できるのに、黒人は許可制だったのです。私たち子どもがインフルエンザにかかったり咳をしたりすると、祖母がブランデーを一匙飲ませてくれました。これが「万能薬」だったのです。一月分のブランデーの割り当てが終わってしまうと、祖父の友人の郵便局員に代わりに買ってもらっていました。

一九六〇年代後半には、職業制限が少しずつ変わり始めました。姉は、初めてのインド人女性として銀行で働き始めたのです。その銀行はインド人地区にあり、顧客もすべてインド人でした。この変化は、インド人地区の郵便局にも訪れました。私たちインド人は、アフリカ人より少し扱いがましで、通行許可証を携行しなくてもよかったのです。ガンディーが一九二〇年代に尽力してこの適用からインド人を外してもらっていたのでした。けれども地方、ことにサトウキビプランテーションでは、インド人はアフリカ人と同様の扱いでした。アフリカ人はたいてい、自分の土地を持つことができた都会のインド人よりも町の中心から遠くに住み、公立学校の教育も劣り、仕事の機会も少なかったのです。けれども教会が運営したアフリカ人の学校が多く、ネルソン・マンデラのようにアフリカ人コミュニティの指導者になった多くの人びとは、イエズス会神父や尼僧が運営する学校に通っていたのでした。南アフリカには非常にすばらしい優れたアフリカ人がたくさんいて、彼らはアパルトヘイトという重い制度を生き延び、偉業を成し遂げたのです。これらの教会運営の学校で受けた教育により、彼らは黒人用のフォート・ヘア大学に進みました。そこは急進的な考え方の温床になったのです。

皮膚の色の違いを超えた結婚は禁止されていました。インド人は他の「有色人種」と結婚することができましたが、その子どもはインド人ではなく「その他有色人種」という区分に分けられました。白人とは結婚できなかったのです。国土の八七パーセントは白人のもので、アフリカ人はいわゆる部族地区に入れられていました。その地区は南アフリカ政府が承認している首長によって共同体として所有されている土地でした。この土地は首長のものとみなされていて、人びとはその土地に小屋を建てるのに首長の許可を得なければなりませんでした。アフリカ人の土地のリースは、確か三〇年ほどだったと思います。人びとは手に入る鉄板や何かの切れ端を寄せ集めて掘立小屋の町を作ったのです。アフリカ人にはソウェト〔南ア最大の黒人居住区〕のような決められた地区がありました。インド人にもそのような地区がありましたが、私たちは自由に土地が持てたのです。「有色人種」は都市周辺の郊外に自由保有の土地が持てましたが、その地区は決まっていました。

黒人は白人向けのレストランや映画館、ダンスホールや劇場には入れませんでした。中国人と日本人は名誉白人とみなされていて、その子どもたちは白人の学校に行き、また彼らのレストランも白人の地区にありました。けれども居住する地区は決まっていました。私の家から通り一つ離れたところが中国人地区でした。そこのレストランは父の店から食材を買い、父のガソリンスタンドでガソリンを入れていましたが、私たちはそのレストランでは食事できなかったのです。白人の友達がいれば、家に招くことはできましたが、私たちの地区に入るのに許可が必要でした。

私は三人の姉と一人の兄とともに育ちました。姉たちはまだ南アフリカにいますが、兄は医者になり、今はキャンベラ病院で職業病医学および疼痛管理部門の部長として働いています。両親が進歩的で、またコミュニティの結束も固く人付き合いが良かったので、幸せな子ども時代を送ることができました。安全で気持ちの良い環境で育ち、多くの友人と通りや近くの野原で遊び、一緒に学校に行きました。父とは通常英語で話し、母や年配の人たちとはグジャラー語で話しました。それが我が家の伝統でしたが、私以降の世代は家でも英語しか話さなくなりました。私たちはヒンズー教徒で、家でも地域でもその習慣に従っていました。

私たちが通った学校が、この社会システムをよく表しています。小学校は政府助成インド人小学校という名でした。二〇世紀初頭には、国にインド人が通える学校がなかったので、インド人コミュニティによって作られ、運営されたのです。その建設用土地を寄付した人びとには祖父やその友人が含まれていました。父が生徒だった頃は、国は教師の給料を払ってくれませんでしたが、私の時代になると国が支払うようになりました。けれども維持費までは持ってくれなかったので、課外活動のための費用はほとんどありませんでした。私が通ったマニラル・ヴァルジー・ガンディ＝デサイ政府助成インド人高校は、一九五四年くらいに開校し、同じように運営されていました。インド人学生は、インド人用のバスに乗ってそこに通い、インド人教師から授業を受けたのです。校地と建物は、ガンディ＝デサイ家とヴァルジー家を中心としたインド人コミュニティが寄付しました。私たちの学校の隣にはムスリムのインド人用のオリエント・イスラム学校があり、その隣には大きなMLスルタン技術カレッジがありました。その近くには有色人種のためのセント・オーガスティン校もありました。アパルトヘイト制度のもとで、このようにそれぞれの人種コミュニティが生活し、就労し、発展を遂げようとしていたのです。

二〇世紀初頭には、黒人の意識の高まりはありませんでしたが、人びとは自助自立が必要だと認識していました。政府は教員の給料しか支援してくれなかったので、私の小学校も中学高校も運動施設や校庭がありませんでした。運動会は近くの公園で開催したのです。けれども私たちが受けた教育の質は良いものでした。白人教師よりずっと給料が低いにもかかわらず、教員が献身的だったのです。車を所有できるインド人教師はまれでした。白人教師と同じような教職課程も受けられませんでした。二つある人種別教職カレッジのどちらかでしか勉強できなかったのです。当初、インド人は一〇年生〔一五歳位〕を終えるとそれだけで教師として教えることができました。私の時代には、教師たちは白人の教職課程と同じくらい良い水準の教育を受けていました。私は小学校、中学高校で教えてくれた先生がたすべてに大きな尊敬の念を抱いていて、懐かしく思い出します。私の人生に良い影響を与えてくれました。

学校では英語で授業が行われ、アフリカーンス語が必修の第二言語でした。私のきょうだいが学校に行っていたときはラテン語が第二言語だったので、彼らは英語がよくできました。私は高校では歴史は習いませんでしたが、兄は習いました。でもすべてヨーロッパの歴史で、インドの歴史、また少しでもアジアに関わるような歴史はまったく出てきませんでした。大学入学希望者は一九七一年まで同じシラバスの授業を受けました。そのとき私は一二年生〔一七歳位〕で、その最終学年に、白人、アフリカ人、インド人、その他の「有色人種」がみな共通の入学試験を受けたのです。それからはアパルトヘイト制度が強化され、インド人学生の試験はインド人のみが採点しました。採点者は国の制度下での採点よりも良い点を受験生につけていました。

成長期に私が価値観や世界観を形成する上で、父が大きな影響力を及ぼしていました。私たちは長い会話をし、父が自由な討論をさせてくれたので、私は自分なりの考えを持つことができたのです。一九六〇年代初頭という時代は、私のような幼い小学生でも、親しい近所の人たちの中にはアパルトヘイト体制のもとでひどく苦しんでいる人がいることがおぼろげながらわかっていました。父とその友人の会話の内容を理解していましたが、そういった人たちの中には、後にアフリカ民族会議の上層部になり、監獄に長い時間入れられた人もいました。私たちと同じ通りの住民には、裁判もなしに勾留された人もいました。数か月の勾留から解放されてすぐに家に来た人たちの姿が、今でも目に浮かびます。彼らは、拷問や独房といった状態にどのように耐えたかを話してくれました。彼らは打ちひしがれていました。ある同じ通りに住んでいた人のことをいつも思い出します。この人は一九六〇年代に勾留され、男性として、人間として、完全に破壊されたと母に語っていました。私は一九八二年に南アフリカを離れるとき、この人に会いましたが、まったく回復していませんでした。また外出禁止で家に軟禁された人たちもいました。誰とも話すことができなかったのです。

子どものときはマンデラについて聞くことはありませんでした。彼の名は決して口にされなかったのです。反アパルトヘイト運動についての情報は完全に統制されていました。国の中で何が起きているかについて、まったくの沈黙状態だったのです。一九六〇年のシャープヴィル虐殺事件以降、反アパルトヘイト組織はすべて禁止され、アフリカ民族会議（ANC）や汎アフリカ会議（PAC）は完全に違法とされました。彼らについて話すことも、その出版物を所持することもできなかったのです。

一九六四年以降、南アフリカは恐怖に支配され、高校時代にこういったことがらについて話してくれる教師は一人か二人しかいませんでした。政治的な性質のことがらについては誰も何も言いませんでした。学校でも、通りでも、家でも。リヴォニア裁判ではネルソン・マンデラとその仲間たちが終身刑に処せられたのです。

一九六七年頃になって、白人学生が圧倒的に多かった南アフリカ学生連合（NUSAS）が抗議の声の中心となり、いわゆる「ブラック・コミュニティ」の意識を高めようとしていました。ここで「ブラック」というのは、南アフリカのインド人、アフリカ人、そしてその他の有色人種の人びとのことです。これら「ブラック」は政府の政策で、人種のレッテルによりそれぞれ引き離されていたのでした。黒人学生の中には、南アフリカ学生連盟の会合に参加して我々のコミュニティの考えを説明しようとした者もいました。白人学生は、会合ではその学生たちと交わりましたが、食事したり泊まったりということになると、法に忠実に有色の学生は分離されたのでした。これにより、黒人学生たちは、この組織では、望んでいる変革は起こせないと気づいたのです。そこで学生らは集まり、キリスト教徒大学運動の助けを借りて、南アフリカ学生機構（SASO）を結成し、最初の代表にスティーヴ・ビコを選出しました。これが、「ブラック・コンシャスネス」〔有色人種、黒人の意識〕が高まる運動の第一歩だったのです。他にも、一九六〇年代中盤に芽生えた幾つかの国外組織の影響を受けていました。例えばアメリカのブラックパンサー運動は、ブラックである自分たちの問題は自分たちで対処するべきで、解決を他の人びとに頼るべきでない、と強く訴えていました。私はアンジェラ・ディヴィス、マルコムX、マーティン・ルーサー・キング、フランツ・ファノンといった人びとや、当時アルジェリアで起きていたこと〔一九六二年に仏から独立後、一九六五年にウアリ・ブーメディエンが軍事クーデターでベン・ベラ政権を打倒〕にも影響を受けていました。

ここで言いたいのは、黒人学生たちはとても賢くて、話全体をまとめて考えを深め、ブラック・コンシャスネスという哲学を打ち立てたことです。その中でもっとも重要な信条の一つが、自給自足でした。自分たちの抑圧者に頼っていてはいけない、敵と味方なのですから。これは人種主義的な考えではなく、自らの解放は、純粋にそれを得るためにどれだけのことをする用意があるかという覚悟に基づいているのです。他にもアパルトヘイトに抗議する組織がありました。進歩党は、正義に関わる問題を明らかにしようとする白人の議会政党でした。けれども私たちは、この政党が正統な代弁者とは考えませんでした。というのも彼らには私たちの経験を表明することができないし、彼らも法のもとで活動していたからです。私は、法が正しいものでなければ、そのもとで活動はしません。

一九七〇年くらいの高校も卒業間近の頃、まったく不公平な制度を拒否して何らかの対抗策を講じようとするときには何か理論的な枠組みが必要だ、と私は気づきました。そういう制度は周囲の人びとにとって不公平であるだけでなく、私自身にとっても不公平だと悟ったのです。これはとても重要な覚知で、私はブラック・コンシャスネスの哲学にひじょうに惹かれました。南アフリカ学生組織や類似した団体は、いろいろな種類のコミュニティ組織を立ち上げ、アート、演劇、音楽を通して学生や地域の人びとにメッセージを送ったのです。「アンティゴネー」や「島」〔Athol Fugard, John Kani, and Winston Ntshona の書いた劇、一九七三年初演〕といった芝居を上演したナタール劇場委員会もありました。授業では教員は政治について語らなかったものの、彼らはこういった劇が高校の隣のオリエント・イスラム学校のホールで上演されるときに観に行くよう勧めてくれました。教師の中にはスティーヴ・ビコを知っている人がいて、その話を少ししてくれたものでした。最終学年には、「音楽とドラマ」という団体が「色とりどりの世界」〔Guru Pillay作、一九七〇年初演〕という、アパルトヘイトの不条理さを描いたすばらしいコメディを上演しました。

一二年生の頃、私はメワ・ランゴビンによって結成された「恩赦委員会」にとても影響を受けました。ランゴビンは、マハトマ・ガンディの孫娘エラと結婚していました。彼は一〇年に及ぶ自宅軟禁を経て、その後、「叫べ、愛する国」の作者で南アフリカ自由党党首のアラン・ペイトンとともに、政治犯の恩赦を求める運動で全国をまわったのです。私はペイトンの講演を聞きに行き、彼の本の映画化を見て、この活動による意識が高まり、知識も得ました。私のあの年齢でのこういった関心について、父と母はとても心配しました。恩赦の問題を考える中で、ランゴビンは、マハトマ・ガンディによって設立されたナタール・インド人会議を復活させることを思い立ち、私は彼らの会合に幾度か参加しました。

一九七二年までには、南アフリカの「ブラック」の大学すべてにおいて、あらゆる種類の学生運動が起こっていて、南アフリカ学生組織も黒人会議（ＢＰＣ）を組織したところでした。これは真剣な解放運動で、純粋にブラックの意識に基づいており、明らかに政治的でした。私はこれに参加し、徐々に上の役割に就くようになり、支部長を経て全国幹部会議の一員になりました。当時はこの運動は不法ではなかったものの、一九七七年には禁止されました。この組織はナタール・インド人会議とはイデオロギー的に異なっていました。というのも私たちの主要な戦略は心理的な解放と自給自足を目指すものであり、よりリベラルなナタール・インド人会議は革命的でないと私たちは考えていたのです。この会議に参加するようになってから、私はブラック・コンシャスネスに関わる活動にのめり込み、そこから離れることはありませんでした。最初の議会会合で、私はロベン島でネルソン・マンデラとともに長い刑期を務めた人びとに会いました。彼らは、私たちの闘いは非暴力でなければならないと言ったのです。

一九七五〜一九七七年　大学での活動

私は若い頃からかなり急進的になりました。一九七三年に学校を終えると、自分の主義として非白人用の大学には行くまいと決めていたので、二年間、父の仕事を手伝っていました。両親は短波ラジオをよく聴いていて、また『ライフ』誌や『タイム』誌を購読していました。南アフリカの新聞は、海外のニュースについてはよく報道していたのですが、国内で何が起きているのかあまり知らせなかったのです。こうして外の世界に触れることによって、私は航空工学に興味を持つようになりました。一二歳くらいの頃から飛行機やロケットに夢中だったのです。私はボーイング七四七の翼幅を半インチ単位まで知っているような子どもでした。今思うと不思議ですが、私にとっての英雄はロケット科学者のヴェルナー・フォン・ブラウンでした。けれどもインド人ゆえに一九五七年の大学分離法によりインド人用の大学にしか進めず、航空工学を勉強することができませんでした。そこで一九七五年に私はわざと、白人用の大学でしか学べない測量学を選んだのです。ヴィットヴァーテルスラント大学に入学するために内務省からの特別許可を得なければならず、またナタール州からトランスヴァール州に六〇〇キロ移動するのにインド人管理局からも許可を取らねばなりませんでした。兄もまたケープタウンの白人用大学を選び、その移動と入学のための許可を得なければならなかったのです。

初日の学生登録では「ここには一人も友達がいないんだ」と思いながら列に並んで、とても怖い思いでした。怖かったのはまた、白人学生たちは高校卒業後にすぐ進学したわけではなかったからです。およそ九割の学生は二年の兵役に就いたあとで、ナミビア、アンゴラ、ジンバブエといったところで戦闘を経験していたのです。彼らが私を敵のように見ている気がしました。どれだけの人数を殺し、どのような目に遭ってそれを切り抜けたか、などと話していました。私は大学在学中に白人学生のこのような態度に堪えなければなりませんでした。彼らの考え方は、軍隊での経験、そこで身につけたこと、誰を敵とみなすかといったことによって形成されていたのです。けれども私は有色人種用の大学には行くまい、どんなことがあろうと測量学を修了しようと決心していました。そして実際にそうしたのです。

初日に、最初の講義が二つ終わったとき、私は思いました。「何と、ちんぷんかんぷんだ！」このとき初めて私は白人が受けてきた教育は、私たちのよりずっと優れていたことがわかりました。私たちの学校の少ない教材は、かなり遅れたものだったので、追いつくのには懸命に勉強しなければなりませんでした。兄もまた、南アフリカの差別的な教育制度のせいで、初年度には苦労しました。私は黒人大学の勉強が気に入りました。数学も、物理も、化学も。ヴィットヴァーテルスラント大学には学生は多くいませんでした。工学部一年生五〇〇名のうち、五人ほどだったのです。インド人が二人、他の有色人種が二人、そしてアフリカ人が一人でした。黒人の医学部生は結構いて、彼らは教室では同じ列に座らされました。おそらく六年のコースの中で、三〇から四〇名でした。医学部に入るには、とても良い成績を収めなければなりません。兄は、二〇〇人の同級生のうち、八名の黒人学生の一人でした。歯学部にも一～二名の黒人学生がいました。五〇〇人の同級生のあいだで私は怖気づいてしまいました。

二年目には、私たちのクラスは一二名ほどに減り、たくさんのグループワークやフィールドワークを行いました。それで友人もできました。大学の外では白人の学生とはつき合うことができませんでした。私は白人のレストランには行けず、黒人地区の黒人用レストランにしか行けなかったのです。一度だけ、同じ学生から身体的な脅威を感じたことがあります。ローデシア〔ジンバブエ〕の学生は、南アフリカの他のどんな白人よりも意地悪でファシスト的でした。「ローデシア人でそれが誇りだ」というスローガンの入ったTシャツを着た五人組が、私を追いかけまわして襲ったのです。それが大学時代に経験した唯一の身体的暴力でした。

私はヴィットヴァーテルスラント大学でブラック・コンシャスネス運動を促進し、一九七五年に黒人学生社会協会を立ち上げることに関わりました。これは白人ばかりのキャンパスで、黒人学生に、周囲で何が起きているか、何を注意すべきか、そして必要以上に恐れることはないといったことを知らせる協会でした。害のない協会名の裏には、キャンパスにブラック・コンシャスネスの哲学をもたらし、黒人学生同士が知り合う会合を開き、どのように問題に立ち向かうか検討するという目的がありました。私たちの規約は、この協会が誰にも開かれていて、学生議会に属しているので大学の規則に則って活動していることを明言していました。私たちの集まりは誰にも開かれていて、外部のスピーカーを招いたり、六月一六日に起こったソウェト学生蜂起の追悼をしたり、解放運動の英雄たちの偉業を祝ったりしました。誰もが会合に出席できましたし、この会合が明らかに政治的だったので警察の特別部門の局員が大勢やって来て、参加している人や、発言された内容をすべて記録していました。リベラルな白人学生は私たちの意見を理解してくれ、私たちの会合に参加したり活動に協力してくれたりしました。学生代表議会が助成金を出してくれ、また大学の設備を使うことができました。私はこの協会の代表を二年務めました。アパルトヘイト制度が禁じていた交流はキャンパスには適用されませんでした。数年のうちに、同じような黒人学生の協会がほとんどの白人キャンパスで設立されました。一九七八年に私がナタール大学に移ったとき、そこにはすでに黒人学生協会ができていたのでした。

一九七六年の学生蜂起のあと、奇妙なことが起こりました。企業関連者たちがことさらに、アフリカ人に九九年の土地の貸与と家を建てるための貸し付けを行うべきだと考え始めたのです。彼らの主張は、アフリカ人が自分の家を持てば、それを焼き討ちすることもないだろう、というのです。また彼らはアフリカ人が家の所有者になれば、革命にも興味を示さなくなると考えたのでした。彼らはうまく政治活動を行って、政府に黒人向けの長期のリースとローンを提供させせました。けども政府はアフリカ人には自由不動産保有権を与えるまでには至りませんでした。

ヴィットヴァーテルスラント大学での最終学年に、私はこの件についてセミナーで発表しました。

指導教員は、私の発表は優れていると考えたにもかかわらず、私の議論には賛成せず、良い成績はつきませんでした。

一九七七～一九八二年　活動、監視、有罪、そして逃亡

一九七七年九月一二日、まさにその朝のことを私は覚えています。警察に勾留されていたスティーヴ・ビコが撲殺されたのを知ったのです。私はヴィットヴァーテルスラント大学の黒人学生協会の代表でした。私たちは政府が導入しようとしていた新しい憲法に反対する抗議活動を、さまざまな場所で醸成しようと懸命に働き、成功していました。その憲法案は、人種に基づいた議会を作ろうとしていたのです。私は午前の授業に出て、カフェテリアに歩いて行こうとしていたところ、学生会館から出てきた誰かに、黒人会議（BPC）から私に電話があったと伝えられました。スティーヴ・ビコが亡くなり、すぐ近くの南アフリカ教会会議（SACC）のオフィスで追悼礼拝が行われるというのです。私はすぐに他の黒人学生にその知らせをまわしました。スティーヴ・ビコが殺されたことには驚きませんでした。南アフリカで勾留されれば、そこで死んでしまう確率は高かったのです。

一九七七年、南アフリカ学生組織（SASO）の学生総会で、私は副代表に指名されましたが、それを辞退しなければなりませんでした。一〇月一九日以降、私はすべての政治的活動を辞めなければならなかったのです。政府が黒人意識に関する組織をすべて禁止し、警察が出版物管理法に基づき、アパートで見つかった刊行物をもとに私を起訴したのでした。勾留された人たちが私に警告していた

ので、警察が私をずっと監視していることは知っていました。ヴィットヴァーテルスラント大学で最終試験に取り掛かる直前の頃、家に帰ると通りに持ち物が散乱しているのを見たのです。アパートが捜索され、警察がひどい損害を残したので、イタリア人の家主が裁判所命令を得て、「好ましからざる人物」として私を立ち退かせたのです。こういう目に遭っても試験は終えました。そしてその夏をヨハネスブルクの親戚のところで過ごし、一九七七年の終わりにナタール大学に移ったのです。

一九七八年四月に私は裁判にかけられ、二六の起訴内容のうち四つを認め、三年の執行猶予付きの六か月の有罪判決を受けました。一九七六年から一九七七年にかけて二四時間の監視がついていたことをあとになって知りましたが、ダーバンに戻って母と暮らし始めたときも、その監視は続いていたのでした。これは、父の友人の葬儀に出るため母をプレトリアに車で送ったときにわかったのでした。葬儀のあと、私は母を友人の家に残してヨハネスブルクの親しい友人に会いに行きました。その家に近づいたとき、私の電話を傍聴していたという警察に止められたのです。私は逮捕され、悪名高いジョンフォスター広場の本部に連れて行かれました。そこは多くの人が死んでいたところでした。それで、警察がいかに私を厳重に見張っていたかわかったのです。

一九七八年にダーバンに戻って大学で測量の学位を取るあいだは、執行猶予期間だったので、政治的活動にはほとんど関わりませんでした。学生食堂で考えを交換しましたが、会合に出たり講演したりはできませんでした。そこで戦略を考え、活動をスポーツ組織に向け、変化を起こそうとしました。私は人種制限のないナタールクリケット委員会や、南アフリカスポーツ評議会と南アフリカ非人種オリンピック委員会に所属している黒人の多いナタールスポーツ評議会の幹事になったのです。私たちの主な目的は、スポーツ関連者の主な役割であるスポーツの振興だけでなく、南アフリカを国際競技から孤立させるグレンイーグルス合意の実行を達成することでした。オーストラリアと同様に、南アフリカの白人にとってスポーツはとても重要ですが、私たちのクリケットチームやラグビーチームが海外遠征するときは白人だけが代表選手であり、また海外からのチームが来たときも白人選手とだけ試合をしていたのです。黒人選手は国を代表することができず、設備も白人のものに劣っていました。ことに学校がそうだったのです。

一九八〇年には私の執行猶予期間が過ぎたので、他の投獄や追放を逃れていた黒人意識活動家たちとともに、今は禁止されてしまった黒人会議（ＢＰＣ）の代わりとして、アザニア人民機構（ＡＺＡＰＯ）を結成しました。アザニアとは、南アフリカのアフリカ語名なのです。私はその組織のナタール州議長になりました。南アフリカ学生組織（ＳＡＳＯ）も禁止されていて、また私は大学にいたので、アザニア人民機構の下部組織としてアザニア学生機構（ＡＺＡＳＯ）を創設するよう指名されました。一九八一年には、私はウィルソン・ラウントリー〔チョコレートなどの菓子製造業〕労働者支援委員会の議長になりました。これは南アフリカ労働者連合組合の関連団体で、ダーバンで実質的に運営されていました。私たちはその工場で、より良い給料と労働環境を求めたことで不正に解雇された労働者の主張を取り上げました。これは、ウィルソン・ラウントリー社製品の全国的な不買運動に発展したのです。これらの役職を、私は南アフリカを去るその日まで続けたのでした。

私は政治活動によって強くなりました。どのように生きていくべきか、できることとできないことは何か、そして許容できることとそうでないことは何かを決める考え方の枠組みを作ることが、私にはできたのです。南アフリカで育った私は、不正な法律に対して控えめな抵抗方法を学びました。おそらくもっと面白いことに、私は幾つかの部分に分かれた生活を送らなければならなかったのです。一つは自宅での生活でした。良い息子でいるためには、母が受け入れられないことには関われませんでした。そして私には親戚や、非政治的な友人との生活がありました。一緒にビールを飲んだり、映画を観たりする仲間です。そしてもっとも急進的な活動をともにしていて、完全に信頼している友人がいました。一番恐れていたことの一つが、文明社会ならば問題にならないような些細な理由で投獄されたり死刑になったりすることでした。例えばウィルソン・ラウントリー問題や、南アフリカに対するスポーツや経済上のボイコットを呼びかける、といったことです。私にはガールフレンドがいましたが、彼女を活動には巻き込みたくありませんでした。私にはまた、大学生活もあり、教師には愛想良くし、超ファシスト的な軍隊帰りの同級生に対処しなければならなかったのです。そのあとも職に就く苦労もあり、私は二四時間のあいだに五、六種類の生活をうまく送らねばならず、ひじょうなストレスを抱えていました。ぞっとする話です。オーストラリアに来て良かったのは、もう生活が一つになり、物事を分けつつもつながっていなければならないという重荷がなくなったことです。

ナタール大学を卒業したとき私は南アフリカで測量学を修めた三番目の有色人学生だったのです。他の二人もインド人でした。一九八一年に最初の仕事に就いて働いていたとき、警察に拘束されていろいろな質問をされ、釈放されました。その翌年も、ダーバンでまた勾留されたのです。アザニア人民機構のダーバン大会の議長を務めた翌日のことでした。この大会は警察の特別部門の手入れがありました。彼らは密告を受け、大会が開かれたホテルを盗聴していたのです。翌朝四時に私は家から連れ出されました。彼らは部屋を捜索しましたが何も出てきませんでした。私は一九七七年の逮捕以来、とても慎重になっていたのです。一二人の白人警察官から尋問を受け、他の人びととの名前を示す供述書にサインするよう言われましたが、拒否しました。尋問のあと、今後五年間の自宅軟禁を受けるだろうと知らされたのです。私が問い詰められていた部屋には、警察がいろいろなときにいろいろな場所で捜索して得た、私に関わると思われる書類が積まれた机がありました。その中に私のパスポートもあったのです。外に出されるとき、グジャラー語を話すインド人警官が私のパスポートをつかみ、渡しながら「失せろ！」と言いました。私はあまり深く考えず、「あんまり心配していないよ。このまま留まるつもりだ」と答えました。

警察はプレトリアの警察省の大臣のサインを得なければならなかったので、私はそれが届くまで放免されました。ただ自宅軟禁の条件で、一度につき一人としか面会できず、実家で母と暮らさねばならなかったのです。仕事には行けましたが、車に乗るときはいつでももう一人としか同乗できず、会社の往復のルートも決められていました。これは耐えられない状況でした。私は測量士で、他の複数のスタッフとともに仕事をしなければならなかったのですから。私の白人上司は不満げだったものの、親切な人でした。就職活動で一九もの仕事に応募して、この人だけが雇ってくれたのです。そして逮捕当時には、会社の副共同経営者にしてくれるはずだったのです。

二日後、私は家の近くのホテルから密告を受けました。プレトリアの警察が逮捕状を取り、電話がかかって来次第私を拘束してプレトリアに連れて行くことになっている、というのです。警察の口の軽さが助けになったと思います。その日のうちに私は家を去りました。母には別れを言うことができましたが、母は不満げでした。そしてまた弁護士に出発することを連絡して、あとのことを任せなければなりませんでした。ジンバブエに行き、そこからロンドンへ飛び、ビザなしで到着しました。南アフリカからならば、短期間の滞在ができたのです。

一九八二年〜　オーストラリアでの生活

ロンドンに向かったときには、オーストラリアまで行くとは決めていませんでした。この災難が過ぎたら、国に戻るかも知れないとまだ思っていたのです。決め手は母からの電話でした。「帰ってきてはだめよ。警察が今朝四時に来て、家を捜索したの。逮捕令状を持っていたから、もう帰国したくてもできる可能性はないわ。どこか別のところへ逃れなさい。私はオーストラリアが良いと思うのだけど」。母がそう言ったのは、兄がすでにオーストラリアにいたからでした。その時点で私は、「やれやれ、もう十分害を及ぼしてしまった。この状況では、それが一番良い選択かも知れない」と考えました。南アフリカでの反アパルトヘイト運動に身を投じていたので、オーストラリアが一九七〇年代後半から一九八〇年代前半まで私たちに支援を寄せてくれていたことを知っていました。当時のオーストラリアとその外交官たちは、世界的な反アパルトヘイト運動の先頭にいたのです。オーストラリアのスポーツや政治関連の団体は、いつも私たちが大きな会議を開催するときに支援の手紙を送ってくれました。それで「よし、行ってみよう」と考え、ここに来たというわけです。

ロンドンでオーストラリア大使館に行き、一か月の観光ビザを申請しました。私は一文無しでしたが、オーストラリアに親族がいたのでビザは発給されました。お金を借り、インド経由の一番安い航空券を買いました。ビザについては兄が助けてくれたのかも知れません。というのも私が向かうことを知らせると、兄はすぐにバリー・コーエンという兄の選挙区の労働党議員に連絡し、その人が即座に移民大臣のジョン・ホッジズに伝えたのです。このおかげで、知っている難民の誰よりも私はスムーズにオーストラリアに入国することができました。バリー・コーエンはユダヤ人だったので、迫害される人への理解があったのだと思います。さらに彼には南アフリカ学生全国連合（NUSAS）に関わる南アフリカの友人たちがいたのです。後に、「トゥデイ・ショー」というテレビ番組で南アフリカとのスポーツによる交流について討議したとき、ジョン・ホッジズと会いました。彼は正義か否かという観点でものを考えられる勇気を持った人でした。人権問題について最近の政治家にはあまり見られないような、価値観の基盤があったのです。

ロンドンにいたとき、そしてオーストラリアに到着してシドニーにある大学に通い始めてから一年のあいだ、私が唯一抱いていた恐れは、南アフリカ側によって誘拐されることでした。それは、その後の裁判で示されたように現実のものだったのです。家から出たときに近くに不審な車が停まっていると、私は心配になりました。庇護申請をして、難民認定審査委員会によって難民として認定されるまで、一時的なビザを与えられました。オーストラリアで仕事に就けるような資格を得たかったので、バリー・コーエンに大学に行きたいという話をしました。与えられたビザでは、特別に教育を受けることができたのです。現在では一時ビザでは大学に行くことができず、これはまったく誤っていると私は思っています。私はオーストラリアに顕著な貢献をしてきていますし、同じような貢献ができる人たちに大学教育の機会を与えないのは、オーストラリアとその社会にとって損失でしょう。これは浅はかで偏見に満ちた考え方なのです。

私は一文無しでしたが、大学が無償だったので通うことができました。医師をしている兄からもらった生活費でつましく暮らしました。兄は教科書代も出してくれ、また大学院生は大学から文具を支給されたので、私は勉強に専念でき、働かずにすみました。この新しい環境で生きていけることがわかりました。大学側は、私が南アフリカから逃げて来ていることを承知していましたが、それがマイナスに作用することはありませんでした。すばらしい人たちでした。当時、宇宙工学が盛んになってきていたので、私はニューサウスウェールズ大学の修士課程に入り、重量測定と宇宙測地を中心にした測量学を学び始めました。今や私は宇宙地図と測量で生計を立てているので、私の勉強はたいそう役に立ったわけです。ちょうど大学に論文を提出するときに、連邦資源エネルギー省の国土地理部門での職の話がありました。その面接のときまでには難民認定はされていましたが、まだ永住権もなく、オーストラリア市民でもなかったのです。それでも私はこの職を得ることができました。資格ができたらすぐに市民権を取るということだけが条件で、彼らは私を信頼してくれていたのです。現在では私は、公的な職に市民権がない者を雇ってもらうのに、とても苦労しています。同僚たちが嫌がっていて妥協してくれず困ります。もし市民でない者でも、その職に最適ですぐに市民権を申請すると言っているならば、雇用すべきなのです。

私は反アパルトヘイト活動を続け、学生のときはニューサウスウェールズ大学で、そして一九八四年からはキャンベラで、オーストラリアの反アパルトヘイト組織のメンバーとなりました。キャンベラではアザニア人民機構の代表となり、汎アフリカ議会の代表と緊密な連携を取って活動しました。私たちのブラック・コンシャスネスのグループはオーストラリアでは少数派でした。というのも主流の反アパルトヘイトグループはみなアフリカ民族会議（ANC）と協力していたのです。私たちは海外援助コミュニティやオーストラリア海外援助会議（ACFOA）、オーストラリア労働組合委員会（ACTU）といった組織と対話を試みましたが、私たちの主張は彼らに受け入れてもらえませんでした。シドニーやメルボルンとは違い、キャンベラは汎アフリカ会議（PAC）の強い場所で、私たちには多くの支持者がいました。ボブ・ホークが首相になると、私たち代表三名は、外務大臣ビル・ヘイドンに意見書を提出し、オーストラリアが公的に汎アフリカ会議、アフリカ民族会議（ANC）、そして南西アフリカ人民組織（SWAPO）を承認し、事務所を設立する支援をするよう依頼しました。組合組織、ことに労働組合協議会の首都特別区支部はとても支援的でした。

一九九一年、私は連邦政府からコロラド大学で宇宙工学の博士課程に進む助成金を得ました。私の研究の中心は衛星とその動きについて調べる宇宙力学で、論文テーマは「オーストラリアにおける絶対平均海面のモニタリング――潮流測定水準基標の測地学的決定」でした。これは、気候変動とその海面位置への影響に関わることです。私はコロラドでも政治的に活発で、大学のアフリカ学生協会で、汎アフリカ会議の代表になりました。その規約の草稿を手伝い、会合に出席し、南アフリカの解放運動について講演をしました。「ブラック・ヒストリー月間」では、南アフリカから来たアフリカ民族会議代表のデニス・ブルータスともディベートを行いました。彼は今、ピッツバーグ大学のアフリカ文学の教授になっています。私はマンデラとアフリカ民族会議が当時進めていた交渉に異論を述べました。抗議活動や講演を続けているうち、とうとう一九九四年四月二四日が来ました。南アフリカで選挙が行われたのです。マンデラが投票用紙を箱に入れるのをテレビで見たとき、私は「僕の仕事は終わった。もうこれ以上何もしなくてよいのだ」と言いました。当時私はちょうど論文を提出したところで、フロリダで休暇を取っていたのです。

オーストラリアに戻ってからは二〇〇五年まで海面上昇のモニターを続け、オーストラリア土地調査情報グループ〔後に「オーストラリア地球科学」となった組織〕の一部である宇宙測地分析学センターのセンター長になりました。これは、オーストラリアで初めて設立されたセンターでした。私たちは宇宙研究の技術を用いて地球の正確な測量を行うのです。最近の再編で私は上級研究科学者になりました。さまざまな宇宙研究の技術を用い、地球内部の重力の変化の測定や、質量の動き、そして地球の表面で何が起きているかを調査することによって、地球の変化を調べるのです。私はオーストラリアに大きな貢献をしてきましたし、どこから来た人であろうとそうできるように支援したいと考えています。オーストラリア政府が私を信頼して三年以上もコロラドでの留学を援助してくれたことが正しかったのを、私は証明したのです。

オーストラリアでは、今その信頼が少なくなっていることを感じます。私は反アパルトヘイト活動によって、一つの規範を得ました。それは自分の経験に基づいた信条で、人権に反することかどうかで物事を判断するということです。現在オーストラリアでは、「管理体制」によって、裁判なしでの抑留や厳しい反テロリズム法が生まれました。そのような社会にしたくはありません。この一〇年の短いあいだに、多くのことが間違った方向に向かいました。一九八〇年代にオーストラリアに来たときには人種間の不寛容は目につきませんでしたが、今はそうではありません。私はこれは指導力の問題であり、指導者層の不寛容が社会に広がってしまっていると思っています。私たちはこういったことに対して気をつけなければなりません。けれどもここで生まれ、私のようなアパルトヘイトの経験を持たない人たちは、オーストラリア社会の変化に順応してしまっていることに気づかないのではないか、と私は心配しています。不平等な決まりを判断するための比較対象がないのです。南アフリカで私は、コミュニティは不平等な法には従わず積極的に反対するべきであることを学びました。そんな法は私たちの人間性を奪うことになってしまうのですから。

第四章

宗教的・民族的迫害——イラン・コソボ

シミン・ファルザン

バハイ教徒である私は、一九七九年に宗教的迫害を逃れてイランからレソトに逃げました。一九八五年にオーストラリアに難民として受け入れられ、今はカトリックケアの活動を通して他の難民が定住する支援をしています。

一九四七〜一九七九年　イランでの前半生

私は一九四七年七月二〇日にイランのテヘランで生まれました。母のハジャーはムスリムで、父のアバス・メフラビはバハイ教徒でした。私が五歳くらいのときに母もバハイに改宗したので、私は完

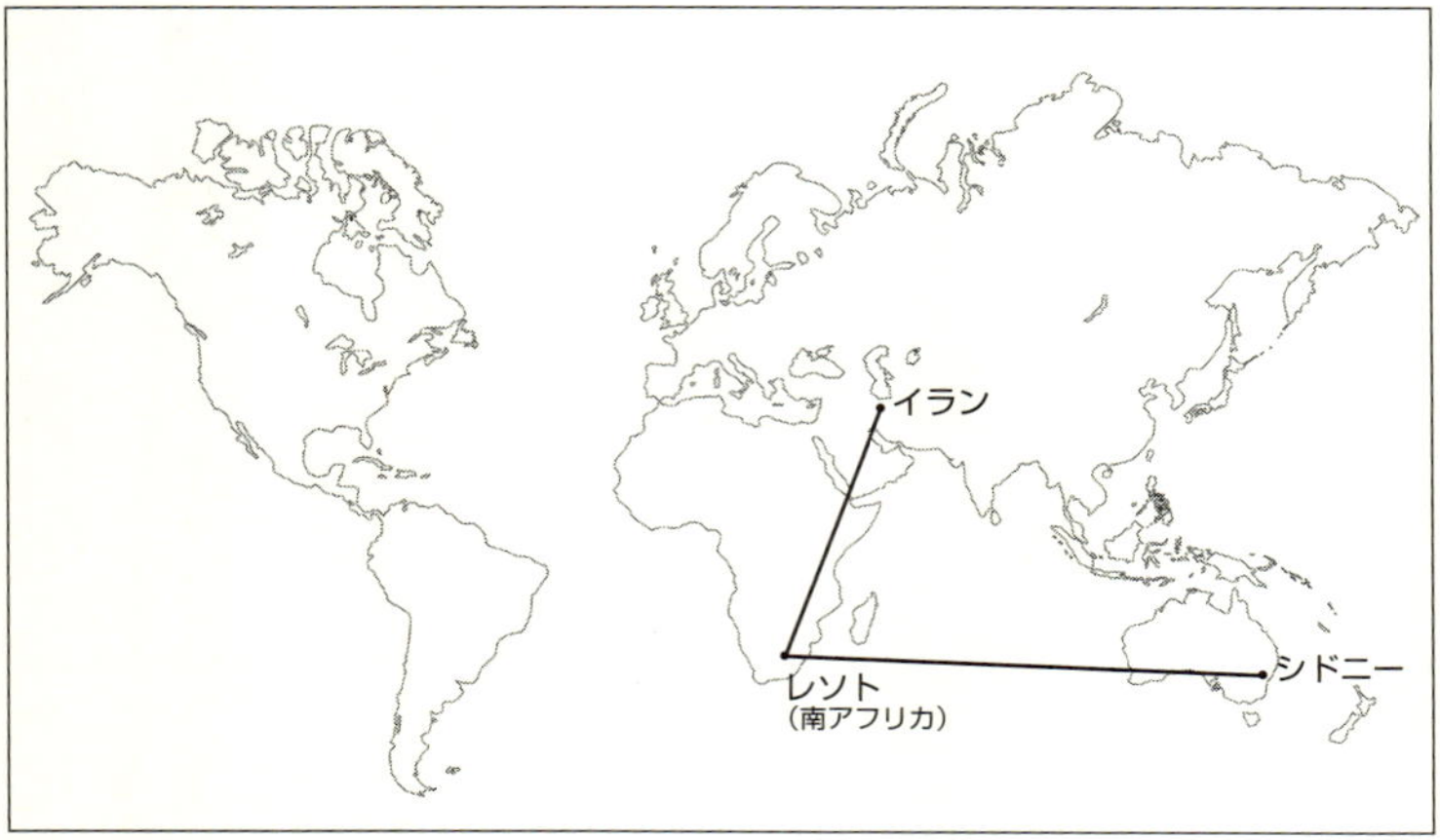

全なバハイ一家で育ったのです。イランではムスリムとバハイのあいだの結婚は普通でした。ムスリムはバハイ教を別の宗教とは考えていなかったのです。私たちはすべての宗教は同じ神から由来していると信じていますが、宗教というのは時とともに、変化する人間の必要なことがらに合うよう発展していくものであり、私たちの宗教も現代の人びとが必要とする形に合うようになったのです。

父は郵便局で働く公務員で、何度も転勤しました。それで私と二人の弟と妹は、いろいろな家に住みましたが、たいがい大きな庭がついていました。もうイランを去って二八年になりますが、暮らした家や通った学校のことをよく覚えています。弟の一人は今はアメリカに、もう一人は中国のマカオにいます。そして妹はドイツで暮らしています。親戚の人たちや学校の友人がとても懐かしく、彼らのことを話しているととても悲しくなります。金曜日になると父は私たちを連れて親戚の人を訪問したり、山にピクニックに行ったりしました。山を登ったり下ったりするのが好きでした。そこはとても美しく平和な場所で、私の記憶に永遠に残っているのです。

私の母語は現代ペルシャ〔ファルシ〕語で、学校ではアラビア語を読む勉強をしましたが、話すことはしませんでした。テヘランで学業を修め、大学にも進み、中学校のカウンセラーになる勉強をしました。修学中には、小学校の教員も務めました。イラン国王統治下での子ども時代は、バハイ教徒にはそれほど悪くはありませんでした。イスラム教の指導者の中にはバハイを攻撃する者もいて、彼らは私たちに不利になるよう政府に影響を与えようとしていましたが、政府は概して理解を示していました。けれども社会のある範囲では、差別の対象となったのです。ことに学校でそれに気づきました。教師もムスリムの子どもも私たちに嫌な態度だったのです。けれどもだいたいにおいて、今のイランでのバハイへの扱いに比べればずっと良い処遇でした。

バハイ教徒は、いろいろな特徴でそれとわかります。一般的に他の人たちより教育が高く、公平で、名前も違っていました。服装ではわかりませんでした。というのも当時は狂信的なムスリム女性しかヒジャブやチャドルといったものを着けなかったのです。みな、おしゃれな西洋風の格好をしていました。私たちイラン人は、現代文明の最先端にいると自慢していて、自分たちに誇りを持っていたのです。

私の子ども時代の価値観を形成するのに、宗教が主となる影響力を持っていました。世界を一つとしてとらえ、どんな種類の偏見も持たず、何かを得たいと思ったらそれを自分から探さなければいけないという信条を持って育ったのです。バハイ教徒として生まれても、自分でそれについて学び、それが真実か否か自分で決めなければなりません。一部の宗教と違い、私たちは男性と女性が平等で、同じ権利を有すると信じています。女の子は男の子と同等に扱われます。実際のところ、もしある家族に子ども一人に教育を受けさせる余裕しかなかったら、女の子を学校に送るでしょう。女の子は将来母となるのであり、未来のために教育されるべきだからです。

一九七九年　イランを脱出

一九七九年、私はスクールカウンセラーとして働いており、夫は政府でとても良い仕事に就いていました。この年に革命が起こり、イスラム共和国がイランを支配したのです。彼らはイランにいるバハイ教徒を追放しようとして、イスラエルとつながって政治陰謀に関わっているという偽りの糾弾をしました。バハイの公務員はすべて職を失い、バハイ教徒の土地財産や会社が没収されたのです。バハイ教徒は祈りの集会を開いたり社会的な活動をしたりすることを禁じられました。夫も職を失い、命を奪うという強迫を受けたのです。学校で私はある書類に記入するようにと言われました。それは住居申請の書類だということでしたが、そこには宗教を記入しなければならなかったのです。書類を出すと呼ばれて、ムスリムになるかすぐに職を失うかのどちらかを選べと言われました。私は棄教を拒み、私も夫も職を失い、夫は監視下に置かれました。それで私たちはアフリカに行くことに決めたのです。この政府が長く続くとは思えず、アフリカから簡単に戻れると思っていました。イラン・イラク戦争が始まるちょうど一週間前に、二人の子どもを連れて逃れたのです。

国を出てから、イランのバハイ教徒にとって状況はもっと悪くなりました。今でもバハイの高校生は大学進学を阻まれているのです。私たちはイランを出られなくなる前に逃れました。その後、事態はもっとひどくなったのです。今、イランを出国するのは少し容易になりましたが、それでもたくさんの条件を満たさなければならないのです。一二年前に父がイランを出たときには、出国ビザだけが与えられたので、もう二度と戻れなくなりました。

一九七九〜一九八五年　レソトでの生活

ヨーロッパの銀行口座にいくばくかのお金があったので、レソトに着いたときにはそれほど困窮していたわけではありませんでした。私には資格があったけれど英語が得意でなかったので、最初の年は失業していました。やがて、新しい国立学校で幼稚園のコンサルタントの職を得ました。夫は英語が話せず、適応するのに苦労していました。イランでは高い地位にいたのに、レソトでは金物店の警備員をしなければならなかったのです。夫がそんな仕事に就いているのを見て私は心を痛めました。イランでは夫は自分の事務室を持ち、運転手に送り迎えされ、人は夫に会うのに面会予約を取らなければならなかったのです。それでもレソトでは幸せでした。自由の身で、良い友人もいたし、医療も受けられたからです。当地の病院で娘が生まれました。南アフリカは人種差別的でしたが、私たちは白人とみなされ、問題がありませんでした。

レソトで五年暮らしたあと、イラン政府が私たちのパスポート更新を拒んだため、私たちは無国籍になりました。オーストラリア移住の申請をして、かなり早い時期に受け入れられました。人道的入国プログラムによって身元を保証されたのです。レソトでオーストラリア大使の面接を受けました。大使は良い人でとても支援的で、私たちに資格が十分あると言ってくれました。

一九八五年　オーストラリア到着——ヴィラウッド・ホステル（シドニー）

一九八五年一月一七日に私たちはオーストラリアに到着しました。オーストラリアについては、あまりよくわかっていませんでした。というのも大使は小冊子をくれましたが、私たちの英語力が限られていて、よく理解できていなかったのです。けれども直感によって、とにかく来てみたのでした。今日では、人びとはオーストラリアに来る前に多くの情報を得ています。

夫の甥がヴィラウッド・ホステルに仮の居住部屋を見つけてくれました。それはとても素敵な場所だと思いました。ホステルはすばらしく、サービスも優良でした。英語の授業があり、家具が揃っていて寝室も三部屋ある住まいをあてがってもらったのです。もっとも良かったのは、料理をしないですんだことでした。すべて提供されたのです。社会保障のおかげで手当をもらっていましたが、それは私たちのお金ではありませんでした。そのために働いてはいなかったし、もらえるとも思っていないものだったのです。家賃を差し引かれても、十分暮らしていけました。そこでは時間を最大限有効に使い、高等職業訓練専門学校（ＴＡＦＥ）の無料授業に出席しました。娘を無料の託児所に預けることができたのです。夫はタクシー運転のコースに出ました。彼はテヘラン大学で経営管理の修士号を得ていたのですが、どんな仕事でもする決意で求職していました。けれどもうまく行きませんでした。私のカウンセリングの学位は部分的にしか認められませんでしたが、あるカトリック学校のカウンセラーの職に応募しました。私がカトリック教徒ではなかったのでうまくいきませんでした。現在私はカトリックの組織で働いています。今日では、宗教が何でも問題ないのです！

私たちはホステルを自由に出入りできましたが、できるだけ早くそこを出て、自分たちの家を見つけ、自立したいと思っていました。ここでは何も手に入らないと思っていたので、レソトから家具を一部送っていました。そうしておいて良かった。というのも着いた当初はお金を下ろすことができなかったのです。セント・ヴィンセント・ド・ポールという教会系の支援組織〔カトリック系で歴史が長い〕が家財道具をくれて、家を借りる契約金五〇〇ドルを貸してくれました。アーミデール（ニューサウスウェールズ州）に定住してから私たちはそれを返済しました。

ホステルにいても、バハイ人コミュニティを通じてオーストラリア人の友人ができました。バハイはどこにいっても友人がいるのです。それで孤独ではありませんでした。彼らはホステルに尋ねて来てくれましたし、ベララ（ニューサウスウェールズ州）の公立の中間施設に六か月移ったときは、オーバーン（ニューサウスウェールズ州）バハイ人コミュニティの一員になりました。オーストラリア人もいれば、イラン人もいましたが、みなとても歓迎してくれました。一度は、長い時間車に揺られ、モナ・ヴェール（ニューサウスウェールズ州）にある大きなバハイ寺院に連れて行ってもらいました。バハイ教徒はもとはこの大きな寺院をイランに建てようと計画していたのですが、イラン革命があってバハイ教徒に数々の問題が降ってきたあとは、オーストラリアに建てることにしたのです。

子どもたちに学業を終えさせるために一九八五年一二月まで私たちはシドニーにいましたが、私は小さな町が好きだったので、そこに留まることは止めました。

一九八六〜一九八八年　ニューサウスウェールズ州のアーミデールに落ち着く

アーミデールに移ってから、私は最初の仕事として女性の避難所で働き始め、夫は大学に行くことになりました。生活費を稼ぐために、夫はパブで菓子を売ったり郵便を配達したりといった臨時雇いの仕事をしましたが、イランで重要な仕事に就いていたあとでは、彼にとっては辛いことでした。けれども、自由だったので夫も幸せだったし、私ももしイランに留まっていたら夫を喪っていただろうとわかっているので、喜んでいました。夫のイランでの資格が認められたあとも、アーミデールで自分の専門の仕事はできませんでした。その頃は偏見がひどかったのです。夫はアーミデール大学での学生課の仕事が、自分の資格に見合っていると考えて応募しましたが、うまく行きませんでした。差別されていると地方議員に訴えましたが、その議員は「我々の国だから」としか答えませんでした。

アーミデールには親しくしてくれるバハイ人コミュニティ、いろいろな国の人たち、そしてオーストラリア人がいましたが、私たちには辛いときもありました。難民支援の仕事では、難民当事者ではなくスタッフから差別を受けました。同僚が私を、まるで掃除婦か召使のように扱ったのでした。土地の、ことに低所得者層の人びとは、新しい人たちがやって来るのを恐れているようでした。夫は職場で、全員からではないけれど何人かから差別されました。子どもたちは学校や町中で「ウォッグ」

〔wog：浅黒い奴、という蔑称〕と呼ばれましたが、私たちはイランで宗教的迫害を経験してきたので、差別はどこにでもあり、オーストラリアだけではないのだとわかっていました。このことを子どもたちに説明し、小学校だった娘は、兄たちよりも強くなり、問題も少なくなりました。

新参者で、英語力も限られていたので、子どもたちにどうやってスポーツさせたらよいかと思いました。難民たちが、周囲からの情報を得られないために、たくさんの小さなことを逃してしまっていることが今はわかります。アーミデールで夫と私が直面した困難は、神のご意志だったのでしょう。その後、一九八八年には私たちはタムワース（ニューサウスウェールズ州）で商売を始めるために移り住んだのです。

一九八八〜一九九九年　タムワース

タムワースでは、私は夫と持ち帰りの惣菜店を切り盛りしました。この種の仕事にはまったく経験がなく、自分自身このような店にサンドイッチを買いに行ったことさえなかったのです。慣れるまで、おかしなことが起こりました。チョコレートや煙草、チューインガムの銘柄を知らなかったので、お客に指差してもらわなければなりませんでした。サンドイッチを作るにも、私たちのパンは種類が違い、またバターもつけないのです。最初のお客にバターはどのくらいつけますかと聞いて、なんて間抜けな、というような顔をされました。けれども私は間抜けではなかったので、最初の週に他の人に見本を示してもらい、フライドポテトや焼き肉料理の作り方を教えてもらって、すぐに自分でできるようになりました。お客のアクセント、ことに農家の人たちのことばには、始めの頃はとても苦労しましたが、何とか切り抜けました。タムワースはきれいで清潔な町で、私たちが役に立つ仕事をしていたので、人びとは受け入れてくれて親切にしてくれました。店におしゃべりをしに立ち寄り、ときには妻や子どもについての不平を言ったりすることもありました。楽しかったけれど、とてもくたびれる仕事でした。

通常は店を朝六時から夜一一時まで開店し、週末は真夜中までやっていました。午前や午後には手伝いの女の子や男の子がいましたが、たいていの仕事は自分たちでしました。店を開くのにお金を借りていたし、子どもも三人いたからです。そのときには長男はアデレードの大学で勉強していましたが、次男と六歳になる娘は店を手伝ってくれました。もうみな昔の話で、良い思い出となっています。タムワースには親しくしてくれるイラン人およびオーストラリア人のバハイコミュニティがあり、その他の人びととも仲良くしていました。一九九九年に店を売ったとき、娘と息子はキャンベラの大学で勉強していました。そこでヨーロッパ旅行のあと、キャンベラに引っ越したのです。

二〇〇〇年～　キャンベラでの生活

夫はタムワースで不動産業の勉強をしていたので、キャンベラでは息子とその嫁とともに不動産業を始めました。私はずっとカウンセラーとして仕事をしたかったので、キャンベラ大学の大学院でコミュニティカウンセリングの資格を取りました。

キャンベラのバハイ人コミュニティ

キャンベラのバハイ人コミュニティは私たちを歓迎してくれ、私はコミュニティの難民定住サービスでボランティアとして働き始めました。移民局がいろいろな国から来た難民を私たちにつないだので、そういった人びとを予約や面接の場所に連れて行く、家や家具を用意する、家に訪ねていく、など彼らが必要なあらゆる支援をしました。私たちはまたキャンベラの人びとに難民週間の催しを通して難民についての啓発活動をしたのです。

センタケア（現在のカトリックケア）

大学院での授業の一環として、私はセンタケアという組織で仕事をし、とても気に入ったので、二〇〇二年にケースマネージャーの仕事に就き、それ以来ずっと続けています。ことに南アフリカでの難民経験が、アフリカから来たばかりの難民の背景や直面する問題に対応するのに役立っています。

政府は、ビザのある難民と、身分証がないまま船で来て収容されている難民とのあいだに厳然と区別をつけています。そのためセンタケアは、収容所にいた庇護申請者で、難民として認定され、コミュニティに出てきた人たちの世話をするという契約にはなっていません。いったん彼らが永住ビザを得たら、支援を始めます。また庇護申請者の世話をするコミュニティ組織との連携はありません。

私たちは、オーストラリア国外〔オフショア〕で認定された難民がキャンベラに着いたときに支援を始めるのです。空港まで迎えに行き、親族がいなければ、ホテルに連れて行って設備の説明をします。

到着前には、コンパニオンハウスという虐待とトラウマへのカウンセリングサービス機関、そして社会福祉支援のためのセンターリンク〔オーストラリア政府の社会保障と福祉の機関〕との予約を取っておきます。そしてキャンベラ工科大学の英語教室に通うよう手配し、公共交通の利用方法を教えます。もし身元保証人がいれば、連携を取り、オリエンテーションを行ってオーストラリアでの物事の進め方を紹介するのです。センターリンクの援助によって難民は新しい家具や台所用品といった、新しい生活を始めるのに必要なものを購入します。私たちの支援任務は六か月で、その後も助けを必要とする人は、移民リソースセンター（MRC）につなぎます。けれども引き続きセンタケアに支援を求めるならば、たとえ到着して数年経っている人でも拒みません。民族ごとのコミュニティも難民を助けているので、私たちは着いたばかりの難民を、近くて支援してくれる、たいていは同じ宗教のネットワークにつなげています。中にはどのグループでもよい、と言う人たちもいます。

私たちの組織のスタッフの数は少なく、訓練を受け登録された三〇名ほどのボランティアによって支えられています。このボランティアは警察のチェックを受けます。コンパニオンハウスとも緊密な連携を取っていて、ここで私たちのボランティアは虐待とトラウマを負った人に対処する訓練を受け、またそういう仕事への向き不向きを助言してもらっています。ボランティアの中には、難民と関わって二三年になる人もいます。あらゆる年代の人がいて、私たちはクライエントの家族と合う人を選ぶよう気を配っています。

すべての難民にとって、新しい社会に適応するのはもっともたいへんなことですが、その問題は、世界のどの地域から来ているかによってさまざまなのです。スーダンやビルマの難民は難民キャンプで長年過ごしてきている一方で、中東からの人びとは難民キャンプには長くいなくてもオーストラリアに来る前に避難国である程度の時間を経ていて、たいてい教育程度も高いのです。ショッピングセンターや公共交通があるような、オーストラリア社会に近い国から来た人は、適応するのも早いのです。難民キャンプから来た人びとは、西洋式のシャワーやトイレを見たことがないかも知れません。シャワーの使いかたを示すのは簡単ですが、トイレとなると、ややややっかいです。私はたいてい子どもたちにトイレに腰かけるよう示し、それから流しを見せて手を洗うよう促します。母親にも子どもたちがトイレを使ったら手を洗うのを確かめるようにと伝えます。

先進国から来た難民は、また違った問題を抱えています。中古品を支給されて気分を害したり、卑しいと思えるような仕事について腹を立てたりするのです。彼らがゼロから再スタートするのだと納得するまで時間がかかります。ときには感謝の念がない人もいます。それには二種類あります。一つ目は受けて来た虐待やトラウマにまだ苦しんでいる人たちです。心にかかっている圧迫感のせいで物事を享受しようという気持ちになれず、明瞭な考えを持つことができないのです。これは理解でき、対応できます。一方、少数ながら、私たちスタッフやボランティアを怒らせる人たちもいます。そういう人たちは、私たちを運転手か何かのように考えていて、ボランティアの人びとの動機を疑っています。それは出身国にボランティアという伝統がなかったからなのです。難民キャンプにいた人びとはボランティアと遭遇しているので、より理解しています。

キャンベラの難民支援グループはみなコンパニオンハウスと協働しています。このコンパニオンハウスは現在センタケアの準契約組織になっています。特殊なケースについては彼らと連携し、虐待・

トラウマのカウンセリングの訓練を受けます。センタケアはクライエントの守秘義務情報を私たちとは共有しませんが、難民がうまく定住できるための重要事項を相談することはできます。難民は最初の六か月はコンパニオンハウスの医師から医療を受け、その費用はメディケアから支払われます。

難民の子どもたちは概して親よりも早く英語を覚え、親は当初は子どもに通訳をしてもらっています。これによって親子関係が崩れ、対立を生むこともあります。私たちも支援しますが、問題を抱えた家族をコンパニオンハウスのカウンセリングに紹介します。若い難民は、首都特別地域（ACT）政府が運営している多文化ユースサービス（MYS）の、年齢が近いスタッフに話すほうが好ましい場合もあります。多くのスーダン難民のように英語がすでに話せる人たちは、大学に入るのも早いようです。オーストラリアでは、誰でもなりたいものになれる機会があります。難民の中には、勉強して、状況が安定したら故国に戻り、自国民のために働きたいと言う人たちもいます。

たいてい、男性の難民はオーストラリアに着く前にすでに英語を少し話し、仕事に就いて妻より英語がうまくなります。多くの難民女性はオーストラリアに来ると変わります。もっと自己主張をするようになり、夫に家庭内の仕事の責任を分担するよう期待します。男性の中にはこれを自分の価値を落とすように考える人もいて、家庭内暴力や別離につながることもあるのです。

人道ビザで来る難民は、オーストラリアで保証人が必要になります。収容所にいる家族から保証人になってほしいと迫られても、難民は、家族の分まで住む場所を確保したり医療費を払ったりオーストラリア社会に溶け込むための支援を政府から受けられるわけではありません。政府から家族の人たちのための航空運賃を借りることはできますが、たいていの人びとは、小さな借家に住み、オーストラリアで自分がやっていくために苦闘している最中なのです。

一九八五年に私がオーストラリアに来てから、定住のためのサービスはとても良くなったと思います。あらゆることが以前より良くなりましたが、例外は住宅です。これはキャンベラに来た難民にとっての最大の問題となっています。公営住宅に申請するまで六か月待たなければならず、順番待ちの人の数も多いので、民間の住宅を探すよう勧めてはいるのですが、そうすると数が少なく、また高くつくのです。本当に困っている場合には優先リストに載せてもらい、短期の緊急用住宅を見つけます。家賃に収入の半分以上が取られてしまうと、光熱費等の支払い、また食料さえも賄えなくなってしまいます。到着時のホステルを再開すれば役に立つと思うのですが、経費がかかるので難しいでしょう。

二〇〇四年以降、私たちはゴールバーン（ニューサウスウェールズ州）の難民家族を支援してきました。ここは住宅が見つけやすいのです。最初のスーダン人家族を連れて行ったとき、土地の人たちはショックを受け、彼らをじろじろ見て、収容所から脱走してきたのだと考えました。この難民について地方紙に記事を掲載したあとは、広がっていたこの誤解も消え、コミュニティの人びとは家族と仲良くなり、支援するようになりました。難民支援に関わりたいと考えるゴールバーンの人びとに支援者としての訓練をして、今ではリベリア、スーダン、シエラレオネ、その他の国からの家族が定住しています。全員ではありませんが、仕事を見つけた人もいます。

難民に関わる仕事をしていてもっとも良いのは、彼らの微笑を見ることであり、また支援に対して感謝されることです。私は彼らの幸福も悲しみも共有し、それでとても幸せです。センタケアが行っている事業に対して多くの人がありがたく思っており、そうでない人も何年かのうちにはわかることでしょう。

私は生まれ故郷であり仕事もしたイランを今でも恋しく思います。国にすべてを残してこなければなりませんでした。イランにいる親類縁者たちがどんなに苦しんでいるのがわかっているので、話すのも辛いのです。まだ危険にさらされていて、彼らには毎日が地獄のようです。高齢者に経済的援助がなく、子どもたちは逃げてしまっていて、誰もこの老人たちの世話をする人がいません。検閲があるので手紙も送れず、電話でも気を付けてものを言わねばなりません。ときには盗聴されているからです。

もうイランには戻らないでしょう。私の生活は、子どもが成長し、孫が生まれ、私が幸せでいられるこの場所にあるのです。かつて持っていたものを失ったのは悲しいですが、自分の命を落としたり、また愛する者を失ったりした人びとのことを考えると、私は幸せなのであり、神に感謝しなければなりません。容易に国を逃れることができて助かりました。オーストラリアではうまくやっていて、商売もし、まだ仕事もしています。けれどもこのために何年も頑張り続けてきたのです。今私たちはオーストラリアのパスポートを持つ市民となりました。オーストラリア人としての気持ちが生まれたのです。ここが私の家であり、人びとが助けてくれて生活と自由を与えてくれたこの場所で幸福にしています。

ジゼリ・オスマニ

一九九九年のコソボから、五人の幼い子を救い出した私は、ポートヘッドランドの収容所で子どもたちの権利のために闘わねばならなかった。

一九七〇〜一九九九年　東コソボ

私は一九七〇年の五月一五日に、セルビアの東コソボ、美しいプレセシェヴォ谷にあるタルノフス・イ・マドフ村に生まれました。アルバニア系ムスリムのブエノフス地域の出身で、父母のチャミリとマグブレ・チャジミも同じ村の出でした。その家族は七世代もそこに住んでいたのです。祖父母によれば、一〇〇〇年前にはアルバニア人はみなカトリックだったのが、トルコ人が侵入してきてすべてイスラム教徒に改宗させられたとのことでした。第二次世界大戦前はアルバニアは一つの国だったけれど、戦後は分割されました。一部はアルバニアのままとなり、その他がコソボの自治州、マケドニア、そしてモンテネグロになったのです。私が生まれた東コソボはセルビアに属することになりました。

父はスイスで四年働き、その後家で野菜を栽培するようになり、それを売って家族を養いました。仕事はきつくて六人の子どもを養うには十分なお金が稼げませんでしたが、父が何度政府の仕事に就

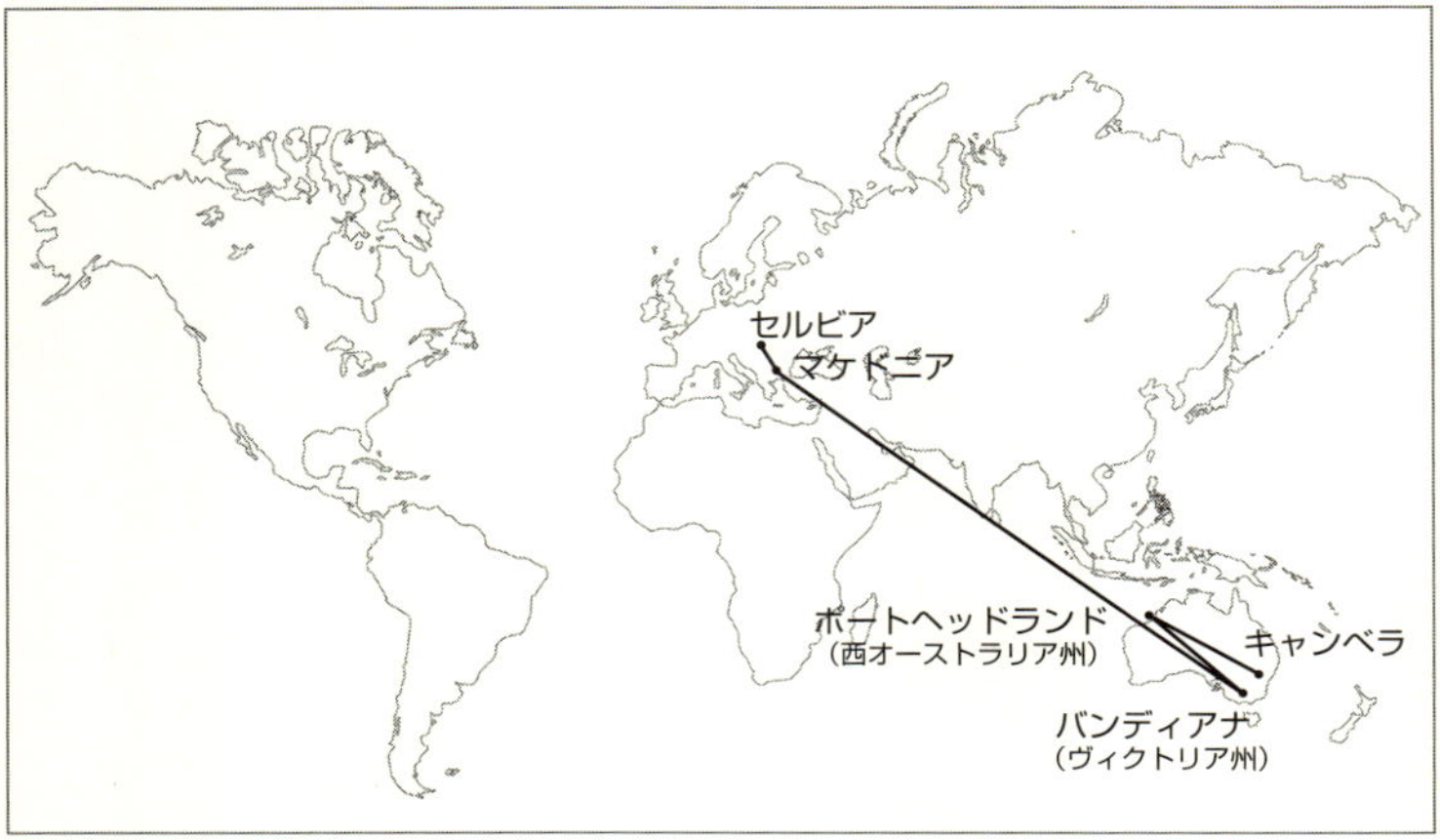

こうとしても、いつも不採用になってしまうのでした。大家族には小さすぎる家の中で、母は私や三人の姉妹、二人の兄の世話をしていました。工場の仕事は農業より儲かりましたが、危険でした。防護マスクがなかったので、多くの人たちがプラスチックの溶解や車のバッテリー製作の仕事で癌を発症しました。

私の村には山や農地があり、村を横断する川が流れていてとても美しいところでした。いつも恋しく思っています。一万二〇〇〇人ほどの人口で、みなアルバニア人でした。友人やいとこがたくさんいて、楽しい生活でした。村にはモスクが三つあり、セルビア人用のカトリック教会もありました。モスクにはよく行き、ことにラマダンの期間には足繁く通いました。三キロしか離れていないプリスティナ市では、さまざまな文化の人びとが共存していました。アルバニア系セルビア人、トルコ人、ロマの人びと、マケドニア人、クロアチア人、ボスニア人などがいました。セルビア人の子どもはことばが違ったので、別の学校に通っていました。トルコ人とロマの子どもたちはアルバニア系、セルビア系どちらでも好きなほうを選べました。小学校ではお祝いやお祭り、競技会やお話の会などでいつもセルビアの子どもたちと交流していました。良い生活でした。

一九八〇年のティトー大統領の死後、政治的な問題が起こりました。一九八一年に反政府の抗議活動が始まり、コソボの大学生で一八歳だった兄は、一九八六年には勉強を諦めてアメリカに逃げなければなりませんでした。警察は学生を狙っていて、留まっていては危険だったのです。多くの人が行方不明になったり殺されたりして、アルバニア系の医師、弁護士、教授などの人びとが職を失いました。この紛争は宗教がらみではなく民族的なものでした。なぜならアルバニア系のカトリック信者もムスリムと同様にひどい扱いを受けたのです。

私はプリスティナの高校に通っていて、一四歳まではトップの学生のクラスにいました。ところが学校を離れなければならなくなりました。学校は閉鎖され、兵舎に変えられ、学校に通えるのはセルビア人の子どもだけになったのです。教師の中には、自宅を開放して無償でアルバニア人の子どもを教える人たちもいました。教育が必要だと感じていたのです。裕福なアルバニア人はスイスやブルガリアに子どもを留学させました。学校がなくなってから私は毎日泣いていました。弁護士になるという夢が達成できないと思ってひどく腹が立ちました。近くに住んでいた教師のところへ行き、本を借りられないか聞きました。することがなくて退屈していたのです。その先生は読書を続けるよう勧めてくれて、セルビア語の本を幾冊か貸してくれました。一年後、私はセルビア語を読んだり書いたりできるようになりました。今でもセルビア語を話すことができます。私はまた本や新聞を読んだりニュースを聴いたりして英語を覚えようとしました。けれども話す相手はいませんでした。政治的な状況がますます危険になっていたので、何が起きているのか知りたかったのです。

学校に行けないと泣くのはもう止めて、裁縫を習いました。ドレスメーカーの仕事をしましたが、お金にはなりませんでした。人びとは貧しく、私はほとんど無償で服を縫ってあげていたのです。二〇歳のときに夫と出会い、一九九一年に結婚しました。彼は私の長兄のクラスメートで、その父親も祖父も同じ村の出身でした。家族同士が何年も知り合いだったのです。夫は家具職人と大工の資格を持っていて、ヴラニェ市で三年家具作りをして働いたあと、スイスで八年出稼ぎをしていました。ヨーロッパでユーゴスラビアのパスポートが認められなくなり、村に戻ってきたのです。子どもたちが次々と生まれました。一九九二年、一九九三年、一九九五年、そして一九九七年には双子ができました。

一九九九年五月　マケドニアへの逃避

一九九八年、NATO軍がセルビアへの空爆を開始すると、セルビア側が報復としてアルバニア人への攻撃を始めるとニュースで伝わってきました。一九九九年春のある日、セルビア軍が私たちの村を包囲したのです。各家をまわって殺戮するというのでした。アルバニア人指導者が交渉して、人びとを脱出させてくれれば、あとは何を奪っても良いと頼みました。村にはNATOの影はありませんでした。平和維持軍は五〇キロ先にいたのです。その日夫は町にいて、セルビア軍は村への出入りを禁じていました。夫は家族と合流できるよう彼らを説得しました。銃口を村に向けた何台もの戦車がいて、五時になったら攻撃を開始するというのでした。私は怖くて、またやきもきしていました。子どもたちは幼く、ここを立ち去ることができても、助けもなくては山を歩くことは無理だったのです。他の人たちにも子どもがいて、自分の家族を守らなければならず、助けなど当てにはできませんでした。

指導者の取引はうまくいきませんでしたが、ブジェノヴィクの警察署長が、もし私たちを殺せばアルバニア人が報復としてセルビアの村を襲うだろうから、暴力が高じてしまうと説得しました。セルビア側は、その晩は何もしないということに同意しましたが、翌日には家をまわって武器がないか捜索すると言いました。彼らが欲しいような金目のものを取っていくだろうということもわかっていました。とにかく逃がしてくれるのを待っていました。一族の五〇名余りが、村の真ん中にある夫のいとこの家に避難しました。みんなびくびくしながら待っていたのです。

翌朝、兵士たちがやって来て、持ち物を奪い、窓を壊し、壁を剥いで、すべてを破壊しました。殴られた人もいました。けれどもあとになると、彼らは疲れてしまいました。大きな村だったからです。私たちの家に来ると、携帯電話と他のものを少し取って行っただけでした。その日はもう危険ではありませんでした。その翌日、彼らは腹を立てていて、村を出ろと命令しました。通りを抜けて村を出た私たちは、泣いたり叫んだりしている多くの人びととともに町に向かって歩きました。私には何の準備もできていませんでした。小さなバッグに入れたのは、アルバム一冊と、赤ん坊のためのミルク瓶二本だったのです。おむつを替えることさえできませんでした。

プレスヴォまでバスに乗っていきました。隣人が、そこにいる親戚の家に身を寄せなさいと言ってくれたのです。大勢の警官が通りを警備していました。人びとがバスから降りると、男性と女性に分けられ、互いにどうなるかもわかりませんでした。私たちは止められて、身分証明書を提示させられました。隣人が紹介してくれた親切な老婦人とその夫のところに避難したかったのですが、ここは安全ではないと言われました。その夫婦の子どもたちはみなマケドニアに逃げていました。半日その家にいて、夜八時になると、その老婦人は、今ならマケドニアに向かって歩き出すのに都合が良い、兵士が多く通りに出ていないから、と言いました。私たちには方角もわかりませんでしたが、ある男に出会い、危険な行程だが一人三〇〇独マルク出せば連れて行くという人を知っている、と言うのです。そのとき夫はおよそ二〇〇〇マルクを所持していたので、他の三〇名ほどの人たちとともに男について行きました。途中で兵士に賄賂を渡して通してもらいました。

その晩、六〜八時間もぶっ通しで山を登ったり降りたりしながら歩き続けました。夫は一八か月の双子の息子を抱き、私は双子の娘アルビノータのほうを背負っていました。最初、もう危険はないと思っていましたが、兵士が森のあちこちに隠れていて、NATO軍も夜中空爆をしていました。子どもの叫びが兵士に聞こえて撃たれないように、その口を覆っていなければなりませんでした。そうやって殺された人がたくさんいたのです。アルビノータはしょっちゅう泣いていて、口を覆うと吐いてしまいました。なぜそんなに泣くのかわかりませんでした。とにかく早く危険地帯を通り抜けようと、できるだけ速く歩きました。

とうとうマケドニアとの国境近くの家に着きました。そこではマケドニア人、アルバニア人の人たちが待っていてくれたのです。この人びとは、毎晩逃れて来る人たちを助けるためにそこで待ち構えていたのでした。そこからタクシーに乗ってクマノヴォに行き、村の隣人のおばの家で二日間過ごしました。その人の親切は決して忘れません。その小さな家に、三〇人もの汚れきった人たちが訪れたのです。子どもたちは夜中ずっと吐いていたのですが、この人の家でみなシャワーを浴び、子どもの身体も洗って寝かしつけることができました。翌日の私たちは、戦闘から遠く離れて、自由で安全に感じました。私は残してきた家族のことが心配でしたが。

一九九九年五～六月　マケドニアの国連難民キャンプで

その家からバスに乗って、マケドニアにある国連キャンプに行きました。そこでマケドニア赤十字から国連にまわってきた書類にサインしたのです。マケドニア警察に中立地帯に連れて行かれ、回りに何もないその場所で、私たちは他の人たちと朝七時から夜中の二時まで、食糧も水も覆いもないまま待ち続けました。バスが迎えに来たのを見てみなとても喜びましたが、そのうちの一台に子ども全員とともに乗せられそのまま三時間も留め置かれました。ぎゅうぎゅう詰めで暑くて、身動きもできませんでした。兵士たちがそのバスにどんどん人を乗せたのです。幼い息子はお腹を空かせて泣き叫んでいましたが、水もなく、何時間も食べ物を口にできませんでした。とうとうバスが動き出して、スタンコヴァッツキャンプに着きました。これはマケドニアに三つあった難民キャンプの一つでした。大きなところで、四万五〇〇〇～五万人の人が収容されていたのです。

キャンプには多くのテントが設営されていて、私たちは最初四〇〇人のテントに入れられました。

セルビアやコソボのいろいろなところから来た知らない人たちと一緒に寝るのはとても辛いものでした。四日後に別のテントに移りましたが、そこでも他に一三人が一緒でした。テントはビニールでできていて、外の気温が二五度になると、内側は五〇度にまで上がりました。プラスチックのボトルに入った飲み水と、子どもの身体を洗ったり洗濯したりするための水を少し与えられました。キャンプの生活は良くはありませんでした。ただ安全なだけでした。

子どもたち、ことに双子は、テントの暑さで具合が悪くなりました。キャンプ内の国連派遣の医師のところに子どもを連れて行ったのです。半日待って、一番下の息子の大きな痣を見せたところ、ヘルニアと診断されました。医師は手術を施しましたが、埃だらけの中では傷口が感染するのではと心配でした。アルビノータは暑がって泣いていました。目を開けられず、気分が悪かったのです。医師によると左の股関節が脱臼してしまっているということでした。おそらく私が長い時間背負っていたからでしょう。Ｘ線撮影をして治療するには別の国に行かなければならない、と通訳が説明しました。私は心配で、できるだけ早く行きたかったのです。

毎日バスが来て、キャンプから人びとを連れ出していました。多くの国々、ことにヨーロッパ諸国が、マケドニアから難民を受け入れることにしたのです。このように過密なキャンプでは伝染病が起こって他の国々にも広がる恐れがあったからでした。医師が何枚かの書類にサインして、国連の相談員が行き先の国を三つ選ぶようにと言いました。私たちはアメリカ、カナダ、オーストラリアを選びましたが、どこでも最初に受け入れてくれた国に行くことにしました。たいていの難民がオーストラリアは遠すぎると思っていたので、オーストラリアに行くほうが容易だったようです。それに夫のいとこの一人がすでにビクトリア州のパッカパニヤルにある軍キャンプにいて、そこがコソボからの多くの難民の宿泊施設になっていたのでした。三日後に、私たちの名前と出発の日付が書かれたアルバニア語の手紙を受け取りました。オーストラリアについてはよく知りませんでしたが、私たちも、夫のいとこたちも、オーストラリア大使館職員との会合に呼ばれました。そこでオーストラリアがどのようなところか、またどのくらい遠くにあるのかということ、また三か月のビザが下りたあと、それを延長してやがて永住できることを話してくれました。私たちはもう故郷には帰りたくありませんでした。とにかく早く移動して、病気のないところへ行き、娘の股関節の治療を始めたかったのです。翌日バスに乗ってスコピエ〔マケドニア首都〕空港に行き、そこからカンタス航空でローマを経由してオーストラリアに向かいました。子どもたちは飛行機に乗ったことがなかったので、双子の息子は出発とともに泣きだし、オーストラリアに着くまで泣き止みませんでした。飛行機の騒音を怖がっていたのです。乗っていた四〇〇人の乗客はみなアルバニア人難民でした。

一九九九年七月一五日　オーストラリアに到着、バンディアナ・セーフ・ヘイヴンへ

オーストラリアでは暑くなると聞いていましたが、一九九九年七月一五日午前五時にシドニー空港に着いたときには、夏の衣服のまま真冬に降り立ったので、とても寒い思いをしました。身分証を受け取り、イーストヒルズの難民キャンプ〔ニューサウスウェールズ州〕で健康診断を受けました。医師は

娘の股関節脱臼を確認し、私たちがバンディアナ・セーフ・ヘイヴン〔ビクトリア州の移民・難民収容センター〕に移ってからそこで娘の問題を相談し、費用の心配なく手術が受けられるだろうと言うのでした。無一文だったのでそれを聞いてとても嬉しかったのです。

当初は私は嬉しくて、夫にも「ここは素敵なところね」と言いました。けれども少しして故郷や家族が恋しくなり、すぐにも帰る飛行機に乗りたくなりました。けれども夫が「頭がおかしくなったのか？　たいへんな思いをしてここまで来たのに、帰りたいだなんて？」と言うのです。気持ちを落ち着けるようにと言われそうしましたが、それでも残した家族が、私たちの居場所もわからないことが辛かったのです。シドニーのオーストラリア赤十字が暖かい衣類を支給してくれて、私もイーストヒルズのホステルが好きになってきましたが、五日経つとバンディアナ行の列車に乗せられました。

バンディアナ・セーフ・ヘイヴンはとても良いところでした。到着したとき、職員の人たちとシェパートン（ビクトリア州）から来たアルバニア出身の人たちが温かく迎えてくれたのです。地域のアルバニア人コミュニティはとても支援的で思いやりがありました。私たちの部屋にはダブルベッドが一台、シングルベッドが三台、そして双子用のベビーベッドが二台入っていました。大きな部屋でしたが、五人の子どもに十分な広さではありませんでした。男性用のバスルームは上階にあり、女性用は下の階でした。それでシャワーを浴びるのに長い廊下を行かなければなりませんでしたが、当時のオーストラリアの難民収容施設としては最上だったと思います。そして私たちは幸せでした。欲しいものは何でももらえました。通訳もいたし、職員の人たちが何度も遠足を企画してくれました。食事もすばらしくて、入国管理の職員も最初は親しくしてくれました。

一か月すると、子どもと大人のために英語の授業が始まりました。けれども私は六週間しか出席できませんでした。娘がオルベリー（ニューサウスウェールズ州）の病院で股関節脱臼の治療を受けることになったからです。娘が一生痛みに苦しまなくてもすむとわかってとても嬉しく感じました。私たちはライトバンに乗って医師のところに連れて行ってもらい、私は職員の監視なしで一晩オルベリーに泊まる許可が得られました。軍のバスが定期的に出ていて、バンディアナ・セーフ・ヘイヴンからオルベリーやウォドンガ（ビクトリア州）に行くことができたのです。アルバニア人の人びとが、家族を招待して一週間滞在させてくれ、パーティーを開いてくれました。後に帰国した人びとも、多くがまだ連絡を取り合っています。私たちはトラウマに対応するカウンセリングを受けませんでしたが、職員の人たちには身の上話をしました。

娘は八月三一日に最初の手術を受け、私は病院でずっと付き添っていました。ところが退院したあと、お腹が傷になって膨れ、娘は痛くて泣いていました。医者はX線を撮り、通訳を通して手術をやり直さなければならないと説明しました。娘はこんなに小さいのに、またあの痛みを受けるのかと、私はショックで悲しみましたが、二度目の手術に同意しました。医師も看護士たちも難民の私に親切でした。私は英語が話せませんでしたが、彼らは私を励ましてくれて、どのような状況なのかわかるようにしてくれたのです。手術のあと、娘は一一月八日まで胸から脚までギプスで固定されていました。そして臀部から針を抜く簡単な手術を受けたのです。この三度目の手術のあとは、ギプスをつけたのは脚だけでした。脚のあいだに棒が固定されて、脚を広げていたのです。娘ははじめまったく歩けなくて、私たちが抱えてやらなければなりませんでした。風呂にも入れてやれず、濡れタオルで身体を拭いてやらなければなりませんでした。六週間くらいすると、動き始め、やがて一人で座り、立ち上がり、少し歩くようになりました。ギプスが取れればもう大丈夫と思っていましたが、立つことができませんでした。筋肉が弱ってしまい、また歩き方を忘れてしまっていたので、始めは這うことから覚えていったのです。一人で歩けるようになるまでに三か月かかりました。手術後は三か月ごとに回復を見るためのX線受診に行かなければなりませんでした。

アルビノータが歩き始めてすぐ、オーストラリア政府から、私たちのビザを更新しないので二〇〇〇年三月三日に帰国するようにという知らせを受けました。私の英語力は乏しかったので、なぜ彼らが私たちを帰国させたがっているのか皆目わかりませんでした。一九九九年三月二七日に、ＮＡＴＯ軍が介入してコソボに侵攻し、三か月ものあいだセルビア軍を空爆したのです。六月一三日には和平協定が調印されましたが、セルビア軍はコソボから私の故郷プレセシェヴォ谷に移り、また戦おうと目論んでいました。だから和平協定にもかかわらず、そこはもっと危険で緊張した場所だったのです。バンディアナではインターネット接続が可能だったので、プレセシェヴォ谷で何が起きているか見ることができました。英語の先生が国連の報告書をくれて、そこには、現段階でプレセシェヴォ谷に戻るのは危険で、コソボには帰還民を支援するのに十分な人手もなく、帰還した人たちの食糧や住まいもなく、コソボの半分が焼失してしまっている、とありました。

一九九九年の一〇月か一一月の、アルビノータがまだギプスをはめている頃に、移民省大臣のフィリップ・ラドックがバンディアナにやって来て、戦争が終わりコソボも安全だから私たちを帰国させると言いました。会合の前に、私は会場になった教室の前で五人の子どもたちと待っていました。娘を抱いている私を見た大臣が近づいてきて、その子はどうしたのかと聞きました。私は娘が二度の手術を受けて、三度目が控えていること、そして五人の幼い子どもがいて帰国させられるのが怖いのだと話しました。大臣は優しく、娘のように健康問題を抱えている人は帰国させないと言いました。とても嬉しかったので、話を聞きに中に入りました。私たちはみな大臣の話を注意深く聞き、誰も大臣に向かって怒鳴ったり怒らせたりしませんでした。大臣は何か質問がないかと何度も聞きましたが、みな怖くて聞くことができませんでした。「もうここにいてはいけない」と言われたので恐れていたのです。大臣の話にみな戦々恐々としていましたが、私は大臣が優しい口調で帰らなくてよいと約束してくれたので、心配していませんでした。

英語の教師たちは、解雇の危険を承知でコソボに関する国連の報告書をくれ、そして二〇〇〇年三月の終わりに移民大臣が来たときにそれを見せるよう勧めてくれました。ところがやって来た大臣は、全員に帰国するようにと言ったのです。移民省の職員に、同じ場所からきて、同じ宗教で、同じ問題に苦しみ同じ飛行機で来たのに、滞在が許される人と許されない人がいるのはどういうことか聞きました。その職員はこう言いました。「さてね、宝くじみたいなものさ。運がいい人が残れるんだ」。結局とても不公平な扱いで、私たちには説明もありませんでした。

二〇〇〇年四月八日から、バンディアナ・セーフ・ヘイヴンは難民収容所になりました。もとからいた職員たちに替わって、おそらくバクスター移住者収容所（南オーストラリア州）から来た国立矯正管理局（ACM）の職員がやって来ました。私たちは八日の猶予を与えられて、帰国するか収容所に入るか決めなければなりませんでした。もう所外に自由に出たり、訪問者を迎えたりできなくなりました。オーストラリアの地域社会の人びとが、私たちが留まれるよう活動していたからです。怪我で娘の指がほとんどちぎれそうな状態になり、収容所にいて医者にも連れて行けないのでひどく動揺しました。私は泣き続け、娘を病院に連れて行きたいと懇願しました。職員側は、私たちが今後を決めなければならない日のほんの一日前になって、許可を出しました。そのときには娘の指はひどく感染してしまっていました。指の手術後、医師は四、五日後にまた来るようにと言いました。

娘と病院にいるあいだに、家族が収容所の中で移動させられていました。所内では帰還に同意した人びとを、私たちと同じセルビアに占領されているプレセシェヴォ谷の出身で帰ることを拒んでいる六家族の三〇人と分けたからです。そのときから食事の時間でさえも、お互い会ったり話したりできなくなりました。私が不在のあいだに、帰国拒否をしたうちの三家族がポートヘッドランド収容所に送られていました。アルビノータの股関節脱臼を治療したヒリヤー医師が、収容所の文民所長に、治療を続けるために私たちが留まれるよう説得しようとしてくれましたが、もはや収容所の中には入れなかったのです。

この決定に抵抗しようとしましたが、拒否されました。アルビノータはもう一度X線検査を受けることになっていたので、バンディアナの管理所長のところに行くと、その女性は首都キャンベラの虐待・心的外傷カウンセリングサービス局の局長宛てに手紙を書いてくれると言いました。局長はミッシェル・ハリスといって、当時バンディアナで仕事をしていたのです。夫は受付にいってミッシェルとの面会予約を取りました。そして私たちは待ち続けたのですが、誰も呼んでくれませんでした。

四月一五日、私たちは四階の窓から送還される人たちがバスに乗り、永久に連れ去られるのを見ていました。人びとは泣いていましたが、さようならも言えずに辛い思いでした。すると、ACMの職員が私たちのところに来て、「さあ、移動するときだ」と言ったのです。私たちは何が起こるのかと恐れていましたが、子どもを引き寄せ鞄を手にしました。私たちは収容所に残った最後の三家族で、私たちを助けようと苦労してくれた軍の担当者にお別れを言いました。バスに乗り込むとき、オーストラリア人の一グループが抗議の声を上げました。プラカードを手にしていて、そこには「子どもを収容所に送るな」とか「コソボ人はここの人」と書いてありました。フィリップ・ラドックをののしり、「今晩よく眠れるのか？　その手についた血をどう洗い流すのか？」などと叫んでいました。バスがオルベリー空港に着くと、そこにはマスコミが待ち構えていました。ACMの職員たちはできるだけ早く私たちを飛行機に乗せようとしましたが、彼らが私の一番下の息子を引っ張って飛行機に乗せている姿を新聞社が写真に撮りました。息子は飛行機が怖くて泣き叫んでいたのです。

二〇〇〇年四月一五日～一〇月二八日　ポートヘッドランド難民収容センター

収容所に向かうバスからの景色は、砂漠のようでした。看板に「ポートヘッドランド国立矯正管理収容所」〔西オーストラリア　一九九一～二〇〇三〕とあり、電動式の扉や、青いシャツに紺の制服のたくさんの人を見て、私は思いました。「これは監獄なの？　なぜ警官がたくさんいて小さな無線で連絡を取り合っているの？」。そこは生命が感じられない砂ばかりの場所で、緑がまったく育っていませんでした。パジャマ姿の人たちが、私たちを見ようとフェンスに走り寄ってきました。長いスカーフをかぶっている女性や、着古したひどい衣服の子どももいました。とにかく衝撃でした。フェンスで囲まれて出られないような、こんなところに来るとは思ってもみなかった。「刑務所みたいなこんな場所に入れられるようなことを、私たちがしたというの？　罪など犯していないのに」。

一緒に来ていた二人の通訳とともに一室に通されましたが、私たちのオーストラリア滞在を助けてくれなかったのでその通訳には何も聞きませんでした。ＡＣＭの人たちは、通訳を介して、もう私たちが安全な避難所にいるのではなく、ここが刑務所のようなところで、外に出ることもできないと言いました。通訳は、もう私たちへの責任はなく、政府が方針を決めるまでこの場所にいるのだろうが、それがどのくらいかかるかもわからない、と言うのでした。

私たちのグループは他の人がいない建物に入れられ、施錠されました。他の人たちから離れているのは良かった。というのも他の人種や民族の人たちが怖くて、自分や子どもたちが傷つけられないかと思っていたのです。鶏肉と米の食事が出ましたが、慣れていない料理で食べる気がしませんでした。それから部屋に閉じ込められましたが、ベッドは尿の染みがついていて、ゴミ袋と思った黒いビニール袋には古くてひどい状態の毛布と枕が入っていました。洗濯できるまでは、私たちは毛布やシーツ、枕は使いませんでした。洗濯室も鍵がかかっていたので、それも手で洗わなければならなかったのです。洗ったものはトイレに広げて干しました。気温が高くてすぐに乾きました。私たちはそこに四日間いて、それからＡＣＭの職員がそれぞれの写真を撮り、認識票を作りました。その票には名前はなく、数字しか書いてありませんでした。最初の四日間、私たちは、ただ窓の外の人びとを眺めて過ごしました。子どもたちは叫んだり怒ったりして言いました。「ママ、どうしてこんなところに連れて来たの？　ひどいところでもう嫌だ」。子どもたちはこれまでヨーロッパ人しか見たことがなく、肌の色が黒い人たちは初めてでした。

認識票を渡されると、台所で食事し、食べ物も選べると言われました。けれども毎日米とミートソースばかりで、果物が一切れと、野菜を粗く刻んだサラダだけでした。そのサラダも手づかみで皿に盛るのです。ここには四〇〇人ほどのイラク人、二〇〇人ほどのアフガニスタン人、そしてスリランカ人、インド人、クルド人、三年から四年もいるトルコ人が少し、そしてロシア人が一人収容されていました。私たち二一人のアルバニア人グループは年老いた夫婦、子どもがない夫婦が二組、そして子どもがいる三家族でしたが、その他にもう一組が収容されていました。

ポートヘッドランド収容所に最初に着いてから、収容されている人びとがどんなに悲しい顔つきをしていたか見て、ここで起こったことをすべてアルバニア語で記録しようと決めました。それによって私は心強く、また口数は少なくなりました。人びとから離れてすべてのことが見える場所にいて、見たことを書きとめていたのです。このような仕打ちは正しくないとわかっていて、「生きてこの場所を出られるかわからないけれど、この記録は生き続けて、この話はある日公になる」と考えていました。私はまたウーメラ（南オーストラリア州）、ヴィラウッド（ニューサウスウェールズ州）、バクスター（南オーストラリア州）、メリバノン（ビクトリア州）といった他の収容所から来た人に、そこでのようす、扱われ方、医療手当、どうやって過ごしていたかなどを聞きました。

話を聞いた中には、何か月も独房に入れられていた人もいました。オーストラリアに身分証なしで来た人は、政府が身元を確認して難民なのか、それとも国の安全に脅威になるのか判定するまで閉じ込められていたのです。この収容所でも、二一歳の娘とその両親の家族が、六か月も独房に入れられていました。台所に行った私は、壁に小さな穴が開いているのを見つけました。覗き込むと、その三人が座って外の人たちを眺めているのが見えました。その人たちは独房を出たとき、とても喜んでいました。まだ収容中ではありましたが、他の人と話したり、家族に電話できるようになったからです。

自傷の例もたくさん見ました。一人の少女がなぜか九か月独房に一人でいました。その子が独房を出たとき、見た人たちは職員も含めてみな泣きました。少女は叫んだり泣いたり、髪の毛を引っ張ったりしながら収容所の庭を走り回り、止まろうとしなかったのです。とうとう同郷の人がこの子を止めました。そのようすを見て日誌に書きとめていた私は、九か月ものあいだたった一人で独房に閉じ込められたこの子がどんなに苦しかったか思って涙したのです。

九〇〇〇人もの収容人数に対して洗濯機が三台しかありませんでした。私たちが着いた当初は、そのうちの一台しか動かなかったのです。何か壊れても、誰も直しに来てくれませんでした。洗濯場は嫌な臭いがしていて、最初私が洗濯しに来たときには、アラブ系の人びとが、そこで洗濯が終わるまでトランプをしながら待っていました。どうして堪えられるのかわかりませんでした。誰かが洗濯した古い毛布が椅子にかかっていて、まるでドイツのユダヤ人強制収容所のように見えました。ひどく気持ちが落ち込んで「私たちは世界の中で望まれない人間なのだ」と思えました。何千人もの人びとがひしめき合って暮らしていたので、収容所全体が臭っていました。最初私たちはその臭いに堪えられなくて鼻をつまんでいましたが、何週間か経つと慣れてしまい、もう感じなくなってしまいました。

しばらくして他の国の人たちとも仲良くなり始めました。認識票には面食らわされました。ＩＪＫと記された票の人もいる一方、私たちの票はＮＢＰでした。あとになって、アルジェリアで弁護士をしていて収容所で三年過ごしたムスリムの男性が、ＮＢＰとはその人がオーストラリアに船でなく飛行機で来たということだと教えてくれました。船でやって来た人が大部分で、その人たちは船につけられた数字で認識されていました。その表にはＩＪＫ１とか２とか３と記されていたのです。収容所では番号で私たちを呼び、決して名前で呼んでくれませんでした。これにはひどく腹が立ちました。抗議しましたが、それが唯一の方法だと言われてしまいました。おそらく数字のほうが覚えたり発音したりしやすかったのでしょう。

またその弁護士のアルジェリア人は私に、もし収容所から出たかったら弁護士をつけなければいけないと教えてくれました。この人は何度も申請を却下され、移民局の職員が偽のパスポートを作ったらどうかと助言したのです。そうすれば出国して別の国に送られるだろうから、ということでした。法律家である彼には規則がわかっていましたから「頭がおかしいのか？　私は難民として認定してもらうために来ているので、偽造パスポートを作りに来たのではない」と答えたのでした。私はまた彼に、なぜ収容所にモスクが二つあり、片方にしか行かない人がいるのか尋ねました。それは、スンニ派とシーア派に分かれているからだということでした。このことばを知らなかったので、意味を尋ねたところ、私の宗教を聞かれました。イスラム教だけれどそのことばの意味がわからない、と言いました。彼にお祈りの方法を聞かれて答えると、「君はスンニ派ムスリムだ」と言われました。故国では、イスラム教徒はみな同じだったのです。

この人と話をしてから、私はオーストラリアに留まるための闘いを始めました。バンディアナ時代に英語を習っていたケイティから手紙を受け取ると、そこには「あなたたちはオーストラリア政府から嘘をつかれて本当に残念に思っているわ。でも私たちは、あなたたちが戻れるよう頑張るから」とありました。それから、やはりバンディアナのときに知り合ったヘレン・ニュートンとルイーズ・プラマーから電話をもらいました。私に電話番号を知らせ、必要なものを何でも送ってあげると言ってくれました。私は電話がかけられるように、とテレフォンカードだけ頼みました。その後、この人たちと頻繁に電話で話すようになり、頼り甲斐のあるとても良い友人になってくれたのです。バンディアナの食堂で働いていたリザ・マッケンジーという友人もいました。リザも電話番号を知らせてくれ、保証人になってあげると言ってくれました。子どもたちにたくさん贈り物を送ってくれて、中にはサッカーボールがありました。私は、鉄条網でボールがすぐだめになってしまうので、もう送ってくれなくて良いと知らせました。すると今度はテディベアや人形、そして男の子には自転車を送ってくれ、暮らしを楽しくさせてくれました。ほんの二一歳の若さなのに、寛大な心で子どもたちを可愛がってくれたのです。

子どもたちにはあまり遊ぶ場所がありませんでした。遊び場はありましたが、遊具はみな壊れていたし、日陰もなかったのです。子どもたちには帽子がなく、日中外で遊ぶには暑すぎました。就学前の子どものクラスはあって、幼い子どもたちは英語を習いました。また就学期の子どもには学校もありました。六歳になると、それしかすることがなかったのです。アルビノータの股関節はとても痛んだので、私はいつもこの子をそばに置いておきました。

私の英語はＡＣＭの職員と会話するには十分でなく、また通訳もいなかったので、できるだけ頑張って覚えるしかありませんでした。英語を話せない人たちは、同郷の誰かに頼って通訳してもらわなければなりませんでした。一時期、ＡＣＭが一二か月を超えた子どもにミルクを出すことを拒否したのです。私の幼い子どもたちは三歳でしたがまだミルクを飲んでいたし、ここの食べ物も適当ではありませんでした。子どもたちは、ここの米がちゃんと煮えておらず、腹痛を起こすので嫌っていました。ミルクが止められたので、ミルク瓶に水と砂糖を入れて与えました。ウォドンガの病院に電話をして、子どもに与えるミルクがないことを説明しました。新聞に記事が載り、一週間後にはミルクが再開されて朝食内容も変わりました。コーンフレーク、バター、ゆで卵が出るようになり、子どもたちも喜んだのです。ＡＣＭの職員たちは経費削減するよう圧力を受けていて、また私たちが惨めな思いによって帰国を承諾するように仕向けていたのだと思います。

子どもたちの医療がまた問題でした。医療室は毎日午前一〇時からお昼までしか開いておらず、医師は一週間に一度しか来なかったので予約を取るのがたいへんだったのです。ときには一日中待っても部屋に入れない人もいました。みんな具合が悪くなっていました。私には嚢胞ができ、また腹痛がひどかったのです。夫は高血圧になり、胸に痛みを覚えていました。アルビノータは三回手術をしたのにまだちゃんと歩けず、股関節がひどく痛んでいました。私はアルビノータの片方のお尻がもう片方とひどく違って見えたので医師のところに連れて行きました。すると、また脱臼しているが収容所では何もできないと言われたのです。収容所にくる医師は毎回違っていて、この医師には二度と会えませんでした。別の娘の目がひどく感染していたし、五歳の息子は他の子どもたちにお腹を蹴られてその打撲傷がひどく痛み、またヘルニアの手術をしなければなりませんでした。病気の子どもたちを巡回で来ている医師に診せたのですが、その人はみんな大丈夫だというのです。子どもたちを診るのに一〇分しかかけず、薬も処方してくれませんでした。私はひどく怒ってアルビノータを手術した外科医に会って説明したいと言いましたが、移民省の管理職員に予約をしてもらうよう言われました。三週間待ちましたが、もう待ちきれませんでした。アルビノータも他の子どもたちも、送還される前に治療してもらいたかったのです。すぐにも送還されるかも知れなかったからです。

医師の診察を待ち続けていたある日、移民局の担当官と看護士が会いに来て、アルビノータの医師と話をして、娘がもうちゃんと歩いていて問題ないと伝えたと言うのです。彼らが言うには、私は不法滞在者なので医師とは話ができないということでした。私は犯罪者ではないと抗議して、私は母親で娘の病歴がわかっているのだから、医師と話をする権利があると主張しました。医師に電話をかけたいから番号を教えるよう頼みましたが、拒否されました。私は罵詈雑言を浴びせ、泣きながら出て行きました。そしてオルベリーにいるヘレンに電話し、ヒリヤー医師に電話してくれるよう頼むか、私から電話できるよう彼の番号を調べてくれと言いました。翌日ヘレンが連絡してきて、移民局が医師に電話して、私に番号を教えたり、アルビノータの症状についての問い合わせに答えたりしてはいけないという指示を受けていると言うのです。医師はとても親切な人だったので、私自身から話ができれば助けてくれるとわかっていました。医師の名刺を倉庫に置いてある鞄にしまっておいたことを思い出しました。書類に、衣類と子どものおもちゃを探すためと書いて署名し、倉庫を探して名刺を見つけ、ポケットにしまいました。最後のテレフォンカードには二ドルしか残っていませんでしたが、ヒリヤー医師の携帯電話にかけてアルビノータのことを話したのです。医師はポートヘッドランドの病院に小児科専門医を派遣して、私たちの予約を取ってくれました。

この予約は三度もキャンセルするはめになりました。移民担当官が私たちを行かせてくれなかったのです。私は準備をしてずっと待ち続けていました。けれども彼らは医師が病院に不在だとか、車がないとか嘘をついていたのです。収容所のカウンセラーに話をしました。良い人でしたが、どうすることもできませんでした。四度目になって、ようやく「オーケイ、行こう」と言われました。病院にいた小児科専門医は、ヒリヤー医師のからの手紙を読んでくれました。私はとても怯えていて、椅子に座って医師と落ち着いて話ができず、診察室を歩き回っていたのです。医師はアルビノータの脚を診てからX線撮影をし、それを収容所の看護師に送りました。この看護師はX線画像も医師の診断書も見せてくれませんでしたが、私は勝手に部屋に入り、画像を見たのです。

他の子どもたちの治療についても問題ばかりでした。娘の目が感染して痛みに泣いていたとき、医師に見せてくれると言われました。二時間待ったところ、もう時間が遅いと言われたのです。私は涙にくれて部屋に戻りました。乳飲み子がいるアラブ系の女性が、母乳を娘の目に注ぐと良いと教えてくれました。そうしたら、娘はその晩とてもよく眠れたのです。彼女に母乳をもらって、良くなるまで娘の目に点けていました。

私の腹痛がひどくなり、看護師が私に嚢胞がありそれが破裂したのだと言いました。痛みが続いたので、超音波検査を受けに病院に行かせてくれました。これには驚きました。というのも娘を病院に連れて行くのにあれだけたいへんな思いをしていたからです。病院から戻ると、プレシェヴォからずっと一緒にオーストラリアに来た友人たちが、移民局の職員に会うために待っているのに会いました。彼らの幸運を祈り、「自由になったら会いましょう」と言いました。私たちは、祖国、そしてオーストラリアで、二度自由を失ったのです。彼らが待っているあいだに、ACMの警備員たちがその部屋に入って荷物をまとめました。私たちはわけがわからず怯えていました。なぜ荷物をまとめているのか聞くと、黙っていないとKブロックに入れるぞと脅されました。Kブロックとは明かりも窓もない建物だったので、もう何も聞きませんでした。彼らが、友人の靴や衣服を、死者のもののように扱っているのを、ただ泣きながら見ているだけだったのです。彼らの鞄が運び出されると、部屋はがらんとして私は気持ちが混乱してしまいました。やがて、彼らが帰還させられることがわかり、次は私たちだと思いました。もう希望が失せたのです。

その晩はみな眠れませんでした。なぜ彼らが送還されたのか、そして私たちはどうなるのか思いめぐらしていたのです。キャンベラ、メルボルン、シドニー、そしてオルベリー‐ウォドンガのオーストラリア支援者たちに電話しようとしましたが、電話ラインが切られていました。友人たちがいなくなり、夜一〇時くらいになって、ようやくキャンベラの友人メレジュミとつながったので、友人たちが連れ去られたことを報道機関に知らせてほしいと頼みました。翌日の新聞は、七人のコソボ人が送還されたことを報じました。オーストラリア人の友人たちが大勢私たちのためにキャンベラで議会に陳情し、集会を開きました。メレジュミはキャンベラで移民代理人をしているマリオン・レイ（第九章）に私のことを伝え、マリオンは支援すると約束してくれました。別の難民支援者ジョン・モロニー（第七章）も私たちの問題に関心を寄せ、一緒のグループだった人たちの中に送還者が出たことを知ると、そのとき中国にいたマリオンに電話してこう言ったのです。「マリオン、君がポートヘッドランドに行くときだ」。彼はマリオンの帰国便を手配しました。ジェフ・マクファースン（第九章）も大きな支えとなり、またロレーヌ・フィーラン尼僧は私が多くの人と話せるように、テレフォンカードを送ってくれました。

私はとても緊張していて気がおかしくなりそうだったので、医師が抗うつ剤ゾロフトの錠剤を処方してくれましたが、看護師は早く良くなるから倍量にするよう言うのです。そんなことをしたら将来的に良くない、と答えました。ポートヘッドランドで一度に一錠一〇〇mgのゾロフトを一四錠も一度に与えられた人たちを見ていたのです。一人は二一歳のガーナ人青年で、もう一人は五〇歳のトルコ人男性でした。この男性はいっぺんにそれを服用し、口を開けさせられ、錠剤を吐かされて、口に含んでいないか調べられました。その男性と同室の人にどんな具合か聞いたところ、眠ってばかりいると言うのです。ときどきキッチンに行って何か食べましたが、またベッドに戻ってしまうのでした。こういう錠剤で無気力、無関心になってしまいます。まるで目が見えていないような歩き方になり、ロボットのように相手の言いなりになってしまうのです。

二〇〇〇年の九月二九日に私はバンディアナでソーシャルワーカーをしていたコリンに電話をしました。コリンは、弁護士がすぐに面会に行くと教えてくれました。私は受話器を置くと、まっすぐ訪問者用の庭へ向かいました。そこには明るいオレンジのシャツを着た黒い髪の女性がいたのです。立ち止まってこの人を眺め、「誰か幸運な人がこの優しい女性の訪問を受けるのだわ」と考えました。ポートヘッドランドでは訪問者はとてもまれだったのです。自分たちの建物に戻り、夫にコリンの話を伝えました。するとＡＣＭの職員がやって来て、私たちの番号を呼んだのです。送還されるのかと思い、とても怖くて口がきけませんでした。職員は「送還されるのではない。弁護士が来ている。話に来なさい」と言ったのです。とても怒っているように見えたので、私は怯えて返事もできませんでした。

マリオン・レイに会っても「ようこそ」とはとても言えませんでした。収容所は人を招き入れるような場所ではないのですから。彼女に抱きついて、名前を名乗りました。怖い気持ちはなくなり、なぜ故郷に帰るのが危険だと考えるのか、収容所での生活がどんなふうか、という質問に正直に答えたのです。マリオンは、保護してくれる母親のような人でした。これまでの苦しみを終わらせるために舞い降りた天使でした。マリオンは二日収容所にいて、キャンベラでジョン・モロニーとその妻がどのような支援を行っているか説明してくれました。会ったこともない人になぜこれだけのことをしてくれるのかと思うと、驚いてしまいます。マリオンのように無償でこれだけの助けをしてくれる人は多くないでしょう。彼女が帰ったあと私は、マリオンの顔と、落ち着いて祈りながら待っていてというその声をずっと思い返していました。すべてうまく行く、と思えたのです。

マリオンが来てから、私たちはしょっちゅう連絡を取りました。そして二八日後のこと、朝五時に起きた私は、誰かからかかってくる気がして、電話のそばで待っていたのです。九時にマリオンから電話があり、「ジゼリ、自由を取り戻したのよ。今日が収容所の最後の日よ！」と告げられたのです。耳を疑い、「本当なの？」と何度も聞き返しました。彼女は「ええ、大臣から返事があったのよ」と言うのです。私はどんなビザなのか聞きもしませんでした。大事だったのはここから出られて、オーストラリアに受け入れてもらうことだけだったのですから。ポートヘッドランドはなかなか出られる場所ではありませんでした。あそこは生きた屍のいるところなのです。

ポートヘッドランドを出られるのは嬉しかったけれど、無実の人びと、私たちのように助けを必要とする女性や子どもたちを、鉄条網の後ろに残していくのが悲しいことでした。多くの人びとが私たちよりも長く収容されていて、中には何年にもわたる人もいたのです。私は泣き続けましたが、彼らは「泣きながら出て行くのは止めて、喜びなさい」と言ってくれました。けれども彼らが出られるまでにはまだ時間がかかることがわかっていたので、私は悲しかったのです。収容者にとって一番辛いのは、いつになったら出られるのかわからないことなのです。

二〇〇〇年一〇月二八日　キャンベラに到着

キャンベラに到着したとき、友人や支援者たちが空港で出迎えてくれました。みな泣いたり叫んだりして、自由を勝ち取った私は英雄だと言ってくれました。けれども彼らの助け、そしてオーストラリア人のコミュニティの助けがあったからこそ、成し遂げることができたのです。友人たちと再会し、自由を取り戻せて私は幸せでした。空港を出るとき、『キャンベラ・タイムズ』紙の記者のインタビューを受けました。私は戦争から逃れて来たことを話しましたが、ポートヘッドランド収容所については怖くて何も言いませんでした。

キャンベラは春で、私たちが着いたときには雨が降っていましたが、ポートヘッドランドではあまりに暑かったので、寒さを感じませんでした。雨の中を立ちつくして、身体を冷やしたのです。最初の二週間をホーカー〔キャンベラ郊外〕の素敵なモーテルで過ごしたあと、マコーリーという郊外の公営住宅に入居しました。自由な身でオーストラリアにいられて、自分たちの家に住めるというのはすばらしいことでした。メルバにある合同教会が家具やその他の必需品をくれました。彼らはまた社会福祉の手当の申請も手伝ってくれましたが、私たちは仕事をしたり学校に行ったりしようと望んでいたので、長くは福祉の世話になりませんでした。夫と私はキャンベラ工科学校で英語を一年勉強しました。キャンベラは難民が最高の援助を受けられるところだと思います。オルベリー‐ウォドンガの人びともコソボ人にとても良くしてくれましたが。

夫は一年英語を勉強してから、マリオンに大きな印刷工場の仕事を斡旋してもらいました。彼は夜のシフトだったので、私は保育所で働き始めました。二〇〇一年の私の誕生日に、私たちが永住権を得たとマリオンが知らせてくれました。人生でもっとも幸福な日で、最高の誕生日プレゼントとなりました。

一年半経って、故郷での戦争やバンディアナ・セーフ・ヘイヴン、ポートヘッドランドでの収容生活の記憶が甦り私を苦しめました。元気がなくなり、外出が嫌になりました。一人で家にこもって泣いていたのです。疲れを覚えて、誰にも会いたくありませんでした。用もないのにマリオンや他の人たちに憑かれたように電話をかけたりもしました。マリオンは腹を立てたりせず、じっと話を聞いてくれました。苦しい時期にあることを理解してくれていたのです。電話をかけまくるのが止むまで、ずいぶん時間がかかりました。二年間バンディアナとポートヘッドランドであまりにも行き詰まった状況だったので、カウンセリングを受けることにしました。カウンセラーはウーメラとバクスターの収容所で仕事をした人で、気持ちを楽にしてくれました。悲しみと闘う力になってくれて、私に勉強を始めて資格を取るよう勧めてくれたのです。今私は経営学を勉強していて、英語力もついてきています。

子どもたちは元気に成長していて、私たちの生活もずっと良くなりました。けれどもあの収容所生活は、子どもたちを無口にし、また身体的・精神的にも影響を与えていると思っています。娘たちは学校に適応しましたが、長男は読解が苦手です。集中力がなくて落ち着いて座っていられず、成績も振るいません。アルビノータも集中力に問題がありますが、双子の弟と同様、良くなっています。医師によればアルビノータは成人するまでは股関節の手術ができないということです。

ポートヘッドランドを出てから、私は公の場で収容所の生活について何度も話してきました。私のことを話して、他の家族が同じような経験をするのを防ぎたいのです。そのおかげで、当時オーストラリアで一時庇護扱いだった一五〇のコソボ人が永住権を取れたようです。六年かかりましたが、ついに永住できることになったのです。私はもっと英語を勉強して、法律家か移民代理人となって、将来的に難民が非人道的な収容所に送られることがないようにしたいのです。子どもたちを、たとえ一週間でも収容したりしてはいけない。収容経験で子どもたちはまったく変わってしまうのです。私はまた自伝を書いています。法的に問題なくオーストラリアに来て、罪を犯していないのに犯罪者のように扱われる難民処遇の生き証人だからです。自分や子どもたちに起こった収容所での悪夢がオーストラリアで二度と起こらないことを、心の底から願っています。

第五章

追われる子どもたち――アフガニスタン、ビルマ

ムスタファ・ジャワディ

ハザラ・ムスリムに生まれてアフガニスタンで迫害された私の家族は、最初イランに逃げ、私が一〇歳だった二〇〇一年にボート難民としてオーストラリアに渡った。ナウルの収容所に三年いたあと、オーストラリアに難民として認定された。

一九九一～二〇〇一年　アフガニスタンとイランにて

私は一九九一年一月一日にアフガニスタンで生まれました。母はザゴーナ、カブールで食料品店を

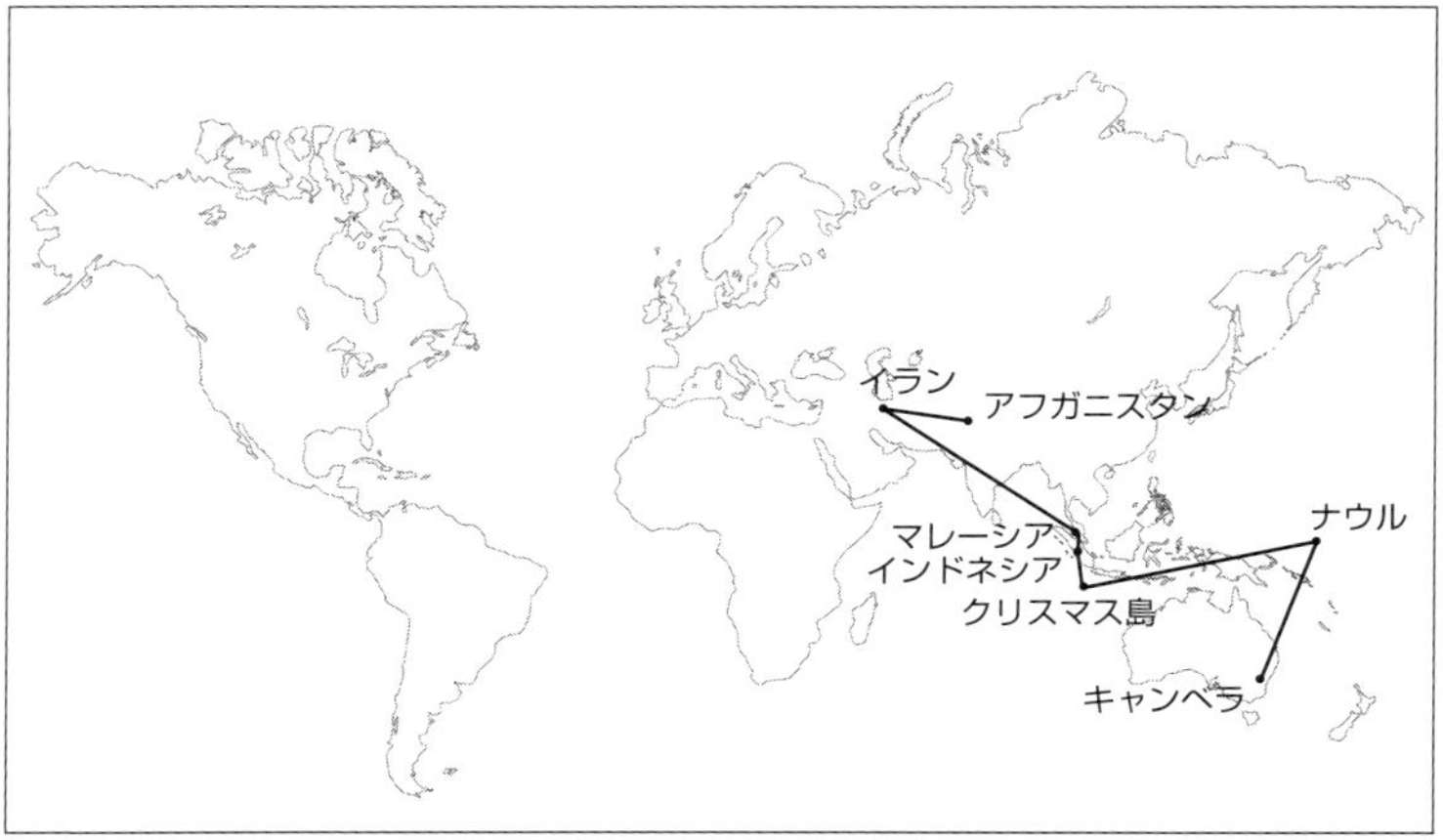

営んでいた父はハーディ・ジャワディといいます。私たちはダリ語を話すハザラ人のシーア派ムスリムです。二〇〇三年にナウルの収容所で弟が生まれるまで、私は一人っ子でした。

私が六歳か七歳の頃、家族がアフガニスタンから逃れたときのことはあまりよく覚えていません。カブールの祖父の家に住んでいて、とても広い家でした。大家族で暮らすのが私たちの文化だから。父とときどき家から二キロ歩いて父の店に行きました。父は食べる物をくれて、店の切り盛りの仕方を教えてくれました。私はお客とよく話をしていました。みな親切な人でした。アフガニスタンでは学校には行かなかったけれど、五歳でコーランを習いにモスクに行きました。それに両親もできるだけ私を教育してくれました。

六歳のときタリバンがカブールを制圧して、私たちには安全な場所でなくなりました。彼らのほとんどがパシュトゥン人のスンニ派で、彼らとは違う我々シーア派のハザラ人を標的にしてきました。女性は男性の付き添いなしには外出できなかったので、母が買い物に行くときは父か私が一緒に行かなければなりませんでした。母は他人から顔を見られないように青いチャドルをつけなければならなかったので、あまり外出しませんでした。彼らはアフガニスタン人に、より厳しいイスラム教義を強制しようとしていました。コーランにはムハンマドによって女性と男性は同じ権利を有すると書かれているのに、タリバンの信教ではそれは認められていなかったのです。彼らはスンニ派になるよう求めてきて、それに抗った人たちは殺されました。彼らはまた私たちを脅して金を要求するようになりました。もともとお金などたくさんなかったので、父はこれ以上留まることは危険だと判断しました。店を閉め私たちはイランに逃れました。すでに家族の一部がそこに逃れていたのです。トラックに乗って国境を越えたときのことを覚えています。不法な越境なので隠れなければならず、あまり周囲のようすを見ることはできませんでした。今でも両親は、アフガニスタンでの生活のことをあまり話したがりません。

イランのある都市に着いて、そこからバスで首都のテヘランに移動し、祖父母と暮らしながら親戚とも合流しました。父は職に就こうと努力したけれど、アフガニスタン人には就職は無理でした。祖父はとても小さな店を経営していましたが、よく嫌がらせにあって、あまり儲かりませんでした。今でも祖父の生活はたいへんです。もう六〇代になるのに一日一二キロもの距離をバイクに乗って食料品を売っています。イランでは学校に行けませんでした。私がアフガニスタン人で、両親にも多額のお金がかかってしまうからです。私は祖父の店を手伝い、家で両親とコーランの勉強をしました。

二〇〇一年　オーストラリアへ

イランには一年ほどいました。父はオーストラリアに家族がいる人たちの話を聞いて、自分でも調べ始めました。私たちは移民として渡ろうとしましたが、何か技術を持っているか、現地に親類がいなければだめでした。父は商店主だったし私たちはほとんど英語を話さなかったので、ビザを取ることは無理だと言われました。父は祖父や他の人たちから密航業者に払うためのお金を借りました。まだイランの人たちへの借金は返済できておらず、父はお金を返そうと稼いでいます。密航業者は私たちに偽のパスポートを作るなど、すべてのことを手配しました。

私たちはイランからマレーシアに飛行機で移動し、そこで待っていた密航業者に連れられてホテルで二日間過ごしました。そして夜になると海の近くまで移動し、インドネシアに向かう漁船に乗り込みました。水上に家が作られた場所までやって来ました。そこがインドネシアなのかどうかわかりませんでした。そこで一晩過ごし翌朝になると、密航業者がやって来て、ジャカルタに行くにはバスか飛行機の選択肢があると言いました。父はできるだけ早く着けるように飛行機で行くよう金を支払いました。金を受け取ると彼らは「車に乗れ。空港に連れて行くから」と言いました。少なくとも一時間、もしかすると二時間近く車に乗り、人気《ひとけ》がほとんどない場所にやって来ました。空港行きのバスを待てと言われましたが、結局同じバスに四日間乗ってジャカルタに到着しました。イランの密航業者はインドネシアとマレーシアの仲介者に連絡を取っていて、その仲介者が私たちの移動方法を決めていました。私たちの命はその仲介者らにかかっていたのですが、奴らは金だけが目的でした。オーストラリアに渡るのには本当に危険な方法でした。

手持ちの金はみな米ドルで、インドネシアの金を持ち合わせていなかったので、食べ物も買えませんでした。幸運にもバスにはペルシャ語を話す家族がいてインドネシアのお金を持っていたので、私たちは米ドルと交換してもらい、食べ物を手に入れました。四日間バスの通路で横にならなければならず、とてもきつい旅でした。オーストラリアに向かっていることはわかっていたけれども、どうやって着くのかわかりませんでした。父にはとても高くついた旅でしたが、やる価値はありません。

オーストラリアについて知っていたのは、世界で一番大きな島だということだけでした。シドニーがもっとも大きな都市なので、そこが首都だと思っていました。父はキャンベラが首都だと知っていたけれど、オーストラリアの歴史についてはあまりよくわかっていませんでした。オーストラリアが難民を受け入れていて、渡って行ったアフガニスタン人が幸福に暮らしていると思っていました。正規の書類を持たない難民がどのように扱われるか、とか収容所がどんなところか、など何も知りませんでした。バスではアフガニスタン人は私たちだけでしたが、イランに住んでいた人もいました。父はその人たちと話し、オーストラリアについて知識を得て友達になりました。

ジャカルタに着いてから密航業者に渡された番号に電話すると、誰かやって来てホテルに連れて行かれ、そこで一晩過ごし、翌朝私たちの一行は何台もの現地バスを乗り継いでスラバヤまで行きました。丸一日かかりました。スラバヤは海岸沿いにある、平穏ですばらしいところでした。私たちはそこで二二日ほど待ち、そのあいだに密航業者がオーストラリア行きの船を手配していました。私たちは自由に行動し、インドネシア人家族のところに寄宿しました。その人たちが私たちの面倒を見てくれたのです。インドネシアの人びとは、今まで会った中でもっとも親切な人たちでした。とても礼儀正しくて、私たちと同様にムスリムでした。ことばは通じなかったけれど、ジェスチャーで会話しました。彼らは基礎的な英語をわかっていて、私たちのほうはまったくわからなかったけれど、私はアルファベットから習い始め、彼らに助けてもらいました。

ある晩の真夜中、ついに海辺に連れられて行き、多くのインドネシア人が見ている中で私たちは海に乗り出す大きな船に連絡する艀船に乗り込みました。大きな船が近づくには海底が浅すぎたのです。彼らは女性と子どもを先に乗せるというので、母と私がまず乗り、父は岸で待っていました。すると彼らがもう満員だと言ったので、母がインドネシア人船長に抗議し、父が乗船できました。お金を持っているのは父だったから。オーストラリア行の船には二〇〇人ほどの人が乗っていて、ほとんどがアフガニスタン人でしたが、イラン、パキスタン、バングラデシュからの人びともいました。人が溢れ返っていて、私は座ったまま眠らなければなりませんでした。あまりよく眠れず、私も他の人たちも船が左右に大揺れするのでひどく船酔いして吐いてしまいました。みな神に祈り始め、船から落ちるのではないかとライフジャケットをずっと着ている者もいました。下のデッキにも人がいました。私は船上ではあまり他の人びとに気を払いませんでしたが、あとから収容所で知り合いになりました。

オーストラリアの領海に八日間漂ったあと、午後一時にオーストラリア海軍の船が近づいてきました。彼らは看板にこう表示しました。「あなた方はオーストラリアには入国できない。ここはオーストラリアの領海である。戻りなさい」。これは英語で書かれていたので、英語が話せる人が私たちに翻訳しました。私たちは「いや、オーストラリアに行きたいんだ」と言いました。オーストラリア海軍の船は去って行き、突然にデッキから煙がもうもうと湧き上がってきました。父と私はライフジャケットを取りに行きました。誰かが操舵室で舵輪を壊そうとしているのを見ました。そのときまでに、みな赤いライフジャケットを身に着けて、船から飛び降り始めていました。

このライフジャケットはあまり良いものではありませんでした。浮かぶことはできたけれど、長くもたなかったのです。母は体重があったので二つ着なければなりませんでした。父が少しだけ泳げたので、私たち家族は船上から一緒に飛び込みました。三〇分ほど海に浮かんでいると、海軍の船が戻ってきて人びとを救い上げました。みなを海から上げるのに少なくとも一時間かかりました。全員救出されたと思ったところで、女性が二人溺れたことを知りました。一人は八〇代の老女で、もう一人は妊娠していた若い女性でした。アフガニスタンには海がなく、人びとは泳げません。泳ぐことができる少数の者は男性ばかりです。海に入ったのは初めてだったのでとても怖く思いました。波はそれほど荒くなく、海軍の人びとは海面にいる私たちの映像を撮っていました。それをあとで私たちに見せて、そこが水深四〇〇メートルでサメやクジラが二キロほど離れたところにいたと話してくれました。

海軍船上では、座っている私たちにオーストラリア側が何か言ってきましたが、理解できませんでした。オーストラリア海兵は子どもたちにとても優しくしてくれました。女性の士官がいて、子どもたちに鉛筆や本を持ってきてくれたので、絵や字を書くことができました。私たちが居心地良くなるよう気を遣ってくれました。父たち大人にとっては、これからどうなるのかと心配で辛いときでした。密航業者の船に乗ったときには私たちは衣類などが入ったスーツケースを二つ持っていたのですが、失ってしまいました。乾いた服の支給はなかったけれど、毛布をもらって身をくるんでいました。一日その船に乗ったあと、もっと大きな海軍船に移されて、その船で四日かかってクリスマス島（オーストラリア領）に行きました。船上ではたいへんでした。食べ物がなじみのないもので、口が受けつけなかったのです。ベビーフードのようだと思い、また水も変な味でした。果物をくれたのでそれを食べていました。白いパンもくれたけれど、甘くてあまり好きになれませんでした。私たちの文化圏ではパンの種類が違うのです。

二〇〇一〜二〇〇四年　クリスマス島とナウルでの収容

クリスマス島に着いたとき、私は一〇歳でした。海軍船に乗せられた二〇〇人はみな体育館のバスケットボールのコートに集められ、そこに並べられた軍隊式ベッドにみなで寝ました。プライバシーや自由などありませんでした。兵士がドアに張り付いていて、トイレに行くにもついてきたからです。彼らは私たちの血を採って病原菌の保菌者でないかチェックしていました。また健康診断も受けました。このあと、島にある別のもっと大きな収容所に移されました。そこでは食べ物はましで、他の船に乗っていた人たちもいました。話しているうちに何人かはアフガニスタンやイランでの知り合いであることがわかり、また多くの者が英語を話せるのでした。

私はまたアルファベットを習い始め、オーストラリア人の女性職員の中には「きらきら星」のような歌を私たちに教えてくれる人もいました。ことばはよくわからなかったけれど、わかったようなふりをしました。子どもたちには優しくしてくれたので、大人に対してもそうだったのだと思っていますが、大人のほうは今後どうなるか心配するばかりでした。その収容所には二か月いました。多くの人と同様に、私も密航船から海に飛び込んだとき靴を失くしてしまったので、裸足で歩き回らねばなりませんでした。地面は白いチョークのようでした。コンクリートの上に土で字がかけるほどでした。海に飛び込んだときのままのシャツとジーンズしか身に着けるものがなく、みんな着の身着のままで、シャンプーと番号が振られたＩＤカードだけしか持ち物がありませんでした。それも収容所に来てから与えられたものです。収容所の周囲には大きなフェンスが張り巡らされていて、その外側をさらに高いフェンスが囲んでいました。そのフェンスの上には大釘が突き出ていて、誰も逃げることができないようになっていました。フェンスの外に出るときはカードの番号を職員に見せて、チェックを受け、さらに職員に付き添われるのでした。外にはあまり行くことがありませんでした。

食料は十分ではありませんでした。子どもには足りたけれど、大人には少なかったのです。自分の食事が残ると、私はそれを父にあげました。独り者の人はたいてい食後もお腹を空かせていて、家族持ちのところに来ては子どもの食べ残しをもらっていました。学校も、ブランコのような子どものための遊戯物もなくて、ボールやチェスのようなボードゲームがあるだけでした。私にはゲームのルールもわかりませんでした。当初子どもはボールをつかんで走り回るだけでした。やがて一人の職員がラグビーボールの投げ方を教え始め、またサッカーをして遊んでくれました。別の職員は私に歌とブレイク・ダンスの踊り方を教えてくれました。その人は頭を軸にしてまわれたのです！　職員は子どもに飴もくれました。親切な人たちもいたけれど、そうでない人たちもいました。身体が大きくて、私は怖く感じました。両親は座ってこれからの心配をするばかりでした。悲しそうなようすだったけれど、悲しいのと幸せなのと半々のような状態でした。面接では「出身は？　生年月日は？　なぜオーストラリアに船で来たのか？」など基本的な質問を受けました。両親は、戦争が起こっていたアフガニスタンからの難民だと答えていました。

クリスマス島の収容所に二か月いたあと、私たちはナウルの強制収容所に行くようにと言われました。そこではアフガニスタンにいる家族に電話がかけられるというのです。インドネシアを出たときから家族への連絡が取れなかったので、ほとんどの人が喜びました。私たちは六〇名ずつくらいのグループに分けられ、毎週一グループずつ飛行機で運ばれました。私にとって飛行機に乗るのはそれが二度目で、上空の窓からナウルを見下ろしていました。とても小さな、ほとんど円の形をした島で、そこには収容所が二つありました。

ナウルに着いた当初は、木製の柱にビニールシートを貼った壁でできた細長い家屋で家族が寝ました。中はやはりビニールシートで仕切られていました。独身の人たちは別棟の細長い家屋で一緒に寝ていて、プライバシーも何もありませんでした。シャワーが塩水だったので身体が痒くなったし、そのシャワーも一日三回、一時間しか水が出ませんでした。トイレはあったけれど、水洗ではなかったのでとても臭って、誰も使いたがりませんでした。ナウルの食事はクリスマス島よりはずっと良かったし量も多いものでした。食事は台所で出され、私たちはトレーを持って並び、米とその他欲しいものを乗せてもらいました。米は私たちの料理法とは違っていました。べとべとしていてくっつき、また塩も入っていませんでした。私の口には合いませんでした。肉とサラダは美味しく、朝ご飯には牛乳とシリアルが出ました。卓球をしたりテレビを見たりすることができました。テレビ番組は衛星放送で中国など外国の番組でした。私には何を言っているのか理解できなかったので、オーストラリアのテレビ番組があったかどうかはわかりません。

ナウルに着くや否や、みないつ電話をかけられるようになるか尋ね始めました。けれども家族に連絡できたのは結局一年も経ってからのことでした。すぐに私たちはナウルのもう一つの収容所に移ると言われました。ナウルほど暑い国に行ったことがありません。扇風機があったけれどあまり役に立たず、また蚊もわんさといました。私の脚はいつも蚊にさされたところを掻いて血が出ていました。ひどいところで、次の収容所がもっとひどいかも知れないと思い、私たちは移動したくありませんでした。

二つ目の収容所では、タンパ号〔第三章参照〕の生き残りの人たちと、トブラック号〔オーストラリア海軍船〕で来た人たちと一緒になりました。タンパ号の人たちと近づきになりましたが、彼らのほとんどは家族を残してきた独身者でした。この収容所はずっとましでした。部屋は小さかったけれど空調がついていて、それぞれのベッドもありました。私たちは家族三人で一つの部屋で寝て、その部屋にはタンスもついていました。食堂も前より良くて、余暇の過ごし方も豊富でした。テレビには二種類あって、衛星放送を流すものと、ＤＶＤの映画を観るものとに分けられていました。

到着した当初は、両親は落胆していました。時間が経つと彼らも慣れてきましたが、その悲しみは顔に表れ、また心に感じられました。両親はずっと将来のことについて心配していました――オーストラリアに受け入れてもらえるのか、アフガニスタンに送り返されるのか。はじめは大人たちの多くは寝てばかりいて怠惰にしていたけれど、やがて運動をするようになりました。ダンベルが用意してあり、またビリヤードの台もありました。子どもたちにはプレイステーション、コンピュータ、卓球台やサッカー場が使えました。けれどもこのサッカー場は芝生ではなくて、石がごろごろしていました。転ぶと怪我をしたものです。シーソーや滑り台が備わった公園もありました。アフガニスタン人はバレーボールが大好きで、よくやりました。私も多くのことに参加したけれど、父も、たいていの大人たちも、ただ座ってこれからのことを思案していました。収容所は丘のてっぺんにあり、周りをフェンスが囲んでいて、その先には岩だらけの茂みがあるだけだったので、外に出ても遠くには行けませんでした。一度外に出たけれど、岩を越えて行くのはたいへんでした。フェンスの外にはとても美味しい果物がなっていたので、それが好きな人は禁止されていても毎日取りに行っていました。よい運動にもなったのです。

勉強ができる教室もありました。オーストラリア人教師はいなかったけれど、英語を話せるアフガニスタン人が私たちに授業を始めました。私はここで英語を覚えたのです。ある先生は、アフガニスタンの大学で教えていて、その後パキスタンに逃れ、オーストラリアに来たようです。この先生は数学、物理、化学、英語に秀でていて、一〇年生のレベル〔日本の高校一年に当たる〕を教えてくれました。私は他の子どもたちより下の学年だったので、座って眺めているだけでした。その後、フィジー人の教師が一人、収容所で英語を教えるようになりました。何百人もの人たちが座って、その女教師が黒板に書くことを見ていました。英語のレベルに応じてクラスが幾つかに分かれていました。私は文法クラスを三回続けて、ようやく理解し始めました。それからは収容所の職員と話をするようになり、英語が得意になりました。オーストラリアに着いたとき、これが役に立ちました。両親の通訳ができたのです。母は収容所で懸命に勉強したけれど、父はしませんでした。父も始めたのですが、オーストラリア政府にアフガニスタンに戻るよう言われたときに諦めてしまったのです。収容所の他の人たちから受け入れが決まりそうだと聞いてから、父も勉強し始めました。

私は毎日一時間コンピュータを使っていました。やがてアフガニスタン系オーストラリア人のアフガン語通訳がいろいろなプログラムの使いかたをアフガニスタンのことばで教えてくれるようになりました。すぐに習得できた人は、他の人びとに教えるようになりました。私はコンピュータのプログラムでタッチタイピングができるようになりました。私の年齢の子どもたちは、ゲームをしていたので、たちまちコンピュータ技術が使えるようになりました。一人の子どもはとても飲み込みが早かったので、他の人たちの手紙を打ったりメールを出したりしてやっていました。やがて一週間に一度、収容所の外でインターネットが使えるようになりました。それには一〇分で五ドルかかりました。

一か月に一度午前中に買い物に行き、午後には海で水泳教室に参加することができました。ナウル人のライフガードが泳ぎ方をとてもうまく教えてくれました。私は水中にライフジャケットを投げて、飛び込んでそれを取ってくる練習をしました。多くの子どもたちも同様に泳ぎを覚えたけれど、中には船が沈んだときの経験があって水を恐れ、海の近くにも寄ろうとしない人たちもいました。父は水泳ができたので私と一緒に来たけれど、母は泳ぎませんでした。私たちの宗教では、女性は他の人びとの前で身体を見せることができないので、その機会がなかったのです。

私たちはまたバスで収容所の外の学校に行って、ナウルの子どもたちと一緒に勉強するようになりました。職員が監視のためについて来ていて、学校の外には出られませんでした。教員はナウル人とフィジー人で、英語を話すこともあったし黒板には英語で書いたけれども、何か説明するときはほとんどナウル語で話していました。教師の給料が安かったので、彼らには教える熱意がなく、学校に毎日は来ませんでした。私たちに興味を持ったナウル人の子どもとは仲良くなり、英語で話をするようになったけれども、中には意地悪な子どももいました。彼らは「帰れ、帰れ」と言い、私たちを難民呼ばわりしました。

収容所にいるあいだに母が妊娠して、二〇〇三年に弟ヘダヤが島の病院で生まれました。病院にはオーストラリア人の医師がいて、故郷で医師をしていたアフガニスタン人が通訳をしていました。収容所では私たちがいるあいだに他にも五人の赤ん坊が生まれ、病院の待遇は良いものでした。母が収容所に戻ってからは、父と私が手助けしました。私の英語はあまり上達していなかったけれど、医者のところに行ったときは母のために懸命に通訳しました。ある種の責任感があったのです。他の大人たちと同じく両親もストレスを感じていたと思います。私のような子どもたちには、気を紛らわせることがたくさんありました。

ナウルでは男性が一人亡くなりました。三〇から四〇歳位の独身男性で、他の四人と共用の部屋にいました。就寝してから、朝起きてきませんでした。オーストラリアには身寄りがなかったので、その遺体はアフガニスタンに運ばれたのだと思います。看守に対して暴力沙汰があったり、逃亡しようとする者があったりしました。けれども海に囲まれた島で行くところもないのに、意味がないと思いました。暴力を振るった者はナウルの監獄に入れられました。それは収容所の外にあり、ひどいところだということでした。汚くて、床は水で濡れているそうです。監獄にはベッドもありませんでした。窓に鉄格子がはまった暗い部屋で座っていなければなりませんでした。収容者同士のけんかはたいてい些細なことで、食べ物を受け取るときにちゃんと列に並ばなかった、というようなことが原因でした。収容所では人びとはたいがいお互いにうまくやっていて、争いも故国のパシュトゥン人対ハザラ人のような過激なものではありませんでした。緊張もほとんどなく退屈なだけで、みな食べ、眠り、歩き回り、テレビを見るくらいでした。独身の人たちは睡眠薬を飲んで日中も寝ていました。正気を失ってしまっていたのです。

私たちは難民であることを確認するための面接を受けましたが、誰も最初の面接では認定されませんでした。二年間の収容所生活で再び面接を受け、そのときは少数が認定されました。独身者の中には、アフガニスタンにいる家族の世話をしなければならないので自発的にアフガニスタンに戻る者もありました。私たち家族が面接を受けたときには、こう言われました。「アフガニスタンに戻りなさい。オーストラリアには入国できません」。誰も自ら戻る意志を示さない場合、帰りの渡航費を提供するという申し出が示されることもありました。すると独身者の中には帰国する者も出ました。けれども家族がいる者は留まりました。「ここまで来たんだ、戻るのは得策ではない」と考えていたのです。

私はもう一三歳になっていて、周囲の状況が少しよくわかるようになっていました。もうオーストラリア政府が私たちの面接をしそうにないことが明らかになると、四人がハンガーストライキを始めて、唇を針で縫ってしまいました。他の人たちも一緒に座り込み、食べ物を拒否しました。その人たちの意識がなくなると病院に送られ、治療を受けて戻ると、またハンストに入るのでした。職員たちからは近づくのを止められたけれど、私や他の子どもたちはそれを見にいきました。なぜそのようなことをしているのか理解したし、知っている人もいたので悲しく思いました。そのうちの一人とはよくサッカーを一緒にしていたのです。彼らを励ますために、手紙を書いたり、そばに座って体調を気遣ったりしました。あまりにも気分が悪そうだったので、もう行くのは止めました。とにかく怖く感じました。職員がなぜ食事を拒否するのか聞くと、彼らはこう答えました。「もう一度審査してほしい。弁護士をつけて、面接をしてください」。

ハンガーストライキは政府に脅威だったに違いありません。弁護士をつけて、審査の再検討を約束したのです。それ以前は私たちには法的代理人がいませんでした。マリオン・レイ（第九章）がナウルまで来て私たちの弁護を引き受けてくれることになりました。彼女は他の女性のようにヒジャブを着て、歩き回り、子どもたちにも声をかけていました。みな彼女が好きになりました。彼女は私たちの申請を精査して、懸命に闘ってくれました。ハンストをしていた人たちも縫った唇を解いて食べるようになり、みな安心しました。父も英語を習い始め、私も頑張って勉強しました。

ヘダヤが生まれて六か月後、私たちは再面接を受け、三家族と数人の独身者を除いて認定されました。私は両親とこの最終面接に行きました。認定されたことが告げられると母は泣き出し、私には理由がわかりませんでした。退けられたものとばかり思って母を見て抱きつきました。私は部屋の外に出され、面接を待っていた人たちに認定されたかどうか聞かれました。私はよくわからないと答えました。やがて両親が出てきて、私たちが認定されたと言い、とても嬉しく思いました。みなも祝福してくれたけれど、次に入った家族は認定が下りず、とても悲しい気がしました。彼らは頭を垂れたまま出てきて、もう絶望しているようでした。他の人びとがその家族に、アフガニスタンに戻らず、認定されるまで待つようにと説得しました。彼らはそれに従い、今はパースに暮らしています。マリオン・レイがいなければ、私たちは永久に収容所にいたに違いないと思っています。認定を受けて二週間後、オーストラリアのどこに行きたいか聞かれて、私たちは「キャンベラ」と答えました。マリオン・レイが住んでいるところだったし、彼女の近くにいれば安全だろうから。ナウルにいたほとんどの家族が、彼女がいるという理由でキャンベラに来たのです。

二〇〇四年〜　キャンベラでの生活

私たちはナウルから飛行機でオーストラリアに渡りました。飛行機には難民家族しか乗っておらず、全部で九〇人くらいでした。タンパ号に乗っていたような独り身の人はナウルに留まりました。キャンベラ空港に着いたとき、マリオン・レイ、マリオンと仕事をしているクレア・ブルーンズ、シスター・ジェイン・キーオウ（第九章）、そして教会関係組織の人たちが迎えに来てくれていました。ジェインもクレアも初対面だったけれど、私たちを抱きしめてくれて、私は何度もありがとうと言いました。私たちともう一家族、そして四人の独身者がそれから二か月をクレアの家で過ごしました。センターリンク〔オーストラリアの福祉・社会保障の窓口機関〕の手当受給や家さがしの手助けをしてもらいました。私はディクソン・カレッジ〔英語を第二言語とする中・高生および日本の高二・三に当たる高校生対象の公立校〕の外国人高校生のクラスに入学し、オーストラリアの子どもには常識だが私は知らないような基本的なことがらを学びました。それまで私は正規の教育をまったく受けていなかったのです。二学期過ぎると、私はキャンベル高校に転校して九年生〔日本の中三くらいに当たる〕になりました。

両親はキャンベラ工科専門学校（CIT）のコースで英語を勉強しました。父は日中働いていたので、夜間のクラスに通いました。CITには保育施設があったので、母も通うことができました。母にはまた家庭教師も来てくれました。母はキャンベラで最初に運転免許を取ったアフガニスタン女性となり、CITを通して販売員の仕事をしているので、私は誇りに思っています。

ナウルから一緒にキャンベラに来た家族の大部分が、数か月いたあと他の都市に移っていきました。おそらく職と家賃が安い家を求めてのことだと思います。私たちが留まったのは、キャンベラには最高の教育があるからでした。一つの都市の中に大学も学校もあります。父は私に勉強するよう誘導してくれました。父は言います。「オーストラリアは最高の国だ。自由な教育からできるだけ多くのことを学ぶんだ。一生懸命勉強して、ひとかどの人物になるんだぞ。ぼんやりしていてはだめだ」。

私が一〇年生だった去年、ナット・マゲイヒーが経営する自動車修理工場で見習いをしました。彼はとても良い人です。クレア・ブルーンズに、機械工になりたいので給料はいらないから仕事を覚えるのに働きたい、と話したところ、彼を紹介してくれたのです。一週間すると、ナットは私をとても気に入りここで仕事を手伝うようにと言ってくれました。それで一年勤めています。彼には車の保守点検やタイヤの換え方を教わりました。今彼はまた、私がCITの修養コースに通う費用を出してくれています。店では一週間に最低六時間勤務しています。毎朝高校に行く前に店を開け、放課後には

CITのコースに出てその単位が大学入学のための結果に行くようになっています。CITのコースではとてもうまくやっています。高校に通い、CITに通い、働き、ジムで運動をし、多文化ユースセンター（MYC）でスーダン人や他の難民の友達とサッカーをしたりインターネットを見たりビリヤードをして遊んだりしています。忙しくしているのは良いことです。

仕事は大学進学のための勉強には差しさわりありません。外国語科目としての英語、自動車工学、数学を学んでいて、これらの科目が気に入っています。シビック〔中心街〕にあるMYCの指導クラスに週二回行って、ボランティアの大学生に数学を教えてもらっています。ディクソン・カレッジの学生の多くは海外から来ています。一番の親友の二人はともに難民で、一人はスーダン人、もう一人のムハンマドはやはりイラン経由で来たアフガニスタン人です。ムハンマドはスンニ派で私はシーア派ハザラ人だけれど、オーストラリアではこんな違いは問題になりません。オーストラリア人学生の中には親切な者もいれば、嫌な奴もいます。でも私はみなと仲良くしようと努めています。私に敬意を持ってくれれば、私も相手に敬意を持つ。人種に関わる冗談を言う者もいますが、あまり気にしません。そういう冗談は良くない、と言えば相手も納得します。みなオーストラリアが他所の国からやって来た人たちの集まりだということがわかっています。最初に高校に行ったときにはオーストラリア人の友人がまったくいませんでした。けれどもだんだん友達ができるようになり、人と話すのが容易になりました。私がオーストラリア人であるかのように話しかけてくるので、とても気持ちが良く感じます。学校に外国からの新入生が来たときオーストラリア人学生はそれほど親切ではありませんが、私は話しかけて、興味があることを聞き、どういうふうに物事が進むか説明してやります。自分の経験から、その人たちにとってどれだけたいへんかわかるからです。

父は塗装業の仕事に就いていて、喜んでいます。学校が休みになったとき、私は他のアフガニスタン人生徒とともにコンパニオンハウス（第八章）が主催するキャンプに参加しました。そこではロッククライミングを習ったりゲームをしたりしました。母や他のムスリムの女性たちも、ジムで運動したり水泳教室に参加したりして、健康維持の助けになっています。今や母は上手に泳ぐようになりました。町に出たり人を訪問するときはまだヒジャブをつけているけれど、郵便を取りに出たり公園に行ったりするときはもうつけなくなりました。イランでもアフガニスタンでも母は一人で買い物にも行けませんでしたが、ここでは店に車を運転して行き、何でもできる自由を楽しんでいます。シスター・ジェイン・キーオウは私たち家族に多大な支援をしてくれました。両親も幸せだけれど、イランとアフガニスタンにいる家族に会えず寂しがっています。残した家族と最後に会ってから七年になります。私は両親の幸せのために責任があります。それが私たちの文化の一部なのだから。この責任感ゆえに、私は働いてお金を稼いでいるのです。

キャンベラの人びとはたいてい難民であるのがどういうことか理解しています。話をすると、とても興味を持ってくれます。私はラマダンのあいだはどうして日中食事をしないのか、などといった質問をされればイスラムについての理解を助けているけれど、子どもたちの多くはそれほど興味を示しません。学校で難民についての課題をやっている子どもたちもいて、私はそれを手伝ってやり、彼らも私を手伝ってくれます。学校では普通の一〇代の若者だと思っています。ただ文化が違うだけです。収容所に入っていた経験は、ある意味では益があり、またある意味では損だったと思います。イランやアフガニスタンからすぐにオーストラリアに来た人たちがいますが、到着したときにはひどく混乱します。ナウルでは、コンピュータの使いかた、テニスやサッカー、ビリヤードの仕方や、プレイステーションの遊び方などを覚えました。これでオーストラリアの人びとと同じように振るまうことができました。ナウルの収容所職員たちはたいてい親切でした。一方で、収容所では子どもたちは教育が受けられず、時間を無駄にしていました。ナウルに三年もいなかったら、英語も他の科目ももっとうまくやっていたでしょう。これで私の将来の選択肢が狭まってしまいました。オーストラリアに来たときはパイロットになりたかったけれど、そのための数学や物理の基準には達することができないと悟りました。それで自動車の機械工に落ち着いたのです。あそこにいるのが長すぎました。三年という月日は子どもには辛いし、大人にはもっとストレスが大きい。バクスターのような収容所では、七年、八年、中には一〇年いた人もいます。クレア・ブルーンズの家に行ったときにそのような人たちに会いました。ナウルの収容所ではときどき外に出られたので、オーストラリア国内の収容所よりもずっと開放的でした。ナウルは別の国です。なぜ私たちがそこに連れて行かれたのかわかりません。

今私たちには永住権ビザがあるので、とても安全に感じているし、一年以内には市民にもなれるでしょう。オーストラリアの人びとには、他の国から来る人たちに親切にしてほしい、とだけ言いたいです。座って問いかけ、どのような方法でどのようにやって来たのか知ってほしい。今私は未来に向かっています。正規の仕事に就いて、アフガニスタンの家族を助けたい。一人のオーストラリア国民になりたいのです。

パ・リ・ル

四歳だった私はカレン族ビルマ人の両親とともにタイのキャンプに逃れ、私が二二歳になるまでそこで暮らしました。そしてオーストラリアに難民認定されたのです。

一九八〇～一九八四年　ビルマでの生活

一九八〇年二月八日、私はビルマのカレン州ティーポーキの村で生まれました。父のカ・ルは看護士で、母のメイ・アイは家で私たち姉妹の世話をしていました。私は五人姉妹の四番目で、下の妹はタイのキャンプで生まれたのです。私たちのことばはカレン語で、宗教はキリスト教聖公会でした。母は父と結婚したとき仏教から改宗しました。でも私は、現在はセヴンスデー・アドヴェンティスト（安息日再臨派）教会に属しています。幼い頃の村での記憶は薄れてきています。村が多くの木や山に囲まれていて、納屋の中で友達と、卵ほどの大きさのある平らで丸い種子で楽しく遊んだことを覚えています。

ビルマ軍の兵士らが村にやって来て家畜を要求するようになりました。村人がそれを拒むと、兵士は銃で脅して言うことを聞かせたのです。そこでカレン族の人びとは結集して戦い、内戦になりました。村のすぐ外で戦闘が起こっていたので、もう住むことができなくなりました。はじめのうちは夜

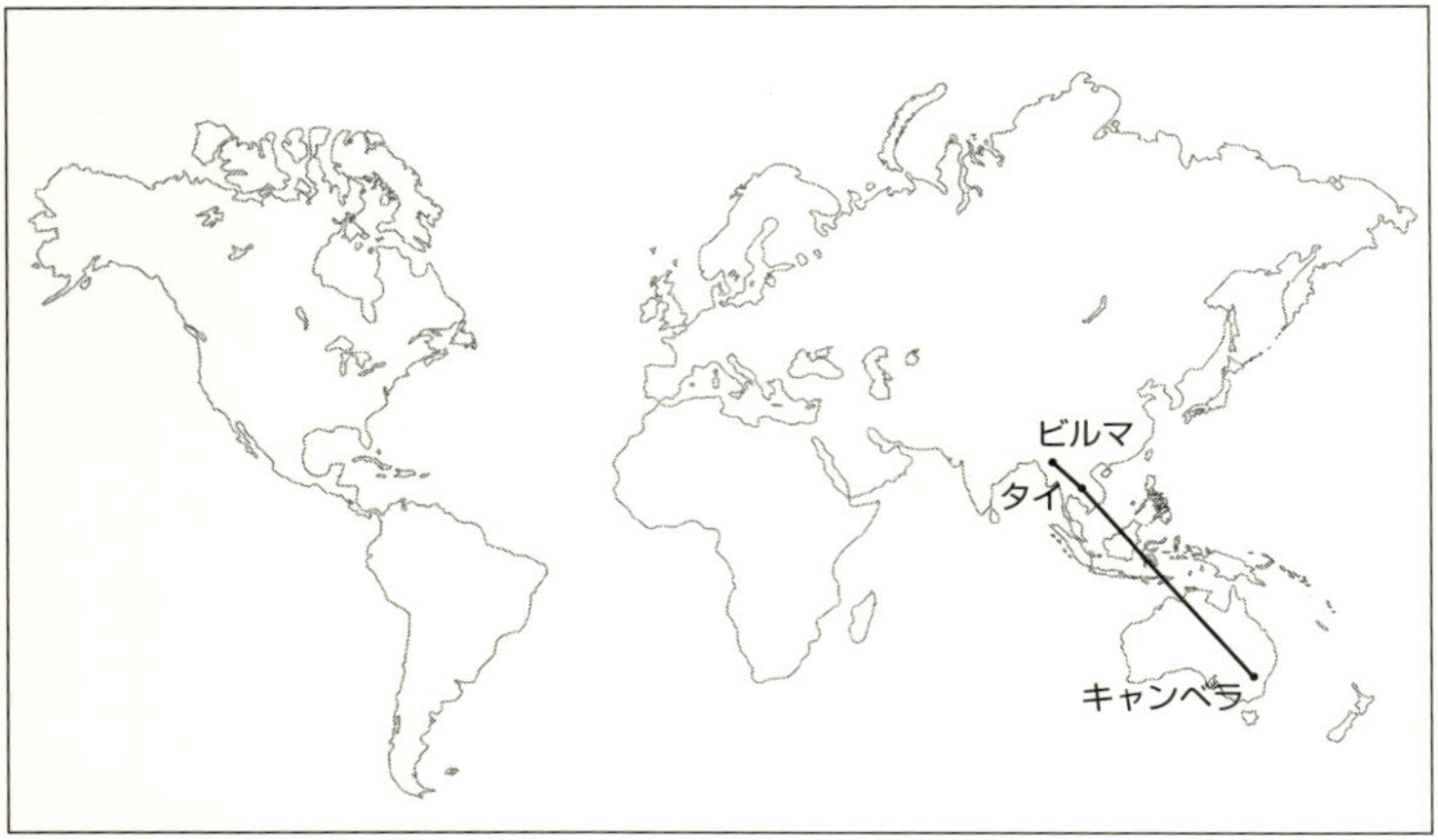

に村を出て、昼間に戻ってきていました。ときにはそれも難しく、一人か二人が村に戻って食料を集めてきては、他の人びとに届けていました。父は不在のことが多かったのですが、運よく母が農場を所有していて人に貸していたので、そこから毎年米を得ることができました。ジャングルには野生の野菜がたくさんあったので野菜を育てる必要がなかったし、家の近くの小川には魚がたくさんいたので、母が網で簡単にすくうことができたのです。母はまたガチョウや鶏をたくさん飼っていたので、たびたびカレーを作ってくれました。けれども時間が経つにつれ私たちも貧しくなっていったのです。

ビルマ軍は三回か四回やって来て、家も納屋もすべて燃やしてしまいました。村人はどんどん貧しくなり、もう食べ物もなくなり、他所に行くしかなくなったのです。彼らはまた多くの村人を運搬人に使いました。私のおじは捕らわれて運搬人にされ、ビルマ軍の食糧を運ばされました。彼らはおじを地雷よけにして、自分たちの前を歩かせたのです。おじは地雷を踏んでしまい、両足が吹き飛びました。けれどもすぐには死にませんでした。おじは放っておかれて、一時間ものあいだ苦しみながら出血で亡くなったのです。私たちはこのことを、捕らわれていた別の村人から聞きました。彼らはまたカレン人の村民をビルマの遠く離れた場所での道路建設に駆り出しました。重労働だったのに十分な食料が与えられませんでした。畑仕事の担い手が取られて、村でも食料が不足しました。労働力になる男性がいないと、ビルマ軍は重い罰金として村人に金《かね》か米を要求しました。母は手持ちの米の三分の一を差し出さなければなりませんでした。村にいたときは、私は政府の学校に行く年齢に達していなかったのですが、二人の姉たちは通っていました。学校は別の村にあったので、姉たちは長い距離を歩かなければなりませんでしたが、ビルマ軍兵士が学校を全焼させてしまい、その学業も中断してしまいました。

一九八四年　タイのショウ・クロ・カレン人難民キャンプへの逃避

私が四歳だったとき、ある晩に、父と母が私を起こしました。鍋、真鍮製品、そして衣類などの荷物がまとめられていました。そして私たちはそのまま野山に逃げ込んだのです。野山では寝ようとしても蚊に刺されて眠れませんでした。泣きたかったけれど、両親にビルマ兵が近くにいるから静かにするように言われました。私はビルマ兵を見たことがなくて、村を通り過ぎるカレン人兵を時おり見たことがあるだけでした。タイとの国境まで二日間歩き、そこに父が小さな避難小屋を建てました。そこには約一か月いました。そしてタイとの国境を越え、カレン民族同盟が運営しているショウ・クロ難民キャンプに避難したのです。ここの指導者は兵士でなく、教育のあるカレン人でした。キャンプはとても気に入りました。自分の村のように感じられ、学校もあって友達と楽しいときを過ごしたのです。ショウ・クロ川で泳ぎも覚えました。泳ぐのが大好きです。キャンプでは、木と竹でできていて屋根には葉を使った小屋に寝起きしていました。同じキャンプの人たちが建てるのを手伝ってくれました。

そのキャンプには二万人ほどの収容者がいて、ほとんどがカレン人でしたが、インド系ビルマ人もいました。ビルマ政府が少数派の人びとを排除したかったので、みなそこに住むことになったのです。七歳になったときキャンプの学校に通い始めました。先生たちは教員になるための訓練は受けていませんでした。七年生［日本の中学一年くらいに当たる］を終えたばかりの人もいれば、高校を終えた人もいました。竹でできた机に向かい、「国際カトリック援助」のようなNGO団体のスポンサーから毎年、鞄やペン、本、絵や色鉛筆を一人ずつもらいました。小学校では私はビルマ語とカレン語、算数、社会を学びました。授業はカレン語で、とても基本的なことばかりでした。クラスの人数は多くて、だいたい四〇名くらいでした。ビルマがイギリスの植民地だったときの布教活動により、カレン族の四〇%くらいがキリスト教徒で、残りが仏教徒です。カレン族の年長者の中には英語を話す人もいましたが、あまり多くはありませんでした。母は英語の単語を少し話せました。

ショウ・クロ難民キャンプはとても大きく、七つの区域に分かれていて、それぞれが離れていました。それぞれの小屋には庭もあって、野菜や花までも植えることができたのです。ジャングルから新鮮な野菜を取ってくることもできたし、タイの村人がキャンプに野菜や魚を売りに来ました。食べ物はとても良かったのです。半月ごとに、大人一人につき米一〇キロ、そして魚のすり身が配給されたし、私たちの家族には十分なスペースがありました。私たちの区域はインド系ビルマ人が住んでいる区域ほど人が多くなくて、安全でした。彼らの区域を通ると、ナイフを持っている人や、家族同士でやり合っているのを見ることがあったのです。それぞれの区域にはリーダーがいて、保安の責任を負っていました。私たちはキャンプの外に出て近くのタイ人の村や小さな町まで行くことが許されていましたが、都市には行けませんでした。中には町で働き、ときどき家族のもとに帰ってくる人もいました。

一九九四年一二月、私が一四歳のときに、ショウ・クロ難民キャンプで深刻な対立が起こりました。キャンプ内が発端ではなく、ビルマ国内で、カレン民族同盟が二つのグループに分裂したのです。民主カレン仏教徒軍はビルマの軍政権と取引をして、ビルマに戻るようキャンプの多くの人びとを説得しました。それから彼らはビルマ軍兵士とともにショウ・クロ難民キャンプを襲い、小屋を焼き、病院に乱入して顕微鏡を奪ったり看護師を捕らえたりしました。さらには夜間にキャンプを砲撃し始めたのです。みな怯えて夜も眠れませんでした。塹壕を掘って夜はそこに隠れましたが、銃の音がして心臓がどきどきしました。冬も夏も塹壕の中はとても寒かった。兵士が日中に三、四度襲ってきてひどいことをしたので、一九九六年にキャンプ運営側が、国連難民高等弁務官事務所（ＵＮＨＣＲ）が運営するメイラ難民キャンプに逃れるよう私たちに通告しました。そこならタイの兵士が守っているので安全だというのでした。ビルマに帰っていたカレンの人びとは、最初は良かったのですが二〇〇〇年になる頃までにはその扱われ方が問題になってきました。騙されて戻されたとわかって多くがメイラ難民キャンプに逃れてきたのです。

一九九六〜二〇〇六年　メイラ難民キャンプでの生活

メイラ難民キャンプに着いたとき、私たち家族はＵＮＨＣＲに登録されました。ショウ・クロ難民キャンプよりもずっと人が多くて、同じ面積なのに六万人もの難民を抱えていたのです。カレン族だけでなく、多くのビルマ系インド人やモン族のような少数民族がいました。小さな小屋にひしめき合って暮らし、庭のスペースもなく、家のあいだの通り道はセメント舗装されていなかったので清潔ではありませんでした。雨季になると泥まみれになったのです。それが嫌で仕方がありませんでした。共用の浴室はなく、それぞれの家の脇に用を足す場所があって、そのあいだにシャワーが設置されていました。それぞれの小屋には一、二部屋しかなかったので、寝室は三〜四人の共用でした。

キャンプは鉄条網で囲われていて、外には出られませんでした。けれどもフェンスの穴をくぐってジャングルに野菜や葉っぱを取りに行く人もいました。中には近くのタイ人の村まで仕事を探しに行く人もいたのです。それがタイの警備兵に見つかると、罰として掃除や造園、建設の仕事をさせられ、運が悪いとタイの刑務所に一か月ほど入れられて、またキャンプに戻るのでした。モイ川からビルマに強制的に戻される人もいました。そういう人たちは、川を泳いで戻り、またキャンプに帰ってきたのです。当初はメイラキャンプに入らず、近くのタイ人の村で暮らそうとする人たちもいましたが、結局外で生活するのがたいへんだとわかって、キャンプで暮らすようになりました。

キャンプでは食べ物を買わなければなりませんでした。野菜売りが来ましたが、高価で、ショウ・クロ・キャンプで手に入ったような新鮮なものではありませんでした。買うときには新鮮に見えるように農薬がたくさんかかっていて、一～二日経つと萎れてしまい、腐ってひどい臭いがしました。母はビルマを逃れるときに持っていた土地家屋を売って金《きん》に換えていたので、いくばくかのお金を持っていました。それを使って食べ物を買ってくれたのです。メイラキャンプでの一年目の終わりに私はキャンプ内の学校で二年生を終えるところでした。そのときキャンプの近くの村でエデンの谷アカデミーというセヴンスデー・アドヴェンティスト教会の学校があることを聞きました。そこでは英語で授業が行われていて、私は英語を学びたかったので、両親に私をそこに送ってくれるよう頼みました。入学は難しくありませんでした。両親が入学手続きをしてくれて、学校付きの聖職者と一緒に行って寄宿生になる手続きをしました。けれどもそれから間もなく、タイ政府がキャンプの外に外国人が運営する学校があるのは、タイとビルマの国境近いこともあり危険だと考えて、キャンプの中に学校を移しました。私はそこで高等学校まで終えることになったのです。

両親のもとに戻るのは学校の短い休暇のあいだだけで、生活の大部分を学校の敷地内で過ごすことになりました。毎朝五時、そしてまた夕方に、礼拝堂でお祈りし、聖書について学びました。安息日には牧師が聖書について説くのを聞きました。そして聖公会教徒でなくセヴンスデー・アドヴェンティスト派に属することに決めたのです。一一年・一二年生のときに学校では聖書、英語文法、社会学、科学、生物学、歴史、数学と経済学を勉強しました。キャンプ内には多くの小学校、中学校が三～四校あり、高校は三校だけでしたが、私たちの学校の教育内容は他よりずっと良かったのです。毎年学校には二〜三人の外国人教師がやって来ていましたが、他のキャンプの学校教師はカレン人かビルマ人だけでした。学位を持っている人もいましたが、たいていの教師は高校を終えただけだったのです。二〇〇〇年、私が二〇歳で学校を終えたとき、母がこう言いました。「ああ、全部終えたわ。もう残っていることはないわね」。幸運にも私はエデンの谷アカデミーの小学校で教えることができ、二年勤めました。月に一〇〇〇バーツの給料で、私たちはそれをすべて食費に充てました。

メイラキャンプでは家庭内暴力が蔓延していました。夫がたいてい妻を支配していて、米とイーストを使って酒を造っており、酔うと妻や子どもを虐待するのでした。夫に瓶で殴られていたある女性のことを覚えています。ひどく目を怪我させられ、髪をつかまれて頭皮を引きちぎられたので、妻は病院に行かなければなりませんでした。妻はキャンプのリーダーにそれを訴えなかったので、夫は虐待を続けたのです。他の家族でも同じことが起きていたのですが、二〇〇〇年以前には声を挙げて助けを求めようとしませんでした。その年に、女性を助けるためのカレン人女性組織（ＫＷＯ）がキャンプで発足したのです。家庭内暴力を受けた人たちが、何日か逃げ込めるシェルターを開設しました。男性の中には、妻にしたことを理解し認めるまで、キャンプ内の仮設の拘置所に入れられた者もいました。ＫＷＯは海外からの支援を受けて、カレン人女性によって運営されました。私もこの組織のワークショップに参加してからメンバーになったのです。

ショウ・クロキャンプ、メイラキャンプ両方とも、国境なき医師団と、ショウ・クロ・マラリア調査ユニットという二つのフランス系の組織が医療を施していました。キャンプ内で扱えないような重大な治療が必要な人は、看護師がメイ・ソートの町の病院に送りました。二〇〇六年には新しくエイド・メディカル・インターナショナルというNPO組織による医療が始まりました。キャンプでは毎年特に子どもや高齢者がマラリア、デング熱、下痢、腸チフス、結核で亡くなっていました。寝るときには支給された蚊帳を使っていましたが、一九九六年には私もマラリアにかかって病院に行かなければならず、またその後腸チフスで高熱も患いました。

二〇〇二年二月にはエデンの谷アカデミーの教師を辞任して、メイ・ソートで日本人研究者が開講していた六週間の英文法集中クラスに出ることにしました。この研究者はカレン人を研究していて、ビルマでの平和を達成するにはどうしたらよいか考えており、高校を終えたカレン人の助手が必要だったのです。私たちは寮に入りました。六週間の講義のあと、さらに七、八か月の勉強を続けましたが、二年あった講座を終えることができませんでした。母が病気になり、キャンプに戻って看病しなければならなかったのです。

キャンプに留まっていたら未来に希望はない、と私は考え始めるようになりました。キャンプの女性たちと同じように、年を取り、子どもをもうけ、そのまま何もない退屈な人生を送ることになるだろうと思ったのです。他の人びとの助けになれるような輝かしい未来を夢見ていたので、もうキャンプで一年も過ごしたくありませんでした。父のいとこがメルボルンに住んでいて、その人がオーストラリアに行くための方法を教えてくれるかも知れないと考えました。二〇〇四年一月にその人に電話をかけると、四月にオーストラリアでの第三国定住を希望する難民申請書を送ってくれました。それに記入し、妹を扶養家族に指名しましたが、バンコクのオーストラリア大使館には一一月になるまで送りませんでした。私の申請が通るなどとは思えなかったからです。

翌年の一〇月まで何の音沙汰もなかったので、申請は忘れられているか拒否されたものと思っていました。その後、ＵＮＨＣＲの事務所に行ってオーストラリア政府の役人の面接を受けるようにという知らせを受け取り、とても嬉しくてわくわくしました。名前や出生年月日、両親の名前や職業、ビルマでの生活の記憶など、基本的な質問を六、七つされただけでした。ビルマの生活についてはあまり記憶がないので、ビルマ軍が侵攻してきたので村を逃げたことを話しました。役人はまたなぜオーストラリアを選んだのか聞きました。私は自分の将来のためであること、高校まで終えたあとどこも勉強するところがないこと、もっと良い生活を送るために勉強を続けたいと話しました。エデンの谷アカデミーの校長はオーストラリア人女性だったので、私はオーストラリアについてよく知っていたし、ときどきオーストラリアから訪問者がきて話をしてくれていたのです。オーストラリア政府は私と妹に人道的配慮ビザ区分二〇〇を出してくれました。

メイラキャンプを出る前の週は、とても変な気分でした。これだけ長い時間をここで家族や友人と過ごしてきて、今や離れていくのです。とても辛い思いでした。私たちの渡航費はオーストラリア政府によって支給され、メイ・ソートからバスでバンコクに行き、ＩＯＭの職員の女性に助けられて航空券を購入し、飛行機に乗り込みました。その女性はとても親切で、私たちの幸運を祈ってくれました。私たちは飛行機に乗ったことなどなかったので、どきどきし、少し緊張していました。けれどもしばらくすると安心し始めました。

二〇〇六年〜　キャンベラでの生活

キャンベラに来ると決めたのは、おばたちと、エデンの谷アカデミーのカレン人教師やオーストラリア人教師が住んでいたからです。その人たちから、キャンベラはオーストラリアの他の都市に比べてそれほど忙《せわ》しくなく落ち着いたところだと聞いていました。私たちは二〇〇六年一一月一六日に着き、空港にはいとことシミン・ファルザン（第四章）というセンタケアの人が迎えに来てくれていました。メルバのおばの家に行き、いとこの寝室に寝泊まりして四か月暮らしました。その後シミンに手伝ってもらって申請した町に近い緊急宿泊所に移りました。

二〇〇七年二月に私はキャンベラ工科大学で英語を学び始めました。エデンの谷アカデミーではオーストラリアのカリキュラムで勉強していたので、上級クラスに入ることができました。今私は大学入学のための最上級レベルクラスにいます。そこではオーストラリアの文化、地理、政府、法律、市民の権利と義務、そして就職のための面接も学んでいます。私はキャンベラ大学でコミュニティ開発学を勉強し、難民を助けたいと思っています。

現在妹と私は福祉支援を受け、放課後に子どもが行くセンターでのアルバイトの仕事で補っています。コンパニオンハウスによってカウンセリングと医療手当を受け、またセンタケアから交通手段や住居、衣料や家具の援助を受けています。人びとはとても親切で、困ったことがあれば私はいつでも電話できます。

二〇〇六年三月には結婚した姉が家族とキャンベラに移ってきていたので、私はほとんどの時間を親族と過ごすことになりました。オーストラリア人の家にはあまり行ったことがありません。両親と他の姉たちもオーストラリアに来たがっています。毎夏、ビルマからメイラキャンプに避難する人が増えています。ビルマ軍が村を攻撃しているからで、軍はキャンプも攻撃すると脅して言います。タイ兵士がキャンプを守れるとは思いません。四〜五年前に民主カレン仏教徒軍とビルマ人のグループがキャンプを砲撃して侵入し、人びとを殺して住居を焼き払ったとき、タイ兵士たちは逃げ出してしまったのですから。攻撃してきた人びとは、できるだけ多くの人、ことにカレン軍に協力した人たちに危害を加えたかったのです。

私はビルマに平和が訪れるよう願っていましたが、二〇〇〇年を過ぎると、その希望も失くしてしまいました。何年ものあいだ人びとが努力してきたのにかなわなかったからです。もうあの国に住めるとは思いません。政府はカレン族の人びとを根絶したがっているのです。オーストラリアの忙しい生活は奇妙に思えます。キャンベラの人たちと知り合いにはなっていませんが、ここで仲間を助けながらコミュニティに関わる仕事をする機会を得るでしょう。そしてキャンベラだけでなく、タイ、もしかするとビルマでもそれがかなうかも知れません。

第六章

民族紛争——スーダン、リベリア

アテム・ダウ・アテム

私は一二歳のときに家族とスーダンからエチオピアの難民キャンプに逃避した。一九九一年にそこが反政府主義者たちに攻撃されてから、他の何千ものスーダン人難民と共にさまよい、その途中で二度の徴兵を逃れた。ケニヤのカクマ難民キャンプに一〇年いたのち、二〇〇二年にオーストラリアにやって来た。

一九七四～一九八六年　スーダン

私は一九七四年に南スーダンのマラカルで生まれました。私たちのことばはディンカ語で、両親は

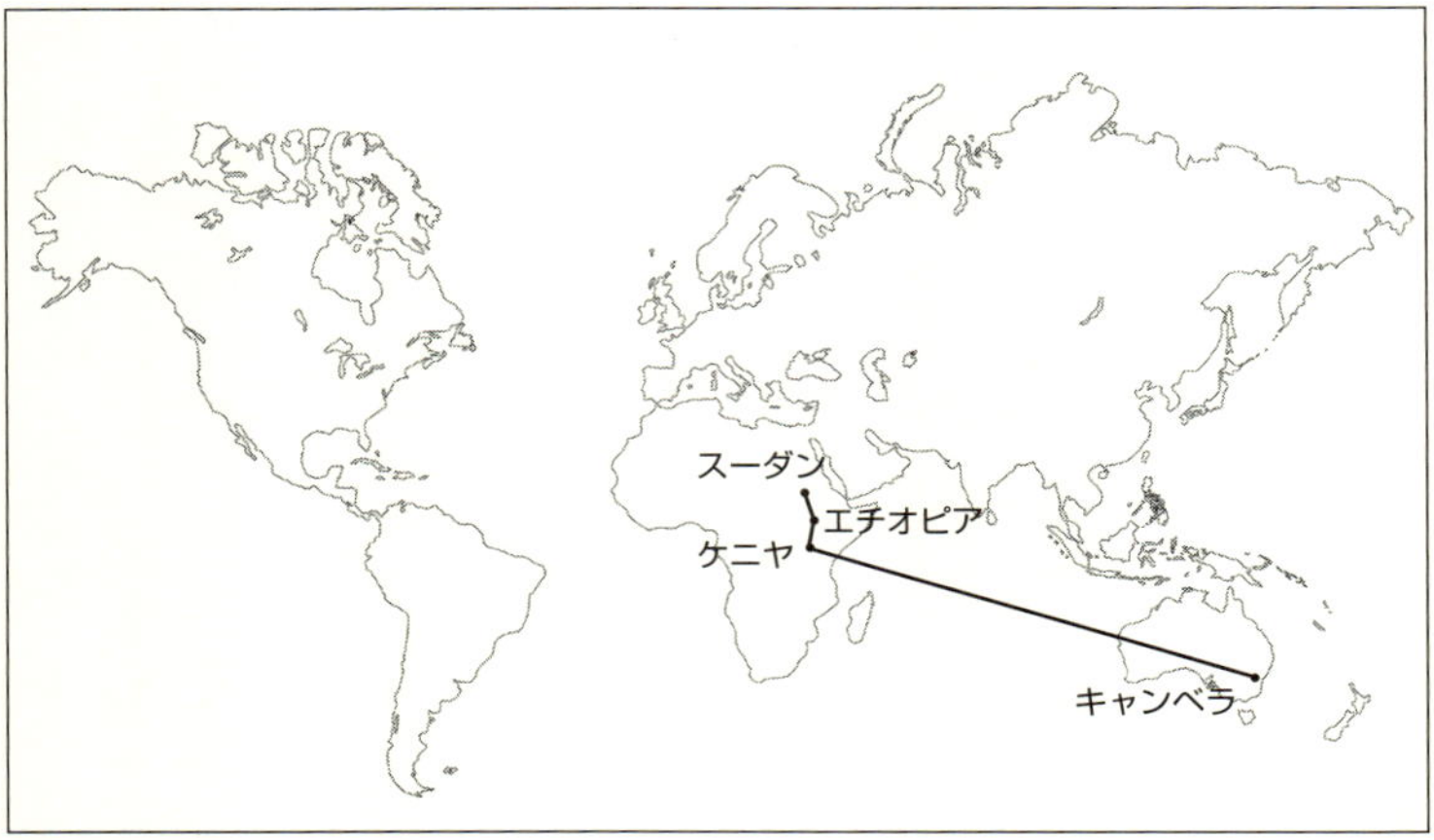

聖公会教徒でした。父は、もしスーダンを発展させるのであれば、宗教に関係なくすべてのスーダン人が平等な機会を持ち、国の資源を平等に手にするべきだと強く信じていました。一九七〇年代初期に学生だった父は共産党に入党しましたが、政府はそれを禁じていました。父は会計士になり、私が五歳くらいの頃、母、妹のアダットとアブック、弟のデングとともに首都のハルツームに引っ越しました。父がそのときサウジアラビアの会社で働いていたので、そのほうが私たちに会いに帰るのに容易だったのです。給料は良く、生活は楽でした。

　南スーダンにいたときは英語で授業を受けていました。けれども一九八二年にハルツームのアラブ系の学校に入り、始めてアラブ系の生徒たちとともにそのことばを学ぶことになりました。その子たちとは一緒に遊びモスクにも同行しましたが、私はただ座ってお祈りするふりをしていました。彼らの肌は私のよりずっと明るい色だったけれど、何の違いも感じなかったし、紛争が起きていることもわかりませんでした。日曜日ごとに母に教会に連れて行かれたので、自分はキリスト教徒だと知っていましたが、特に納得していたわけではありませんでした。イスラム教についてもそうでした。私たちはコーランの節を読み暗記しました。学校での成績は良かったけれど、教師の多くはそれが気に食わず、私を本名ではなく別の名前で呼び始めました。なぜそんなことをするのか理解できなかったけれども特に気にしないようにしました。もといた南スーダンでは、年上の人からいじめられても、年齢が上なら尊敬しなければいけないと教わっていたからです。この学校に四年いたあいだに、私はアラビア語がとても得意になりました。いとこの一人が何冊もアラビア語のコミック本や小説を持っていて、家で一緒に読んでいたからです。

スーダン北部の政府はアラブ系ムスリムに支配されていて、国全体にイスラム法を適用しようとし、すべてのスーダン人がムスリムになってアラブ文化を受け入れるよう強制してきました。南スーダンでも英語とキリスト教の代わりにアラビア語とイスラム教を教えさせました。政府の給水に関わる政策も南スーダンでの紛争の原因でした。南は多くの土地が沼の多い低地で、雨季にはナイル川の水が氾濫しました。何の協議もなしに、政府は運河を掘ってこの水を白ナイル川に流し、エジプトに売ろうとしたのです。そんなことをしたら、漁業や牧畜をしている南スーダン人の生計が立たなくなり、環境にも深刻な影響を及ぼしてしまう。何の代案も示さないまま生活様式をいきなり変えるよう迫ることになり、私の父のような人びとはこれを阻止しなければ、と考えました。

当初南スーダンの人びとは戦いは望んでおらず、南スーダンの州都ジュバの政府を転覆させるのに十分な兵力があれば良いと考えていました。そうすれば政府と対等に渡りあえる力を得られるからです。その計画が露見して関係者は逮捕され、政府はこの謀反を鎮圧するため一九八三年に軍を南に送り込みました。けれども政府軍の一部の士官は南スーダン出身で、その中からジョン・ガランが指導者となり、自分が潰す相手だった反乱軍側に立ちスーダン人民解放軍（SPLA）を結成しました。

これはすべて父がサウジアラビアで働いていたときに起こりました。父も支援したいと考えて、サウジアラビアやその他の湾岸地域にいた南スーダン人に、SPLAを支援するための金を送るよう説得を試みました。ところが一九八六年、この活動がサウジ政府に気づかれました。父は強制送還されそうだという警告を受けて、私たちとエチオピアに逃れました。

一九八六〜一九九一年　エチオピア　イタング難民キャンプ

一二歳のとき、私は家族とともに難民となりました。最初の二か月はエチオピアの首都アディス・アベバにいて、それからエチオピア西部のイタングにある国連が運営する難民キャンプに移りました。父には仕事がなく、都市には住めなかったからです。その頃までにアラビア語の読み書きができるようになっていたので、コミック本を持って行きました。キャンプにいた同世代の子どもは誰もアラビア語を話さなかったので、他の人ができないことができる、と自分が得意でしたが、やがてコミック本もなくなり、アラビア語を勉強する機会もなかったので、もう話せなくなってしまいました。アラビア語は北のことばで、私たちは南スーダン人なのだから、アラビア語は必要ないのだと言われました。キャンプの指導者たちは、もし南スーダンが独立したら英語が公用語、もしくは複数の公用語の一つになると考えていたので、キャンプでは英語を教えましたが、私には未知のことばでした。学校のシステムは今までのものとは違っていて、これまでアラブ系の文化やことばに慣れていた私には、当初キャンプの南スーダン人とはなかなか友達になれませんでした。はじめは母語であるディンカ語もおぼつかなくなっていましたが、すぐに慣れて話せるようになりました。両親はその地域のヌエール族のことをとやかく言っていましたが、違いがわかっていた上で子どもはみな一緒になって遊び、大人たちが引いている境界線などあまり理解しなかったし、知ろうともしませんでした。

キャンプの学校では、教職訓練を受けていないボランティアの教師から英語、算数、科学、地理、そして家庭科を習いました。エチオピアの子どもの学校だったので、始めはその子らが午前の授業を終えたあと、午後に授業がありました。草ぶきの屋根の仮設教室が私たちのために建てられ、その後一年してＵＮＨＣＲが、蔵書がある図書館も備わったちゃんとした学校を建ててくれました。こういった施設は良くなったけれども、教師が訓練を受けていなかったので、教育の質は変わりませんでした。

私たちがやって来たのは雨季で、キャンプ全体が水に浸かってしまっていました。粘土質の土だったので、水がはけず、みな裸足で泥の中を歩き回りました。住む小屋は、茂みで見つけてきた木や草を使って自分たちで建てなければなりませんでした。トイレ用の穴を掘るように言われましたが、中には穴を掘らず森で用を足している人たちもいました。これは他の人たちには困ったことでした。腸チフス、下痢、寄生虫の原因になったからです。水源は川だけで、そこでみな身体を洗ったり洗濯したりしていました。上流に何があるかなど、考えもしませんでした。医療クリニックはあったけれど、そこの職員の資格は英語の読み書きができて一か月の訓練を受けたというだけでした。病気になると、どこが悪いと思うのか自分から彼らに言い、職員がマラリア用のクロロキンか、ペニシリンを注射するだけでした。ＨＩＶ感染をどうやって逃れたか不思議でした。というのも彼らは患者にみな同じ注射針を、「滅菌」と称して熱湯につけただけで使っていたのですから。エチオピア政府が運営していて本物の医者がいる病院が、キャンプ内に一棟だけありましたが、死にかかっているくらい重症でなければそこには入れませんでした。

キャンプは辛い場所で、ヌエール族とディンカ族が対立し、すぐに衝突が起こっていました。人びとも親しく交わろうとはしませんでした。スーダンとエチオピアの国境で戦争が起こり、規律がなくなったディンカ人兵士がヌエール市民を殺し、女性を暴行し、家畜を殺し始めると、緊張が高まりました。これによってキャンプ内でヌエール人がディンカ難民に銃を向け、キャンプはＵＮＨＣＲによって食糧が供給されていたけれども、法と秩序を維持していたのはエチオピア政府だったので、とても危険な状態になりました。エチオピア政府はこの仕事をＳＰＬＡに任せ、彼らはキャンプを軍事基地にしました。公式にはキャンプ内の難民は一五万人でしたが、実際はもっとたくさんいました。ＳＰＬＡは戦争で戦おうという南スーダンの何万もの人びとを、兵士として一度に徴用しました。一〜二か月も歩いてエチオピアに着いたときには、訓練キャンプに行くには弱ってしまっていたので、難民の家族がいるイタングキャンプに数か月留まりました。こういった者は、ＵＮＨＣＲに登録して受けられる支援は何でも受けようとしていました。回復すると、彼らは訓練を受け戦争に行きました。さらにＳＰＬＡの新兵が何万人も代わりにやって来て三、四か月留まるのでした。ＵＮＨＣＲがジャーナリストやその他の海外からの人びとをキャンプに連れてくると、軍の存在の証拠が残らないようにカメラを隠したのでした。いつ何時暴力沙汰になるかわからない状態だったので、とても怖く思っていました。あるときディンカ、ヌエール双方の女性と子どもが、もはやこの暴力が起こる状態に堪えられず、戦っている男たちを残して一週間キャンプから逃れたこともありました。やがて秩序が取り戻されたけれど、それもつかの間のことで、またいつ危険になるかわからない状況でした。

ＳＰＬＡの内部では、高学歴で経験を積んだ、博士の学位もあるジョン・ガランのようなディンカ族や多くがスーダン政府内で働いていたその支援者たちと、未開地に住んでいた教育もないが革命を起こした当人であるヌエール族のゲリラが対立していました。ＳＰＬＡの最高司令部にいたあるディンカ人とヌエール人のあいだで争いが起こったときは、一時大きな緊張が走りました。ありがたいことに何も起こりませんでしたが、丸一週間というもの、みながキャンプ内で戦争が起こるかと待ち構えていたのでした。政治的なことが何にでも影響していました。

私たちがキャンプに着いてから六〜七か月のあいだ、父は食糧や衣料を多く必要とする貧しい家族を助ける国連の仕事をしていました。そのあとは、キャンプ運営のチームの一員となりました。一九八七年、ＳＰＬＡはもっと政治要員を訓練しようと考え、父が家族を残して他の人たちとキューバに送られ、共産主義や社会主義などを一年間勉強することになりました。父がいなくてもそれほど不安ではありませんでした。銃で撃ちあいをする人たちもいて、それは恐ろしいことでしたが、そういうときには逃げ出して、あとはそれも忘れてしまい、また生活がもとに戻るのでした。

一九八八年にキューバから戻った父はＳＰＬＡの最高司令部によってスーダンに置かれた五地帯のうちの一つを担当することになりました。任務はその地区の戦争を監督し、人員を確保して訓練し、どのような装備が必要か決定することでした。翌年両親が離婚しました。母は父がキューバに行ってしまって不幸せだったのです。私は途方にくれました。長男だったので、二人を別れさせないようにしなければ、と思っていたのです。私は泣いてばかりいました。このような状況に遭遇したことがなく、どうしてよいかわかりませんでした。母が言うことと父が言うことは食い違い、そのあいだで私は心理的な戦争状態のようでした。本当につらいことでした。

最高司令部の五名のうちの一人であるアロック・トンは、かつてのスーダン軍情報士官で、父の学校時代の友達で親戚でもありました。彼は、最高司令部が司令官が下す命令だけで行動するのではなく、総体として意思決定をすべきだと考えていました。最高司令部のメンバー間で緊張が高まり、ジョン・ガランはアロック・トンをその指導力への脅威とみなすようになりました。司令官は彼がスーダン政府と和平交渉をしようとしていると疑い、投獄してしまいました。父はアロック・トンへ政治的なアドバイスをする友人であったので、父と多くの士官たちもＳＰＬＡによって南スーダンのどこかに幽閉されてしまいました。

今やキャンプでの私たちの生活は厳しいものになってしまいました。裏切り者の子どもとみなされ、人びとが距離を置くようになったのです。そこで母は弟のデングを連れて別のキャンプに移っていきました。一五歳のアブックと私は、最初おじのところに身を寄せましたが、妹が結婚の申し込みを受けたので、母のほうに移っていきました。一六歳の私はイタングキャンプの中で、親類のところをあちこちまわっていました。はじめはおじのところにいたけれど、家族の一員という感じがしませんでした。私は父に、自立して他人を当てにするな、親類に食糧を頼むようなことさえもするな、と言われていたので、おじのところにいるあいだ、自分を重荷に感じていました。学校に通って勉強に集中しました。父に、学問を修めて資格を取れば自立して好きなことができる、と言われていたからです。ところが一九九一年、エチオピアで反乱が起きてメンギスツ大統領が失脚し、今や反政府勢力がほとんどのエチオピアでの実権を握りました。これ以上イタングキャンプに留まると殺されてしまうとわかったので、みな徒歩でスーダンに戻ることになりました。

一九九一～一九九二年　スーダンに戻る

何千もの人びとが所持品を頭に乗せ、それを狙って銃を撃ってくる強盗から身を守りながら、ヤギや牛を連れて歩きました。撃たれて死んだ者もあり、また所持品を失っても歩き続ける者もありました。どこからも助けがなく、食べ物を買うのに衣類でも何でも売らなければなりませんでした。スーダンとの国境に着くまで二か月歩き続けました。そこに留まった者もありましたが、おじと私は歩き続けて故郷の村コンゴールにたどり着きました。途中、恐ろしい光景を見ました。撃たれた人たち、死にかけた人たち、何もかも失ってしまった人たち。とにかく歩き続けながら、次に何が起こるのだろうと不安でした。

故郷は想像していたようなところではありませんでした。子どもの頃、村の生活についてよく聞いていました。家畜のこと、釣り、歌や踊り、そして盛んだった格闘技。どんなようすか思い描いていたのに、現実はまったく違っていました。人びとは何万という数でＳＰＬＡに加わっていたのに、熱意を失っていて戦争の恐怖に疲れていました。志願者の数が減ったので、ＳＰＬＡは若者を駆り集めて連れ去っていました。コンゴールに着いたときには、女性と老人しかいませんでした。若い男性は隠れていたか、連れて行かれてしまっていました。七歳の少年も連れて行かれて、一〇歳くらいまで訓練を受け戦わねばなりませんでした。兵士たちが村をまわって若者や少年を探し、誰もいないと村長を連れ去り、その睾丸を焼いて一晩中殴り続け、息子がいる者の名前を教えるまで止めないのでした。名前が挙がった者の息子が隠れていたり、もう軍隊に行ってしまっていたりした場合は、その家畜を取り上げて殺してしまいました。南スーダンでは主な食料源が家畜によるもので、また家畜を何頭所有しているかがその家の地位を表していました。だからそれを失うと、もうすべてを失くすに等しかったのです。

初めて会ったおじたちが、村を案内してくれて、祖父のかつての住まいや家族の墓地を見せてくれたので当初は村に帰って良かったと思いました。けれども同じ年頃の者もおらず、することが何もなかったので、小さな町に住んでいるいとこのところに行きました。その夫は救援機関で働いていました。一週間ほど本を読んだりして過ごしていたところ、ある朝町に兵士らがやって来て、私は捕らえられてしまいました。いとこは「止めて、この子はまだ幼いのだから連れて行かないで」と言ったけれども彼らは「お前に関係ない」とはねつけ、私は彼らに従わねばなりませんでした。

スーダンの反乱兵士に捕らえられる

私は約五日間、学校の校舎に近くの村出身の人たちと留め置かれました。その人たちの中には、兵士になる訓練を受けたあと逃げ出した者もいました。私がアラビア語を話せると知った兵士たちは、私が訓練を受けた兵士だと考えました。訓練を受けた者だけがアラビア語を話すと信じていたからです。ある日の午後、一人の士官に名前を呼ばれて、私と六名の年長の者が尋問を受けることになりました。全員が木の下に座ったところ、担当者が私の隣の男を選別しました。その男は軍を逃れるために誰かに賄賂を渡していて、その相手の名を言うよう迫られました。裏切れないと断ると、横たえられ鞭で二〇〇回打たれました。それから座らされ、再び同じことを聞かれた。答えを拒むとまた鞭で打たれ、それが三度繰り返されました。そして四人の兵士が彼を池のところまで連れて行き、殴って水に沈めました。私たちはみな、名を言うよう懇願しました。もう二時間も打たれ続けていたのです。池から引きずり出されたその男は、血まみれで座ることもできず、私たちは、「次は自分たちの番だ」と思いました。そのときにはもはやあたりが暗くなっていて、司令官も疲れていたので、「よし、お前たちは明日だ」と言いました。私たちは校舎に戻り、その三日後、軍事訓練のためにトリットという南スーダンの大きな町に移動させられました。そこに行くには徒歩で一か月かかりました。

当時SPLAの中で司令官の一人が先頭に立って反乱を起こしていました。この司令官らは南スーダンだけでなくスーダン全土を開放したいという指導部の意図に反旗を翻したのでした。その司令官はスーダン政府の支援を受けて離脱軍を率い、ヌエル族に武装させて、私の村のようなディンカ族の人びとのところへ行き、老人や子どもを殺して家畜を奪いました。これによって人びとは南のトリット方面に逃げて来ました。ここにはSPLAの司令部があり、私たちもそこに向かっていました。

私と他の少年たちがトリットに着くと、古い廃校に送られ、そこで兵士が国連から調達してきた食料を与えられました。町の中心部に行くと、いつでも青空市が開かれていて、知った人も見かけたけれど、彼らが私に気づくことはありませんでした。あるときエチオピアで六年間同級生だった男の子を見かけました。身なりが良く、健康そうに見えました。彼は友達連れで、私は注意を引きたく思いました。彼はこちらをしばらく見ていたが、また友達と話し始めました。私をちゃんと見てはいなかったのか、それともただの「くず野郎」と思って関わりたくなかったのか、思いあぐねました。多くの人が私をそういうふうに見ていたのです。ある朝、一キロほど離れたところに住んでいたいとこが二人、キャンプにやって来ました。私に会うと、「やあ、元気?」と聞いてきたけれど、食事に招待してくれるわけでもありませんでした。かつてはその家に行ってフェンスの修理や家を建てるための木や草を手に入れるのを手伝ったというのに。人生においてこれだけ低いレベルに落ちてしまうと、誰も近寄ってこないし、存在も認めなくなる。みな同じ人間なのに、ひどいことです。けれどもまっとうな考え方ができない人たちには、何を言っても仕様がないのです。

このトリットの廃校キャンプには一か月いて、それから別の小さな町の学校にまた送られました。そこまで二〜三日歩かなければならず、着いてみると家も、学校も、何もないことがわかりました。茂みで見つけてきた木や草を使って自分たちで家を建てなければなりませんでした。それから戦争で破壊された学校跡に、新たに学校を建てました。食糧の配給は不規則で、私たちを指揮していた士官は茂みで食べ物を探してこなければならないと言いました。私には狩りの心得がなかったけれど、半キロ離れたところの村のマディ族の人たちが、彼らのマンゴの木から落ちた実を食べてもよいと言ってくれました。彼らは、私たちが盗みをすると精霊に罰せられると言いました。村人はまた私たちを畑に連れて行き、キャッサバ［イモノキ］を掘って食べさせてくれました。村の一人の男が、毎日夜ご飯を食べさせようと言ってくれ、午前中に来れば新鮮な果物もくれると約束してくれました。自分の畑からキャッサバを掘って焼き、私たちは一緒に食べました。美味しかった。彼はまた犬を連れて狩りに行って獲物を捕まえ、それを彼の妻が料理して、私にも分けてくれました。他の男の子たちのように狩りができない私は、こうやって生き延びることができたのです。中には蜂蜜を見つけてくる者もいました。

五か月して学校の開校準備ができましたが、四学年までしかなく、私は六年から始めることになっていたので、三〜四キロ離れたところにある別のキャンプに移ることにしました。そこはひどい状況でした。誰も知った人がおらず友達もなく、その地域に村があるかどうかもわかりませんでしたが、私は六学年に入りました。危険な場所で、スーダン政府の飛行機が爆撃してきました。いつも空に注意していて、飛行機の音がすると、走って塹壕に逃げ込みました。食べるものもなく、身体が弱っていったので、二〜三キロ離れたところにあったＵＮＨＣＲのキャンプに親類がいる者と一緒に、週末そこまで歩いていって食べ物をもらいました。

そのキャンプはヌエール族から土地を追われた人びとのための場所でした。おじやいとこがいることがわかったけれど、会ったことがなかったので、自分からは近づいていきませんでした。次に行ったときに、トリットのキャンプにいたおばに会いました。おばは、父もトリットにいて私に来てほしがっていたと言いました。父は囚われの身か、もう死んでしまっているのではと思っていたので、信じられませんでした。おばの夫が士官だったので、私は軍のトラックに乗せてもらうことになりました。私がいたキャンプでは、持ち物はシャツ二枚、ズボン二着、そして破れた毛布だけだったので、取りに帰る気も起こりませんでした。SPLAに知れれば、脱走者として罰せられるとわかっていたけれど、おじが守ってくれるかも知れないと思い、気に留めませんでした。雨が降って道路の状態が悪かったので、移動に二日かかりました。路上封鎖されたところでは車を降りなければならず、どこに行くのか、脱走者ではないか、尋ねられました。だがおばが兵士におじの身分を知らせると、そのまま通過することができました。

トリットに着いた私を見た父は涙を流しました。父が泣くのを見たのは初めてでした。私がこれほどひどい目に遭っているとは父には想像できなかったのです。ひどく汚れた格好で、頭や衣類にはシラミがいました。本当に最低の状態でした。私たちはカポエタの国連キャンプに行ってみましたが、そこはスーダン政府の手に落ちていました。それでアシュワという難民キャンプに逃れ、何もないところから生活を始めなければなりませんでした。家を建てて、以前私を無視したいとこの女性が娘を連れてやって来て一緒に住むことになりました。その娘は撃たれて脚にまだ弾が残ったままでした。彼女らは医療支援を求めていて、この近くには病院があったのです。このいとこは自分がうまくいっているときには私にはお構いなしで、今や助けが必要な状況になると、こちらに取り入ってきたのです。

ある日SPLAがアシュワにやって来て父を連れ去ってしまいました。なぜだか今でもわかりません。もはや戦いが分断してしまっていて、もう多くの人びとは戦いが嫌になり、兵士らも脱走し始めていました。負け戦になっていて、スーダン政府がすべての町を奪還しようとしていました。SPLAは見つけた者を誰でも徴用しようとして、私もまた捕まりました。運が良いことに、誰かが私を同志ダウの息子だと認め、どういうわけか自由にしてくれました。それからおじの家族と再会し、彼らがケニヤに行くと言うので私もついて行くことにしました。

一九九二〜二〇〇二年　ケニヤのカクマキャンプ

当時スーダンからケニヤに移動するのはとても危険でした。道路が封鎖されて兵士が若者の脱走兵を探していたからです。けれどもおじの義理の息子二人が上層部に近かったので、移動の権利だけでなく手段も手に入れることができました。ケニヤ北西部のカクマ難民キャンプに着いたとき、私は一八歳になっていました。おじと別れ、いとこと暮らすようになり、学校に通いました。キャンプには二〇ほどの学校がありましたが、七学年と八学年〔日本の中学一〜二年〕まであるのは一校だけで、ケニヤではそれが小学校の最高学年でした。七年生になりたかったのでテストを受けました。そのためには本を幾冊か読んで自分で試験準備をしました。ケニヤの教育制度はイギリスのモデルに基づいていたので、授業も英語でした。ケニヤの歴史と地理（私にはまったく知識がなかった）を勉強しましたが、私が得意だったのは科学（これはどこに行っても同じ）で、数学、英語、そして家政学もまあまあでした。これは私がエチオピアで学んでいた科目です。学校では芸術、造形、音楽も教えてくれて、私には初めての経験でした。こういう科目に慣れるのに八年生の終わりまでかかりました。私たちはまたケニヤの国語であるスワヒリ語を習いましたが、私は最後まで覚えられませんでした。これを勉強したくなかった私は、授業ではまったく別のことを考えていました。教員の中にはスーダン国内のアラブ系の制度で教員養成された者もいましたが、ほとんどが訓練を受けていませんでした。

キャンプ内での生活は良くはありませんでしたが、スーダンよりはましでした。安全に対する不安がなかったからです。お腹が空いていたとしても、誰かに撃たれる心配はありませんでした。UNHCRは食糧を配給してくれて、最上とはいえなくてもスーダンのものより良かったし、保健と教育については私がいたエチオピアのキャンプよりましでした。私は落ち着いて暮らせるようになりました。毎朝起きると半キロ歩いて学校に行き、午後帰って来ました。食べ物があれば幸運で、もしなければ座って勉強しました。夕方になると、散歩に出たり、時おり伝統舞踊を見たりしました。何も持っておらず病を抱えているような人びとが、まだ踊り、幸福を感じ、高揚するのを見て不思議な気がしました。

カクマでは人びとは自分で小屋を建てました。国連が屋根に使うヤシの木の葉をくれたほか、自分たちで細い棒を集めて来て、それを組み立てて泥を塗り、壁をこしらえました。キャンプの中で唯一電気が使えたのはUNHCRの施設と病院だけでした。衛生局というところがあって、それぞれの家族が小屋のそばに穴を掘ってトイレを作る手助けをしたり、食料の状態をチェックしたり、キャンプ全体の衛生環境を管理したりしていました。診療所がたくさんあって、そこの職員は六～七か月の訓練を受けていたか、もしくは他の難民キャンプで経験を積んでいました。具合が悪いところを彼らに言うと、薬を処方してくれました。病院には医師が一人か二人いて、症状が深刻でないと診てもらえませんでしたが、スーダンよりはましでした。

キャンプに着いたときには私は何も持っておらず、取るに足りない人間で、誰も関わってくれないと感じていました。近くの女の子に話しかけて名前を聞いてみました。その子は私と近づきにはなりたがりませんでした。エチオピアで同級生だった別の女の子が、キャンプに来ました。私は毎朝起きると、水道ポンプのところへ行って顔を洗うのにその子の小屋の前を通っていました。ある日その子を見かけて、互いにとても驚き、喜んで抱き合いました。すると他の人びとが「この子のことどうして知っているの？」と聞いてきて、それからは女の子がみな私に話しかけて自己紹介してくれるようになりました。その子の父親は尊敬されていて、良い家庭だとみなされていたのです。地位が低いと、人びとは関わりを持ちたがらない。それがキャンプでの現実でした。

私たち難民は、ここの住民コミュニティとうまくいっていませんでした。トゥルカナ族は自分たちの土地に難民キャンプがあるのが気に入らず、またＵＮＨＣＲからの支援で難民のほうが良い生活をしていると考えていました。私たち南スーダン人は誇り高い人びとです。身なり良くして尊敬されるのを自慢に思うので、配給物や所持品を売って素敵な衣服を買っていました。それは土地の人からは受け入れられず、難民のほうが身なりが良いと評判が悪かったのです。さらにまたキャンプ内でヌエル族とディンカ族のあいだに政治的問題がありました。キャンプは難民の民族出自によって四つの区画に分かれていて、人びとは家族ごとのグループで居住していました。私が着いたときにはディンカがもっとも大きなグループで、小さな民族グループの人びとは脅威を感じ、ＵＮＨＣＲの司令部近くに移っていました。ディンカ族の中にもジョン・ガラン支持者と、別のリーダーを立てるべきだと信じるその他大勢のあいだの亀裂がありました。これらのグループのあいだで時おり衝突が起こり、二〜三日続くこともあり、人が死んだり怪我したりすることもありました。ケニヤの治安担当がそのような衝突を鎮圧していました。

翌年私は小学校最終学年の八年生になりました。ある支援団体は私たちが最終試験に受かるよう専門の教師を派遣するために創設されたのに、腐敗してその基金を別のことに使ってしまいました。そのせいで学校に来るはずの本や備品にも影響が出ました。二〇〇万ケニヤシリング相当の教材が横領されてしまったのです。その団体が調べられたときには、それはもう破産してしまっていて、教育に関わる仕事から締め出されました。私たちは八年生を終えてから、キャンプの外にある正規の教員としっかりした資源のある良い学校に進学するという望みを失いかけていました。

そこでＵＮＨＣＲが学校運営を引き継いで、他の組織が見つかるまで担当しました。一人のカトリック尼僧が私たちに英語と音楽を教えてくれて、私に詩というものを紹介してくれました。新しい図書館が開設されようとしていたとき、その尼僧の先生がみなに幾つか詩を書いてみるよう勧めました。私たちは詩を書いたことがなく、それが何なのかもよくわかっていませんでした。先生は英語で書かれたアフリカ人による詩を幾つか例として示し、何でも好きなテーマで書いてみるようにと言いました。それで私たちはみな詩を書いて、中には新しい図書館の壁に貼り出されたものもありました。そうやって私は詩を書き始めました。小学校の終わりに近づいたとき、私たちがその先生にこれからどこに行けるのか尋ねると、「もう学校はないのです。でもみなさんは勉強を続けなくてはいけません。これから何が起こるかは誰もわからないのですから」と言いました。私たちは先生が上級の学校がキャンプに開設される可能性について言っているのかと思ったけれど、あと四年もキャンプにいたくはありませんでした。ある時期、頑張って勉強して良い成績を収めれば、別のところに行くと約束されました。級友のほとんどが、もう勉強に励む意味がないと考えていましたが、私のように「いや、とにかく勉強を続けてようすを見よう」と思う者も少しいました。

試験では私を含めて四名が優秀な成績を収めました。私たちは教育担当事務官の事務室に呼ばれて褒められました。その事務官は、ジェズイット会から私たちに奨学金が与えられて、会の司祭がカトリック中等学校の入学準備や制服を手配してくれており、明日の夜にキャンプを出発するのだと話してくれました。そうしてキャンプを出てケニヤの中等学校に進学しました。この学校では私の人生、考え方、ものの見方すべてが形成されました。とても良い先生がたがいたのです。

私たちの寄宿学校は、この地域に五つあるうちの一つで、私たちが着いたときには、ケニヤ人生徒の規律があまりにひどかったので、当局が閉校することを考えていました。生徒は好きなときにしか登校せず、愚か者のように走り回っていました。けれども当局は閉校する代わりに管理体制を一新して規律に厳しい司祭を校長に、そして学校運営に明るい教頭を招き入れました。悪い生徒を放校し、体罰も加え、やがてこの学校は普通の状態になっていきました。先生がたは私たちと話をして、人生で何が重要かということについて相談や指導を行ってくれました。先生がたから今の自分の助けになる多くのこと、例えば成功したければ規律を守り勤勉であるべき、といったことを学びました。人並みになるには努力しなければならないこと、自分さえしっかりして頑張っていれば、人に何と言われようとどう見られようと気にする必要はないことがわかりました。二年後には、私たちの学校は大きく変化しました。その地域の最低から最高の学校になったのです。

私たちは難民だからといって特別視されることはありませんでした。学校はそれについて口に出したりせず、普通の生徒として扱ってくれました。土地の生徒のおおかたは貧しい家庭の出身で、暮らし向きが良いケニヤ家庭の生徒もいましたが、学校側は富める者も貧しい者も平等に接していました。私は過去にこだわらず、学校の勉強に集中するようにしました。監督生になり図書館や実験室、学校行事の業務などの仕事もしました。またジェズイット奨学生の代表になり、奨学金プログラムについてみなを代表して担当官に意見を述べることもありました。そのように忙しくなって、過去のことは頭の片隅に追いやり、特に考えることもありませんでした。級友の半数より年上だったけれど、年齢についてとやかく言う者はなく、どれくらいの教育を受けているかが大切でした。

土地の生徒たちは難民の生徒を嫌っていました。私たちが学費免除だっただけでなく、制服も教科書も支給されていたからです。ここの生徒の中にも奨学生はいたけれども、学費が免除されるだけでした。中には「ただの難民」と私たちの悪口を言い、監督生の私の仕事を難しくしました。学校側は私を信頼して学校のために仕事をする権威を与えてくれたのに、こういった生徒はそれに対して敬意を持とうとしなかったのです。ケニヤでは、難民は、最低の存在とみなされます。最終学年には私は監督生を止めました。ケニヤの生徒たちが私を脅し始め、学業に差しさわりが出てきたのです。最終試験が近づく頃には、私はクラスのトップの地位から下から五番目くらいまで落ちてしまっていました。主任教員に問題を説明したところ、任を解いてくれました。土地の者にこのような扱いを受けた私は、スワヒリ語など絶対に覚えないと決意したのでした。

寄宿舎にいた一九九五年、父がＳＰＬＡから解放されました。スーダンに戻った親戚が、私がカクマにいると父に伝えていました。父がキャンプに来たとき私は試験準備で多忙でした。父はしっかり勉強するよう励ましてくれて、本を買ってくれました。その金がどこから出たのかわかりませんでしたが。電気が通っていなかったので、ハリケーンランプ〔火舎がついた強風用ランプ〕も買ってくれました。私が夜何もしないで過ごさないように、とのことでした。父は「さあ、頑張れ」と言ってくれました。

私は学校の休み期間カクマキャンプに帰らなければなりませんでしたが、高校を終えると永続的に戻ることになりました。私は詩を書いて過ごし、週に一度の創作ワークショップに参加しました。イギリスの福祉団体ウィンドル慈善トラスト〔現Windle Trust International〕がキャンプで英語を教えていて、その授業で私たちのワークショップについて話をしました。その生徒たちが会いにきて、話を聞き、ディスカッションにも参加するようになりました。スーダン、エチオピア、ソマリア、ザイール〔現コンゴ〕、ブルンジ、ルワンダからの人びとがいて、みなで詩を読んだり書いたりしました。出身地はまったく違い、ものの見方も異なり、キャンプ内で別のグループに所属していたけれども、みなが同じテーマで詩を書いたのです。私は散文より詩文を書くほうが好きでした。散文では自分の考えをしっかり構成された方法で正確に伝えなければならないからです。詩文ではこのような文の構成は必要ありません。とても流動的で読み手も好きなように解釈ができます。私たちの集まりは、惨めな思いや圧迫感を頭から追いやり、それを紙に書いて、話し合い、おしまいには気持ちが軽くなるような場所となりました。重い気持ちを抱えて歩き回り、どこに持って行ってよいかわからないのとは違いました。感情を共有することで、私たちは心理的に救われたのでした。

この頃までに奨学生は一〇〇名ほどになっていて、奨学金の担当官だった尼僧の先生には手伝いが必要でした。エチオピア人の補助員が物資の購入、保管と供給、教材の調達といった管理一切を担っていましたが、先生には学生のことを理解していてつながりが持てる者が必要でした。私が高校で難民学生の代表を務めていたことから、その役目を担ってほしいと頼まれました。私は行事を計画したり、勉強についていけるように週ごとの勉強会を開いたりして、学校が休みのあいだの活動の準備をしました。一年後に、若者文化プログラムの指導者訓練コースに参加するために休暇を申請しました。このプログラムは私が関わっていた社会奉仕事業で、若者向けの演劇や討論、詩作のような活動を展開していました。二週間の休みを取って行こうとしたが許されず、結局私はプログラムに参加し、戻ってくると職を解かれてしまったのでした。

すぐに私は中学校の教員職に応募し、そのまま採用されました。一九九九年から二〇〇一年までのあいだ、農業を教えました。その科目は自分が中学校で四年間学んでいたのでした。その頃にはキャンプ内には高校が三つできていました。私が教えた生徒は同い年、もしくは年長でした。授業の目的は、農業に従事してきた大部分の難民に、簿記や穀物の育て方、家畜の飼い方を指導することでした。これにより、彼らは平和が訪れたときに故郷の土地に戻るという希望を得ました。また大学に行って職を得るか、アメリカやオーストラリア、ニュージーランドに再定住することを希望する者もいました。だいたいにおいて、人びとはいつかすべてうまくいくよう望んでいました。ケニヤで大学に行くのは現実的でありませんでした。私たちのような外国人は授業料を払わなければならず、奨学金もほとんどなかったからです。でもいつでも、ある日何か起こるだろうという希望は捨てきれないし、物事は確かに起こるのです。小学校を終えたときに、良い中学校に進みたいと願った私たちが、実際に進学できたのですから！　二〇〇〇年には奨学金計画が始まり、毎年七～八名の若い難民がカナダの大学に進学できることになっています。現在では遠隔教育プログラムがキャンプ内で行われ、年間三〇名ほどの学生のグループが学んでいます。

当時、カクマキャンプにいるスーダン難民のほとんど唯一の選択肢が第三国定住でした。戦禍のスーダンに送還されることは不可能でした。ケニヤ政府は私たちの受け入れを拒んでいたので、難民キャンプを出る唯一の方法は、別の国に受け入れてもらうことだったのです。多くの人にとってこれは難しいことでした。キャンプにいる七万人のうち、第三国定住ができるのは毎年二〜三〇〇〇人だけだったのですから。希望者は申込書に記入し、それが選別にかけられます。そして幸運な者は面接まで進みます。選別する側の人びとは、キャンプにいるのが長く、そこでも迫害の危険がある者を優先していました。

私がカクマキャンプにいたあいだ、設備は改善していきました。石鹸を作ったり裁縫や刺繍を習ったりするようなコミュニティセンターが開かれました。図書館の本も増え、専門教育を受けたケニヤ人教師が学校で教えるようになりました。また支援団体もスポーツ活動や競技会を運営しました。私がキャンプを出てから問題が変わってきました。今や、第三国定住した人びとがキャンプに留まっている家族に送金するようになり、キャンプ内の物価が上がってしまったのです。前にも述べたように、私たちは誇り高い民族なので見せびらかすのが好きで、人びとは大きなステレオを買ったり素敵な洋服を着たりします。地域の人びとはこの分け前にあずかりたいので、キャンプに供給する物資の値段を吊り上げるのです。暴力も増えています。母がキャンプにいたときに、土地の人びとがキャンプを一週間襲ったことがありました。人びとを撃って物資を強奪しました。みなキャンプを出ましたが、スーダンには戻れませんでした。スーダンには医療も社会保障も、きちんとした教育制度もありません。だからもし四〇〇万、五〇〇万もの難民が大挙して戻ってきたら、また危機になります。みなじっと我慢して、これからどうなるか注視しているのです。

二〇〇五年一月にスーダンで南北包括和平合意〔CPA：南部スーダンの主要勢力であるスーダン人民解放運動と北部スーダンの主要勢力である国民会議党による〕が署名されてから、難民キャンプの人員数はおそらく少し減っています。けれども多くの人びとがまだ政府を信じられず、怖くて戻れないでいます。政府は過去に数々の条約を破っており、SPLAの指導者だったジョン・ガランを殺害したのはスーダン政府だとみな思っています。けれども誰も真相はわかっていません。

二〇〇二年〜　オーストラリアでの生活

私の家族はオーストラリアに受け入れてもらえませんでしたが、アブックの夫の親戚でオーストラリアにいた人が保証人になってくれて、健康診断と渡航の費用を払ってくれました。父と弟のデング、妹のアダットと私は二〇〇二年二月六日に人道ビザでオーストラリアに到着し、シドニーからまっすぐキャンベラに飛びました。ここに来るまで私はオーストラリアについてほとんど何も知りませんでした。ただ砂漠があり、シドニーが首都だと思っていました。カナダかアメリカにも行けたかも知れませんが、父はオーストラリアが地上で最高の場所だと思っていました。オーストラリアに来る直前に、私は先住民問題について聞いていました。ある男がオーストラリアは世界でもっとも人種偏見が強い国だと言ったので「なぜ自分たちがそこに行くんだ？」と考えました。また私は、白人はすべて悪者だとずっと思っていました。中学校では植民地時代を経験したアフリカ人作家の小説を読んでいて、その中では当時の政治状況のひどさが強調されていたからです。今思うに、悪人はどこにでもいるけれど、すべての人が悪いわけではなく、白人の描写も公平ではなかったのではないでしょうか。オーストラリアにも白豪主義の時代は人種偏見があったでしょうが、今はオーストラリアが世界でもっともすばらしいところだと思っています。ここでは自分の好きなことができて、誰もそれを邪魔しないからです。

私はキャンベラで人種偏見を経験したことはありませんが、人が私に会ったとき、最初に考えるのは私の肌が黒い、ということです。人は黒い肌を薬物取引やアルコールや愚鈍さと結びつけて考えていると思います。だからどこに出ても自分の能力を示さなければならないのです。「ほら、僕は他の人たちと同じく知性があるんだ。皮膚の色で間抜けだなんていうことはない」と言う必要があると感じています。私はまた背が高くて痩せているので、人と交わるときには、私個人ではなくスーダン人全体の代表として見られているような気がしています。

キャンベラはとても友好的なところです。当初私たちは、保証人になってくれた人と二〜三か月暮らして、その後寝室が五つある官製住宅があてがわれました。首都特別地域（ACT）政府の家賃補助がなければ、そんな家にはとても住めなかったでしょう。保証人になってくれた人が、通っていたキャンベラ郊外のピアスにある聖公会教会に連れて行ってくれました。故国でも聖公会に通っていたので、安心していられました。ここの教区民たちが、私たちが知り合いになった最初のオーストラリア人で、私たちが来た当初にひじょうに大きな支援をしてくれました。彼らは私たちの渡航費の一部を負担してくれていて、必要なものを何でもくれました。父はケニヤにいてたいへんな状況にある妹のアブックとその子どもたちについて心配していたので、ある教区員の人が彼らのオーストラリアへの渡航費を出してくれることになりました。センターリンクの給付が下りる前に、この人たちは寄付を募って私の最初の大学用教科書のお金を出してくれました。着いたばかりの難民をセンターリンクや、必要なら病院に連れて行ってくれて、寄贈された家具を運んでくれました。私たちは着いたときには何もわからなかったので、夕食に招いてくれたのがどのように貴重な経験だったかそのときにはわかっていませんでした。人はみな気楽で、私たちは彼らの話からこの情報を得て、また冗談を理解するようになりました。はじめは、何でもないことでなぜみなが笑っているのかわからないものです。司祭は私たちが来て喜んでいました。将来教区民の半数がスーダン人になることを望んでいたのです。キャンベラはそのように素朴ですばらしい場所です。

移民リソースセンター〔MRC：移民・難民に定住サービスを行う支援機関〕については、保証人から聞いていなかったので、一年ほど知らないでいました。納税申告書の書き方を無料で教えてくれるので頼みに行きました。その後、他にも多くの有益な助けが得られることを知りました。私たちはみな英語をよく話したので、ことばについての助けは必要ありませんでした。保証人は社会福祉給付金の登録をするために、すぐにセンターリンクに連れて行ってくれました。

キャンベラ大学に入学した最初の頃は、オーストラリア英語のアクセントがわからなくていらいらしたし、また誰も私の英語がわかりませんでした。誰も知り合いがいなかったので、授業にだけ出て帰宅していました。社会になじんでいく最良の方法は学校や大学に行って勉強さえすればよい、と思っていました。やがて次第にその仕組みに適応してきて、友達もできました。人びとと関わるようになって、その文化や行動、考え方を理解するようになりました。今はもう人びとのユーモアのセンスがわかるので、私のことを悪く言っているわけではないと理解するようになりました。もうびっくりすることもなくなり、安心してつき合っていられます。大学では、勉強の合間に図書館で働いたり化学専攻の一年生に教えたりしてお金を稼ぎました。来週からは多文化ユースサービスで働き、その内容をいかに向上させるかについて考えていきます。

オーストラリアに着いたときには父は癌を患っていたのですが、そのときはまだその診断が出ていませんでした。しばらくして、背中の痛みがひどくなり、とうとう歩けなくなってしまいました。トイレにも私が抱えていくようでした。父の気分は落ち込み、亡くなった人に会う夢を見るようになり、また悪夢にうなされました。病院に連れて行ってもらったところ、医師は父が癌を発症していてかなり進行していると言うのでした。父は背中から骨を取り除く手術を八〜九時間にもわたって受けました。その部分に癌があって脊髄を圧迫し、身体を麻痺させていたのです。手術の翌日、父は私に伝言を書いて寄こしました。私や家族が過去に受けた過ちに対して復讐を求めず、できればアフリカに残した家族を助けるように、というものでした。伴侶の出身国はどこでも構わないが、必ず良い人と結婚するように、とも言いました。故国では、伴侶の選択は両親、家族、そしてコミュニティ全体が行うものであり、本人はほとんど口を挟めないのです。また父は勉強を続けること、頑張って資格を取ること、そしてこの国でひとかどの人間になるように、と説きました。

手術の二週間後、癌がまた広がり始めました。父は落ち込み、私たちが面会に行っても帰ってくれと言うのでした。唯一彼が一緒にいたがったのは、私たちの友人で権利擁護の支援者であるマリオン・レイ（第九章）でした。マリオンは本当によくしてくれて、病院に来ては父のそばにいてくれました。そして彼女は私たちに、父の否応なしに面会に来るようにと言いました。父は何が起こっているのか、またどうしたらよいのかわからないので、ひどく混乱してしまっていました。父は私たちに勉強してほしがっていたので、病院に来るときには教科書を持ってくるようにと言いました。私たちは父の世話をしながら勉強しようとしました。とても辛いことでした。

その時期、母がケニヤのカクマ・キャンプにいとこたちといることがわかりました。みなをオーストラリアに呼び寄せようと考えたがお金がありませんでした。マリオン・レイが大きな力になってくれました。父が死ぬ前に一目母に会いたがっていたので、申請を早めてくれたのです。マリオンはまた父と私が勉強していたキャンベラ大学に援助を求めました。大学側も寛大でした。彼女はまた、私たちの家族についてＡＢＣの「ステートライン」という番組で放映されたことを受けて、キャンベラの人びとからの寄付を募りました。こういった援助がなければ母と三人のいとこはオーストラリアに来られなかったでしょう。母たちは父が亡くなる三日前に到着しました。本当にあわただしいときでした。

私は子どものとき、聡明で学校でもよくできました。父はいつの日か私が医師になってくれればと望んでいました。それから戦争になり、何もかも間違った方向にいってしまいました。ケニヤのキャンプにいたときも、私はいつの日か医学を勉強したいと願っていて、キャンベラに来たときもその可能性は高そうでした。最終試験の結果医学部に入れなかったので、医療科学を勉強することにしました。そうすれば医学への道が開けるかも知れないと思ったのです。今、四年の勉強を続けることに迷いを感じています。仕事に就いて、それから考えようかと思っています。落ち着いて、他の人たちのように仕事をして、いつの日か家族も持ちたい。もう詩を書いている時間はあまりないのです。

妹のアダットも医師になることを希望していて、キャンベラ大学で医療科学を学んでいます。弟のデングはタスマニアで法学を勉強しています。もう一人の妹のアブックは四人の子どもを抱えて少々たいへんです。彼女の夫は戦争で亡くなってしまいました。妹は来たときに英語を少し話せましたが、さらにキャンベラ工科専門学校で英語の授業に通い、高校の最後の二年を修了しました。キャンベラ大学で予備科に通い、看護学科に入学しました。

私は今やオーストラリア市民となり、最近の選挙でも投票しました。オーストラリアの政治について理解しようと努めていますが、ときどき混乱します。オーストラリアについて不思議に思うことの一つが、人びとは何でも――素敵な家、食べ物、衣服、お金――持っているのに、まだ惨めな思いをしているということです。その惨めさから逃れようとして自殺を図ったりお酒を飲みすぎたりする。キャンプでは、どんなに状況が悪くても生き延びることが大事で、それがあまりにひどいときには、どんな人間もこれをくぐり抜けられないだろうと思うくらい困難でした。だが生き延びなければ、ということが念頭にあったので、どんな環境でも私は耐え抜きました。人生が絶望的でも、いつも希望を持っていました。明日には物事は変わるだろうと。

ピーター・デニス

一九九六年、リベリアの反政府側兵士が我が家を襲ったとき、私は五人の子どものうち二人と共にギニアに逃げ、そしてガーナのキャンプに移った。二〇〇六年にオーストラリアに難民として認定され、二〇〇七年に妻や他の子どもたちと再会することができた。

一九六六〜一九九六年　リベリア

私は一九六六年一月一日にリベリアの首都であるモンロヴィアで生まれました。父のジョン・デニスは地域の首長で、農業を営んでいました。母はラブ・ボーマンといい、私は一二人いた子どものうちの一人でした。私たちは福音派教会の信者で、国語となっていた英語とジオ・ダンという現地語を話しました。子どもの頃、雨のとき以外は私はいつもサッカーをして過ごし、雨が降ったときにはみなで屋内でテニスボールを使って遊んでいました。私はモンロヴィアの公立小学校に通いました。私の家はリベリアの基準から見ても大家族だったので、食事は一日に一度、昼食だけでした。けれども当時は国内が平和で、問題がなかったので、幸せな子ども時代でした。

リベリアの人口のおよそ二〇パーセントがかつての奴隷の子孫で、一九世紀初頭にアメリカの大統領によって解放されたのでした。彼らには教育があり、国の指導者になりました。彼らは産業界や政

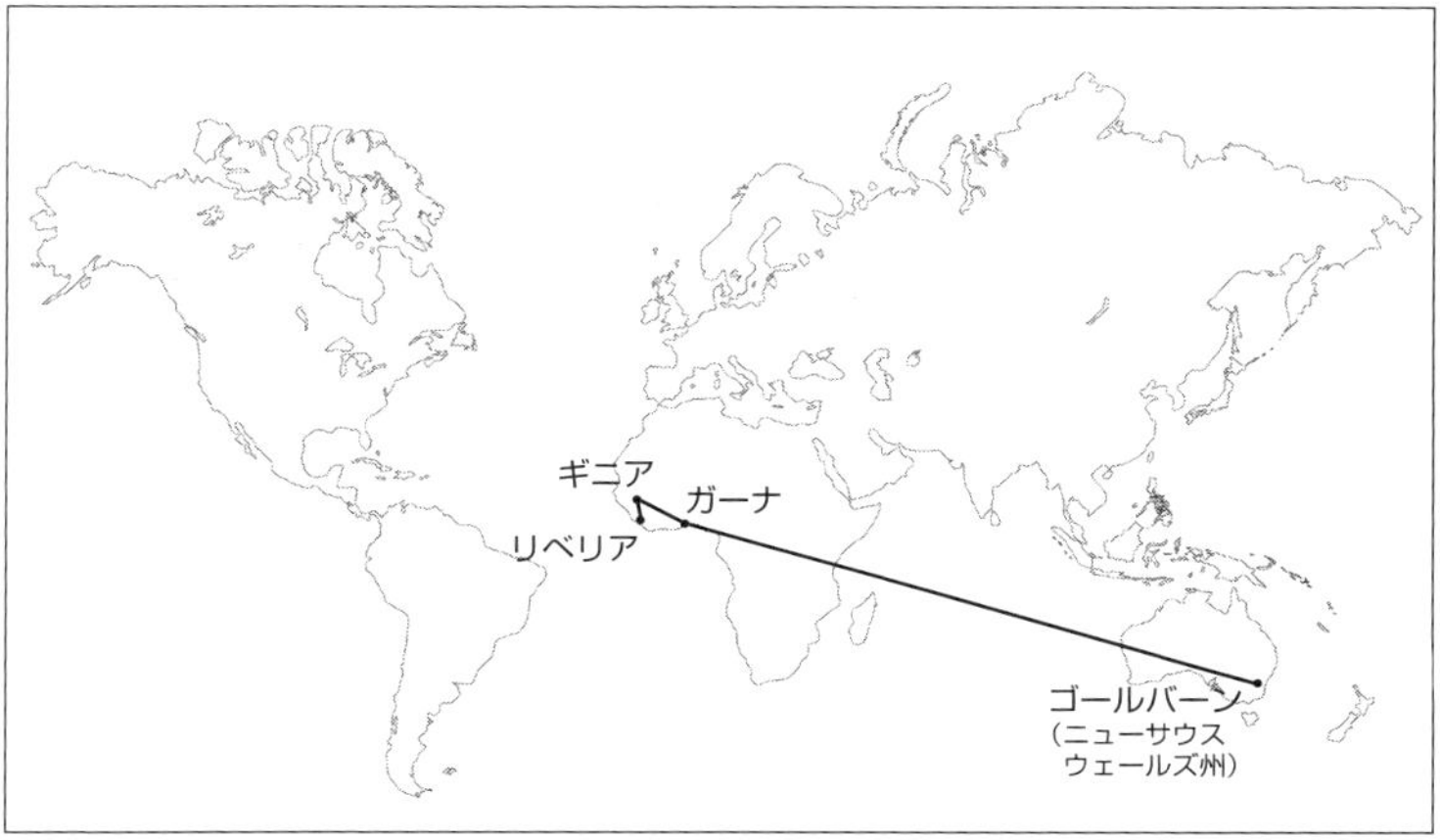

界を牛耳って権力を一手にしていたので、私たちは征服者と呼んでいました。しかし一九八〇年にリベリア生まれで先住民族のサミュエル・ドウがその権力を奪い取りました。その年、ドウの政府によって父は地方の多くの町を任され、人びとが国の憲法、法律、規則を守るよう監督することになったので、私の家族は内陸に引っ越しました。私は中学を続けるために兄たちとモンロヴィアに残りました。

一九八三年、私は高校を卒業してアッセンブリーズオヴゴッド教会〔プロテスタントのペンテコステ派世界最大の一派〕の神学修了書を手にしました。そして国立港湾局で積荷の到着や出港を記録する仕事に就きました。二〇歳頃にメイベルと結婚し、五人の子どもをもうけました。

一九八九年にリベリアで内戦が勃発し、私たちは家を離れなければならなくなりました。チャールズ・テイラー率いる反政府組織は、国の内陸部から攻め始め、都市に来るまでに時間がかかっていました。実際に私が影響を受けたのは一九九六年になってからでした。その年、ドウ政府のもと内陸部で働いていた父が、リベリア国民愛国戦線（NPFL）の反乱兵士に殺されたのです。彼らはもとはコートジヴォワールから来ていて、リベリアを移動するあいだに、やって来た町の首長を一人、二人と殺していったのです。父は不幸にもそうやって殺されたうちの一人でした。当時母もそこにいましたが、何とかコートジヴォワールに逃げ出して、しばらく留まったあとアメリカに渡りました。私のきょうだいが一九八〇年から住んでいたのです。

反政府側はモンロヴィアに達すると、私がきょうだいと住んでいた家にも押し入ってきました。そのとき家には大人七人、子ども一〇人の計一七人が暮らしていました。メイベルは、子どものうち三人を連れて郊外の実家に帰っていたので、その場にはいませんでした。反乱兵士は私たちを探していました。兵士だった一人の兄が、父を殺したNPFLの指導者が誰だか知っていたからです。兄は殺され、我々も殺されかかったとき、国連PKO軍がやって来て反撃しました。この戦闘の中から私たちは港に逃げ、国連軍の砲艦でギニアに渡りました。

一九九六〜二〇〇六年　ギニア、ガーナでの難民生活

私たちはギニアのゾーという小さな町で三年暮らしました。コートジヴォワールにとても近いところでした。キャンプではなく、町から与えられた大きな庭のついた三軒の家に住み、その庭で野菜を育てて売って食べ物や必要な品々を買いました。一九九九年に母がアメリカで無事にいることがわかったので、ガーナの国連難民キャンプに行って、母との連絡を希望しました。メイベルと三人の子

どもたちがどこにいるのかはまったくわからず、その後一〇年会えませんでした。

ガーナの国連難民キャンプはとても大きなところで、人が押し込められていました。ほとんどの難民はリベリアから来ていましたが、シエラレオネ出身者や、コートジヴォワールからの者もいました。難民は自分で泥レンガを組み立てて防水シートで覆った小屋を建てて、そこで生活しました。当初国連の食糧配給がありましたが、それが止まると、自分たちで調達しなければならず、遠くまで探しに行ったのですがなかなか見つかりませんでした。飲み水や洗濯用の水も買わなければなりませんでした。その地域はひじょうに乾燥していて水が貴重だったのです。キャンプで最悪だったのはこの水問題で、加えてトイレの問題でした。トイレの区画を建てるまで、キャンプの難民は藪で用を足さなければならず、それによる汚染や蚊が蔓延していたせいで多くの人が病気になりました。キャンプには医師や看護師が常駐する診療所があって、予防接種をしたりマラリアの手当をしたりしていました。総合病院に行きたい場合は、国連がガーナの首都アクラに連れて行くのです。私たちは菜園を作り、姉は雌鶏を飼い始めた。なかなか苦労の多いところでした。

国連は子どもたちのために学校を運営しました。教員は国連によって訓練を受けたリベリア人でした。中にはリベリアで実際に教員をしていた人もいました。アッセンブリーオヴゴッド教会の司祭も多くいました。少ししてから私たちはキャンプ内に教会を設置し、私はそこで働きました。アメリカには多くのペンテコステ派教会があるので、大勢のリベリア人がペンテコステ派です。キャンプ内の法と秩序はリベリア人リーダーとガーナ人の収容所長によって保たれていました。その他の政府が警察所の建設費を出していたので、警官がいて、キャンプ内の平和を保つようにしていました。キャンプの出入りは自由でした。エンジニアのような技術を持ったリベリア人の中には、キャンプの外で仕事に就いた抜け目ない者もいましたが、数は多くはありませんでした。リベリアは遠くにあり、キャンプ内では安全でした。

国連はキャンプ内で調査を行い、一人ひとりに身分証を発行し難民認定をしました。リベリアに戻るのは危険だとわかっていました。国連はいろいろな国にキャンプの難民を受け入れるよう要請し、幸運にもオーストラリアが私たちを引き受けてくれることになりました。移民局の役人がキャンプに来て、私たちは女性の担当官の面接を受け、何が起こったのか、どうして帰国できないのか質問されました。その人はオーストラリアについて何も教えてくれませんでしたが、私たちが認定されたあと国際移住機関（ＩＯＭ）が説明会を開いてくれて、オーストラリアがどのようなところか、リベリア人や他のアフリカ人がどのくらい住んでいるか、難民が到着してからどのように受け入れがされるか、どのようなサービスが提供されるか、どうやって生活していくか、どのようなことが期待できるかについて教えてくれました。彼らが見せた映像には、空港の出迎えから住まいに落ち着くようす、福祉サービスを受けるためにセンターリンクに行くことなどが紹介されていました。Ｘ線を撮ったり心臓や血液検査をしたりして多くの健康診断を受け、私たちはみなそれに通いました。

七人の親族と一〇人の子どもがみな受け入れられることが決まってとても嬉しくわくわくしました。リベリアに戻れないので何年も亡命生活をするかも知れないと思っていたからです。オーストラリアについてはほとんど知りませんでしたが、行くことにしました。そして到着すると、この地がとても好きになりました。

二〇〇六年　オーストラリアへの旅

今まで飛行機に乗ったことがなかったので、私たちはこの大きなジェット機がとても快適であると初めて知りました。だいたいにおいて楽しむことができました。何も見えなかったので子どもたちは怖がっていました。誰も機内食を食べられませんでした。三日間機内に置かれていたものかも知れないと思ったのです。シドニーからキャンベラに向かう小型機はとても恐ろしく感じました。二〇〇六年二月一五日にキャンベラに到着すると、ようやく私は人生が変わったのだとわかり、安全だと実感しました。

ゴールバーンでの生活

キャンベラ空港に着いた私たちをセンタケア（第九章）のシミン・ファルザン（第四章）が迎えてくれました。シミンは私たちを素敵なホテルに案内してくれ、その晩はそこに泊まりました。今までホテルで寝たことはありませんでした。シミンはまたチキンも買ってきてくれたので、食べ物が十分でした。翌日私たちはまっすぐにゴールバーンに向かいました［キャンベラより八〇キロのニューサウスウェールズ州の町］。二〇〇三年の山火事以降、キャンベラでは賃貸家屋が少なくなってしまったのです。センタケアのコミュニティワーカーがゴールバーンでの生活開始を支援してくれました。

オーストラリア人について私が奇妙に感じたのはその親しみについてでした。彼らはいつでも人の顔に微笑が浮かんでいるのを見たがるのです。故郷では男は普通そんなににこにこしないのですが、ここオーストラリアでは、いつも「笑ってみせて、笑って！　笑って！」と言われます。それに彼らはいつも話しかけてきて助けたがります。それが口だけではなく、本心なのです！　彼らは「何をしてほしい？　どのように助けてあげられる？」と聞きます。それは私には不思議で、そしてすばらしいことだと思いました。それから政府の支給金です。それはとても変わっていて、アフリカではあり得ません。それにオーストラリア人の英語の発音も変わっています。変わっていることはたくさんありますが、これらはほんの一例です。

ゴールバーンでは多くの人たちが助けてくれました。たくさんの人、主にアッセンブリーオヴゴッド教会の信徒が昼食や夕食に招いてくれました。とても開放的で、素敵な人たちです。私たちが、これまでの人生や起こったことを話すのが、彼らにとっても有益なのではないかと思います。私たちは教会で自分の話をしています。彼らは長いあいだ空腹でいるとか、戦争で家を追われるという経験をしたことがないので、それを聞きたがるのです。私たちの物語が彼らの知識を広げるのであり、それは良いことです。私は教会で説教を行うこともあります。

コンパニオンハウス（第八章）も私たちをずっと支援してくれています。オーストラリアの文化に溶け込み、二つの文化をつなぎ合わせることでより良い生活が送れることを教えてくれました。私たちが直面しそうな医療問題についても助けてくれます。私は今のところこのサービスを受ける必要がないのですが。ゴールバーンには難民に共感してくれてその問題に理解を示してくれる医師がいます。

一番大きかったのは、コンパニオンハウスが赤十字とガーナの教会の司祭を通じて私の妻の居場所を突き止める助けになってくれたことです。司祭が電話で妻が生きていることを知らせてくれたとき、私は狂喜しました。その喜びをすぐに赤十字、センタケア、コンパニオンハウス、そして教会に知らせ、みなもとても喜んでくれました。妻は三人の子どもを連れてリベリアからコートジヴォワールのアビジャンに逃げていましたが、そこでも戦禍に遭い、ガーナに逃れていました。だが難民キャンプにいたのではありませんでした。アクラに住み、子どもたちはそこの学校に通いました。仕事には就けませんでしたが、土地の人びとに助けられていたそうです。妻はもう私には会えないと思っていました。ガーナの国連難民キャンプのことも知りませんでしたが、私と連絡がついてから、そのキャンプに移動し、赤十字と連絡を取りました。コンパニオンハウスが妻の難民ビザ申請の費用を立て替えてくれて、妻と子どもたちは二〇〇七年二月二二日にオーストラリアにやって来ました。離ればなれになったとき子どもたちはまだ幼かったけれど私のことがすぐわかりました。連絡を取り始めてから、妻が写真を見せながら私のこと、そして兄や姉のことを話していたからです。

オーストラリアの最初の半年間、センタケアも私たちにとても良くしてくれました。オーストラリア社会で定住するためにいろいろな方法で助けてくれ、ことにゴールバーンの職業訓練専門学校（TAFE）の移民向け英語講座に入れたのが役立ちました。リベリアでは英語を話していたけれども、オーストラリア英語の発音を学ばなければならなかったのです。最初に来たときは人が何を言っているのかわかりませんでしたし、私が言うことも理解してもらえませんでした。今はもうオーストラリア人の友達もいて、彼らのことばをちゃんとわかるようになっています。仕事に就いてからはもう受講を続けることができませんでしたが、シドニーのTAFEに課題を郵送し、返却してもらっています。

妻は今、英語文法とコンピュータのクラスに通っています。二一歳になる長女はTAFEで一二年生の修了試験の勉強をしていて、いい成績です。卒業したらキャンベラかウロンゴンの看護学校に行きたいと言っています。ガーナのキャンプの学校に通っていた他の子どもたちは、ゴールバーンに来た当初は学業がとても遅れていましたが、今はもう追いついて頑張っています。主な問題は、私と同じく英語の発音です。娘は、最初に着いた頃は教師が言っていることを理解するのに二か月かかったと言っています。子どもたちはアフリカ出身の子どものための特別放課後クラスで宿題を見てもらっていました。学校で子どもたちがいじめや人種差別に遭ったことはありません。ゴールバーンの生徒たちは良い子で、私の子どもたちは一緒に楽しんでいます。

オーストラリアでの買い物はリベリアとは異なります。ここでは値段が決まっていて交渉はしないのです。最初に車の修理を頼んだときに、修理工に値切ろうとしました。というのもアフリカでは、二〇〇ドルと言われたら一〇〇ドル、ときには五〇ドルにまで下げられるからです。その修理工は驚いて、私が値引きを請うているのだと考え、交渉を拒否しました。私に運転を教えてくれたロータリークラブの人が教えてくれました。「ここでは値切らないし、値引きを頼んではいけません。人が何かの値段を言ってきたら、それはあらかじめちゃんと価値を計算してから決めた値段なのですよ」。

現在私はいろいろな責務があって勉強ができていません。もっと大きな家を借りなくてはならないのです。でも勉強できるようになったら、サザンクロス・バイブルカレッジに通って神学とパストラルケア〔宗教的指導者が与える心理療法的なケア〕を学び、いずれは専任の司祭になりたいと思っています。これには三年かかります。リベリアでのかつての教育を証明する書類を失くしてしまい、ここでは資格が認められないのです。ガーナでは説教の経験を積んでいました。現在は教会でボランティアをしていて、また仕事としては庭用の飾り物や置き物を作る会社で働いています。給料と家族手当で家族を養っています。何とかやっていますが、かつかつです。

私たちの文化では、舞踊と音楽が重んじられています。私の子どもたちは教会でゴスペル曲を歌い、またセンタケアの催しでも歌を歌っています。学校では文化活動に協力して、アフリカ人とオーストラリア人の子どもたちがそれぞれの歌や踊りについて学ぶ活動にも参加しています。現在はもうセンタケアとの接触は少なくなりました。センタケアの六か月の支援期間が終わると、ゴールバーンの多文化リソースセンターが引き継いでこの組織がこれから五年のあいだ私たちを支援してくれることになっています。何か助けが必要なときには彼らを訪ねればよいのですが、私たちはオーストラリアで自立して暮らすための基礎知識を持っているとみなされています。

私たちはオーストラリアの永住許可が取れて、数年すれば市民になれます。オーストラリアでもっと子どもを作り、その子どもたちも子どもを持つでしょう。私たちの文化を子どもたちに伝え、それがまたその子どもにも伝わっていくでしょう。私はインターネットや、まだ残っている多くの家族によってリベリアの情報を得ています。リベリアの状況はまだ良くないけれど、今はすばらしい女性が大統領になっています〔エレン・サーリーフ、一九三八年生まれ。大統領職：二〇〇六〜二〇一七。二〇一一年にノーベル平和賞を受賞。二〇一七年一二月に元プロサッカー選手のジョージ・ウェアが大統領選に当選〕。たいへん良くやってくれていますが、一人ではすべてを改善することはできません。

私の子どもたちには、人生でもっとも大切なことは平和だと教えたいと思っています。オーストラリア人はこの平和な国を与えられたことを神に感謝すべきです。私たちがくぐり抜けてきた数々の体験はどんな人にとっても人生でもっとも残酷なことがらです。平和のない国に住むのは恐ろしいことであり、オーストラリア人は神の慈悲に感謝して、この国が平和であり続けるよう努力すべきです。

第二部　希望を支える

一九五〇年〜一九九九年——コミュニティによる協力

オーストラリアにたどり着いた難民は、文化も、経済の仕組みも、政府も言語もすべてがとても違う、異質で新しい社会で、その生活を一から立て直すという難行に立ち向かう。この初めての慣れない環境で、希望の火を絶やさないために再びその勇気に頼らなければならない。だが幸運なことにこの人びとは、一人で立ち向かうのではない。オーストラリアには難民や移民が歓迎されていると感じられるように支援する長い歴史があり、多くの貴重な受け入れサービスを提供してきた。これらは、難民たちが新しい国において幸せで生産的なメンバーになるためには大いに必要なことである。本書の第一部でキャンベラに到着したときの戸惑いを語ってくれた難民たちの多くは、キャンベラ市民によって励まされ、援助されてきた。この第二部ではその市民たちが彼らの視点から難民定住について述べる。

一九五〇〜一九八〇年　「良き隣人運動」

一九四七年に、オーストラリアの最初の移民大臣であるアーサー・コルウェルは、国際難民機関（ＩＲＯ）による、戦禍で荒廃したヨーロッパのキャンプに収容されていた何十万人もの難民の再定住への支援の呼びかけに応じた。強制収容所や強制労働所の生存者や、当時ソ連の一部となった故郷から追われた人びとが、一九四七年一一月にオーストラリアにやって来た。一九五二年までに、オーストラリアはそのような難民を一七万七〇〇〇人も受け入れた。

移民省社会福祉局の最初の局長だったヘイゼル・ドブソンの勧めで、コルウェルは「良き隣人活動」というオーストラリア全土にわたるコミュニティ組織や個人のボランティアのネットワークを創設した。コルウェルは、移民省という新しくて小さな省には、この大挙して押し寄せる難民、そしてこれから将来的に受け入れようとしている何十万もの移民をうまく再定住させる知識や資源はないことがわかっていた。一九五〇年に開始してすぐに、この活動の地方支部が全国に開設され、それぞれの州の協議会で管理された。協議会の事務所や設備は移民省が賄った。

ドメニコ・ロマノとキャンベラの「良き隣人運動」

「良き隣人運動」に当初参加していたのは、ほとんどが古くからのオーストラリア人だったが、間もなく支援を受けた移民たちが、その言語スキル、文化の知識、定住のための当初の経験を資源に、新しく来た人びとを助けたいと申し出てきた。そのうちの一人が若きイタリア人ドメニコ・ロマノで、

彼は一四歳のときにたった一人でメルボルンに移民として来たのだった。寂しくてたまらず、彼はこの活動のフィッツロイ支部に参加して、友人を作った。支部の人びとは家に招いてくれたり、新しい移民のための政府による無料の英語教室について教えてくれたりした。それから七年のあいだ、ドメニコは工場の夜間勤務をしながら学校に通った。その後キャンベラに移って連邦警察の職につき、一九六八年にオーストラリア国立大学で法学を修め、妻の弁護士業に加わった。

ドメニコは活動に対する恩義を、一九六八年から一九七九年の活動停止までウォデン・ヴァレー支部への弛みない奉仕で返した。そこではメンバーたちが移民省から受けた情報をもとに、新しく到着した人びとをコミュニティに迎え入れ、彼らに政府による成人移民用の英語教室と、ボランティアの独自の活動による英語個別指導の両方に参加するよう促した。さらに、移民省が移民と支援者向けに作成した『良き隣人』という英語の情報冊子も配付した。

この活動は移民が社会福祉の恩恵を受け、住まいや職を探し、新しい友人を作る手助けとなった。移民は誰でも参加可能だったが、イギリスからの移民はほとんどその必要を感じなかった。活動自体は移民や難民のための政治的ロビー活動は行わなかったが、たびたび彼らが遭遇している問題を移民省に知らせ、省のほうでもそれに対応していた。一九六〇年代までには、新しくキャンベラに来た人びとを助ける側が少数民族コミュニティ出身者となっていた。彼らには着いたばかりの日々がどのようにたいへんなものか、経験からわかっていたのだ。

到着したばかりの多くの難民は、（現在は国会議事堂が建っている）キャピタル・ヒルか、現在の市民プールがある場所に近いパークス通り沿いのマルワラにあった政府のホステルに住んだ。そこは寮のような形式の宿舎で、二メートルの高さのトタン屋根がついたアスベストの小屋がずっと並んでおり、冬は凍えるほど寒く、夏は暑かった。植林業者のための労働者宿泊施設もピアス・クリークに建てられていた。

政府が「良き隣人運動」を創設した目的は、移民を「同化」し、アングロ＝ケルティックの多数派のように変えるためだった。ドメニコは、同化などとは空言で、成功するような政策とはいえないと考えていた。「なぜなら人格というものは、その人が育った環境やコミュニティによって形成されるのだから」。彼は移民の「融合」のほうがずっと好ましいと考えた。これは一九七〇年代に政府が移民の定住に向けて行った方策で、移民とホスト社会の譲り合いという意味合いが強かった。一九七〇年代後半にこの運動は終わりを迎える。

ブライアン・エッサイと「良き隣人運動」の廃止

オーストラリア全土の「良き隣人運動」事務所を閉める役割を担った移民省の担当官は、自身が移民だった。ブライアン・エッサイはインドでイギリス人の両親から生まれた。インドでの教育を終え、ロンドン・スクール・オブ・エコノミクスを卒業した。パースに移民したのち、パプアニューギニアで働き、一九六六年から移民省の職員となった。

一九七〇年代後半に定住サービス部門の事務局長補佐代理となったブライアンは、「良き隣人運動」

との連絡役を務めていて、この「運動」は草の根の活動として効果的だと考えていた。一九七九年にガルバリー報告書〔フランク・ガルバリーを議長とする委員会が連邦政府による移民支援サービスについて調査・再評価し一九七八年に発表した報告書〕を受けてマルコム・フレーザー首相はこの「運動」を廃止することにした。ブライアンはその廃止のために組織された三名の委員会の委員長として、オーストラリア全土をまわり、「良き隣人運動」委員会からの資金、蔵書、家具、記録文書の引き揚げに携わった。予想外の廃止決定に反対の声が上がった州もあったが、ブライアンは「たいていの場合、冷静に受け止められた」と報告している。

一九八〇～一九九九年　移民リソースセンター（ＭＲＣ）

ガルバリー報告書は、「良き隣人運動」を「移民リソースセンター」と置きかえるよう勧めていて、一年経たないうちにその最初のセンターが設立された。センターは「良き隣人運動」委員会とは異なり、選出された委員会によって地域ごとの自律的な事務所が管理運営されることになった。この組織は「運動」の移民定住への役割をすべて引き継ぎ、新たに機能を加え、移民省との協力体制と運営への関わりが強められた。それぞれの運営委員会においては、上級担当官が移民省を代表してその役割に関わり、省の意向を伝え、委員会の意見を省の事務局長に直接知らせた。委員会は省に助成金の申請を提出し、これが承認されると、省の年間予算の一部とされた。

ドメニコ・ロマノは一九八一年から一九八三年までキャンベラMRCの副委員長、そして委員長を務めた。ドメニコの言によれば、この委員会の役割は、「ドアを開けて入ってくる問題を抱えた移民の誰でも支援することだ。これには、役人たちを急き立てて当初の予定よりも早く難民に関わる問題に取り組ませることも含まれる」。

一九八〇年代の終わりまでには、キャンベラの移民人口が要求する内容は完全に変化していた。数は減っていたが、東南アジア、特にベトナム人と中国人の難民流入が増大していたのだ。これによって、センターのスタッフは異なった文化圏の人びとと適切なコミュニケーションを築き、信頼を得るための方法を探らねばならなかった。スタッフは難民のための公的支援による医療サービス、住宅、児童の教育を求めて役所と渡りあった。また最初に「良き隣人運動」によって作られた英語の個別指導もボランティアによって続けられた。

地域のエスニックコミュニティ組織は、内部に社会問題に対応できる人的資源がなかったので、MRCのソーシャルワーカーであるエリザベス・プライスに頼っていた。

エリザベス・プライスとMRC

エリザベス・プライスは、オーストラリア国立大学で現代言語学と文学を習得し、その後キャンベラ高等専門学校〔のちのキャンベラ大学〕で教育学修了証を得た。それからスイスとフランスで七年暮らし、その後キャンベラに戻って成人移民教育プログラムで英語を教えた。一九九〇年から九九年まで、キャンベラのMRCで定住支援員として働いているあいだ、キャンベラ大学でカウンセリングの大学院課程を修了し、さらにモナシュ大学でソーシャルワークの学位も取った。

MRCでプライスは、移民が政府系・非政府系両方の組織から受ける権利のある支援を得るために、手紙を書いたり、書類に記入したり、また訓練や雇用を得るのを手伝った。彼女はまた、移民省のコミュニティ難民定住計画（CRSS）によって最低限の基金を得ているコミュニティ組織と連絡を取り、難民家族が定住するのを助けていた。

一九七九〜一九九九年　コミュニティ難民定住計画

マリオン・レイとインドシナ難民協会（ICRA）の設立

ニュージーランド生まれの教師マリオン・レイは、一九七一年にオーストラリアに移住してきた。オーストラリア国立大学の人文科学を専攻して間もなく、一九七五年のサイゴン陥落で多くのベトナム人留学生がオーストラリア国内に立ち往生してしまっているのを目の当たりにした。その生涯を懸けた難民への貢献は、全国規模のインドシナ難民協会のキャンベラ支部を立ち上げたときに始まったのだ。一九七五年にアデレードで創設されたこの協会のキャンベラ支部は、一九七八年に設立された。同年フレーザー政権がベトナム難民をアジアの難民収容所からオーストラリアの移民ホステルに避難させていた。すぐにこの支部は三〇もある難民支援グループを統括するようになった。グループの多くは教会を基盤としていて、特にカトリック系が突出していた。その他は公務員によって運営されていた。それぞれのグループは、銀行口座に二〇〇〇ドルの預金がある場合に限って登録することができた。オーストラリア国立大学の人口統計学者チャールズ・プライス博士が率いる難民再定住特別委員会によって調整されていて、この委員会には住宅省やさまざまなスポンサーグループの代表も加わっていた。

戦後の移民ホステルはその頃までには壊されていた。そこで一九八九年にオーストラリア首都特別地域（ACT）が自治行政府を開始するまで、ここを管轄していた連邦特別地域省が、新たに到着した難民家族が公的住居の割り当てを受けたり個人で住居を賃貸できるようになるまで四〇戸の住宅を提供した。協会は難民家族の保証人になるための取組を概説したハンドブックを会員に向けて刊行した。ハンドブックでは、セント・ヴィンセント・ド・ポール〔歴史が長いカトリック系の支援組織〕のような支援団体の資源に頼るよりも家具の寄贈を探すよう奨励した。それは難民への反発を起こすのを避けるためだった。

タイやマレーシア、インドネシアや香港の難民収容所からオーストラリアにやって来た東南アジアの難民は、みな移民省の役人によって渡航用の文書が与えられていた。この手続きはオーストラリア国外で行われた。いったんオーストラリアの永住権が与えられれば、難民は到着後二年で市民権を取得でき、ほとんどの難民が有資格になるとすぐ申請を行った。彼らはまた、残してこなければならなかった家族の保証人になる権利も付与された。難民がオーストラリアに着くと、その名前が移民省からオーストラリア中のＩＣＲＡの支部へと送られ、そこで定住の支援がされるのだった。

移民省は、このコミュニティを基盤とした組織体系を「コミュニティ難民定住計画」（ＣＲＳＳ）のモデルとした。この計画に最初に申請して加わったのは、ＩＣＲＡの南オーストラリア・ワイアラ支部で、一九七九年一二月に移民省によって認可された。ＣＲＳＳのプログラムのもと、移民省はオーストラリア全土の系列下のグループに、それぞれの難民家庭が到着したときの一時的住居と、家電その他の家庭用品を買うための一〇〇〇ドルを提供した。キャンベラに割り当てられた最初の四〇の難民家族がキャンプから直接到着したとき、ジョン・モロニーとドニーズ・モロニーのような人びとが空港に出迎えた。彼らは心温まるようしつらえた家に難民を連れて行ったのだった。

ジョン・モロニー、ドニーズ・モロニーとＩＣＲＡ

インドシナ難民の家族がキャンベラに定住するのを助けたジョンとドニーズ・モロニーの経験談は、まさにＩＣＲＡの多くのメンバーがこの地における難民定住のための働きにもたらした愛と熱意を伝えている。一九七九年にＩＣＲＡのグループを創立したとき、彼らにはそれ以前の移民・難民支援グループとの関わりはまったくなかった。

インドシナ難民を支援したいというこの二人の願いは、オーストラリアがこの戦争に関わったことから発していた。カトリック司祭で後にオーストラリア国立大学のオーストラリア史教授となったジョンは、到着したばかりの難民の実際的なケアをドニーズに任せがちだった。彼はその時間とエネルギーを移民省との折衝に集中し、必要なときには政治的ロビー活動も行った。四〇人ほどの、多くがカトリックの友人とともにグループを形成し、そのうち一〇人ほどが活発にミーティングに参加したり難民支援を行ったりしていた。あまり時間が取れないメンバーは、補足的基金が必要なときに支援をした。彼らは宗教や民族にかかわらずどんな難民家族も支援した。

ジョンとドニーズは、初めて支援した難民家族のことをよく覚えている。中国系の五人家族で、ラオスからベトナム、そして一九七五年にタイに行き、三年そこで暮らしていた。ドニーズは彼らが到着したときのようすを、涙を浮かべてこう語っている。

私たちは家族の飛行機が着く時間を知らされていて、とてもわくわくしていました。何をご馳走してよいかわかりませんでした。よかろうと思えたのは鶏料理だけでした。彼らを迎えた他の夫婦たちも食べ物を提供してくれました。我が家に連れて帰る途中、湖の脇を運転していたときのことを思い出します。あの人たちは鞄と中華鍋を一つずつ持っていたきりでした。このテーブルについたのは楽しいできごとでした。それ以降、とにかくできることをしてきました。子どもたちを学校に入れたり、英語クラスを取るのを手伝ったりしました。彼らは私たちの友情を快く受け入れました。あるとき、私がテレビを見ていたときのこと、ドアを見やると、そこに彼らが立っていたのです。挨拶するためだけに来てくれたのですが、ことばが通じませんでした。それで彼らを招き入れて、微笑を交わし、家のものを見せました。それから彼らは帰っていきました。自分たちの家へ。

ドニーズの回想は、英語を話せない異質な文化圏から来た人びとに初めて遭遇したときの多くの普通のオーストラリア人が経験した同情とぎごちなさをよく表している。移民省は、こういった到着直後の日々の負担を軽減するために、受け入れ側に家族の背景についての情報を伝え、到着時の住居の手配をし、電話による通訳サービスについて知らせた。この家族は高等専門学校で英語の授業を受けたあと、ベルコネンという郊外で自転車屋を始め、さらにキャンベラにあるショッピングモールで中華料理の持ち帰り料理店をたくさん経営するようになった。三人の子どもたちはみな大学を卒業した。

モロニー夫妻は、新たに到着した難民たちが必要としていることに対して、地域のコミュニティも医療関係者もとても積極的に対応していたと考えている。他のＩＣＲＡのメンバーと同様、夫妻は後見者となっている家族の最初の六か月間、電話をかけ、定期的に訪問し、家に招き、懇親会を開き、近隣住民に紹介した。二人とも難民の子どもについても、学校に入学するのを手伝い落ち着くまでのあいだ面倒を見た。「州立学校の制度はオープンで寛容であり、大きな成功を収めています。先生たちはあらゆる方法で支援し、いつでも私たちと話す機会を設けてくれました。他の生徒たちも広い心で受け入れてくれました」と述べる。彼らは難民の子どもたちがいじめにあったという話を聞いていないと言う。

「難民の人たちは、新しい生活やコミュニティに溶け込もうと必死なのです」とジョンは考えている。一九八九年にキャンベラに「コンパニオンハウス」という虐待やトラウマを抱えた人へのカウンセリングサービスの団体が設立されて以来、ジョンたちにとってトラウマを抱えた難民への支援がよ

り楽になった。それ以前は、学校ができる範囲でトラウマに悩む子どもたちを支援していたが、それは話をする機会を設けるだけに留まっていたからだ。

夫妻の目的は、難民家族が落ち着いて幸せに暮らすのを見届けることだったので、その後自分たちに連絡がなくても気にしなかったが、中には長い友人関係になる人たちもいた。そういったグループはネットワークを構築して、難民の就職を助けた。夫妻が支援した難民は、たとえ失業手当よりも安い賃金で働くことになっても、手当のほうを欲しがる者はいなかった。

ダブリン大学での三年の在外研究を終えて一九九三年にキャンベラに戻ったジョンは、庇護申請者に対する政府の態度の変容に失望を覚えた。一九九二年に船で到着した庇護申請者への強制的収容が導入され、ポートヘッドランド収容施設が開設され、彼らのような支援団体による援助から可能な限り遠ざけてしまっていたのだ。キャンベラの労働党党員組織の長を以前務めていたジョンは、驚き怒りを感じていた。

これは、あまりにも言語道断、非人道的で、多くの人びとに致命的な対応です。ここには希望という観点がまったく見られないのです。庇護申請者をこのような施設のどこかに送り込めば、何も悪いことをしておらず、生命の危険にさらされた堪えがたい場所から逃げ出したのを咎めたことになる。そして彼らはオーストラリアで、自分も幼い子どもたちも、鉄条網に囲まれた牢獄に閉じ込められる。これは彼らの希望を打ち砕いてしまうのです。

夫妻がそれまでボランティアとして行ってきた支援について、一九九九年に移民省が競争的入札を導入したことで、多くの難民支援者同様、夫妻は怒り、阻害されたと感じた。ジョンは移民大臣に手紙を送った。「愛というものについて、どのように入札するのでしょうか。その費用をどのように決めるのでしょうか」。この抗議に対する返答はなかった。

以後ジョンとドニーズは収容所の被抑留者への支援に集中した。彼らの新しい組織が支援した最初の庇護申請者はコソボから逃れた六家族で、第四章のジゼリ・オスマニもその一人だった。マリオン・レイが大臣に直訴し、この家族らは収容所から出ることができキャンベラに住むことになった。このコソボ難民、とりわけ女性たちは、彼らが出会ったうちもっとも心的外傷がひどかった。そこで彼らはコンパニオンハウスと連携し、医療と精神医療の支援を行った。彼らはまたACT首相のケイト・カーネルとその後任のジョン・スタンホープにより手厚い支援を受けることができた。コソボ難民は抑留されていたので、連邦の支援を受けることができなかったのだ。

ジョンは、政府による庇護申請者への政策についての自身の懸念を持っていたものの、難民の人びとの前で直接オーストラリア政府の批判はしなかった。オーストラリア国民への彼らの信頼と感謝を砕くことは避けたかったのだ。「この人びとは、誠実さと健全さを保って逆境を乗り越えてきた真の闘士なのです。彼らの良識は本当に奇跡的です。私たちはこのような人びとを支援できたことをありがたく思っており、これが私たちの力が及ぶ範囲で、ずっとこの支援を続けていきたいと考えているのです」とジョンは語った。

難民定住におけるエスニック・コミュニティの役割

オーストラリアの難民や移民コミュニティが増えるにつれて、相互に支援し合うグループが組織されるようになった。第二次世界大戦直後は、第一章のピーター・ウィティングのような到着した難民にすぐ支援や援助ができるほど十分な力を持っていたのはユダヤ人コミュニティだけだった。エスニック・コミュニティは、難民を必要なサービスにつなぎ、また同じ文化や宗教、ことばを持つ仲間を紹介できる立場にあった。一九七〇年代までに、こういったコミュニティはまたオーストラリア主流社会の中にあって、自分たち自身の文化の価値を認識し、そのメンバーにとって重要な問題について政治的ロビー活動をすることにもなった。

エスニックコミュニティ委員会（ＥＣＣ）の設立によって、エスニック・コミュニティの役割や組織に大きな変化が生じた。この委員会は一九七四年にニューサウスウェールズ州とビクトリア州で、そして一九七九年までには他のすべての州でも立ち上げられ、オーストラリア・エスニックコミュニティ委員会連合（ＦＥＣＣＡ）を作った。それぞれの民族組織は、各州・準州の委員会に属し、理事を選出した。

サイモン・シハラスとラオス人コミュニティ

一九八九年にラオス人のサイモン・シハラスがキャンベラにいる姉を訪ねたとき、ラオス系のコミュニティは二〇〇〇人ほどだった。最初のラオス人は一九七六年に到着していた。この人びとは、

はじめタイの国連難民キャンプに逃れていた。教育の高いラオス難民は、フランスに渡った。オーストラリアに来たラオス人のおおかたはもと公務員や農夫で、指導者を必要としていた。サイモンはまさにこの役割にうってつけだった。

サイモン自身の人生は、信じられないような冒険物語だった。一九三八年に第二次世界大戦中のラオス軍の最高司令官でフランス貴族の父とラオス人の母とのあいだに生まれ、ロベール・マルセル・ド・ナロと名付けられた。サイモンが一〇歳のときにベトナム独立同盟との戦いで父が亡くなったが、フランス政府はサイモンら家族への補償を拒んだ。それで家族は父方の名前、宗教、言語、フランス市民権を捨て、仏教徒になったのだった。

一九五八年に大学を出たサイモンは、はじめラオス空軍に入隊し、その後陸軍に移り、一九六三年初頭には参謀長官として南ラオスで共産勢力のパテート・ラーオやベトコンと戦った。一九六四年にはラオス警察に入った。副本部長になり、ソルボンヌ大学で政治学を勉強しているあいだ、一九七五年にラオス王朝がパテート・ラーオに屈した。フランスに残ったサイモンは、離国していた他のラオス人とともに、新しい政権への抵抗運動を組織した。彼はラオス語のほかフランス語、スペイン語、タイ語、ベトナム語、中国語、英語に堪能だったので、フランス政府は一九七六年から一九八九年のあいだ、技術者という肩書の下でスパイとして、サイモンをいろいろな国に送っていた。

サイモンはオーストラリアに到着してすぐ永住権と市民権を得て、さらに移民省の通訳として働くことになった。ラオス人コミュニティの代表として、キャンベラのエスニックコミュニティ委員会

（ＥＣＣ）と全国組織のオーストラリア・エスニックコミュニティ委員会連合（ＦＥＣＣＡ）への参加に尽力した。

キャンベラにいたラオス系の人びとはおおかた、サイモンが来るまでに公務員、清掃業、レストラン経営などの仕事に就いていたが、中にはラオス語やフランス語の読み書きができず、また英語もほとんど話せない者もいた。そこで彼は、そういう人たちに通訳サービスや英語のサービスがあることを知らせ、また子どもたちのためにラオス語の教室を開いた。

一九九一年には、閉鎖予定のタイの難民キャンプから五〇〇人のラオス難民を引き受けるため、ラオス人コミュニティによる身元引受を手配した。これにより仏教徒とカトリック教徒の五世帯が、ラオス人コミュニティの支援を得てキャンベラに定住した。一九九〇年代初頭からサイモンは、コミュニティ向けのラオス語ラジオ放送、ラオス語のニューズレター発行、そして高齢のラオス人のための在宅ケアサービスなどの活動を行ってきた。彼は、自分たちのコミュニティがオーストラリアに果たしてきた貢献を誇りに思っていると同時に、一九七六年からオーストラリア政府によって受けてきた定住支援に感謝している。

首都特別地域政府（ＡＣＴ）による難民支援――ケイト・カーネル首相

一九九五年から二〇〇〇年まで首都特別地域の首相を務めたケイト・カーネルは、ビジネス移民と難民両方の定住を促進してここの人口を増やそうと考えていた。オーストラリアは一九九九年までは、受け入れた難民に対して、常に永住権、さらに市民権を申請する権利を与えていた。その年にジョン・ハワード首相が、難民に向けて短期一時保護ビザを導入した。これは前年に右派のワン・ネーション党の党首ポーリン・ハンスンが奨励した政策だった。

このビザを最初に与えられたのは、コソボで起きていた激しい内戦から逃れた四〇〇〇人の難民たちだった。このうち三〇人を除いたすべての人びとが、数か月のちには戦禍で荒廃した祖国に戻され冬をしのがなければならなかった。戻らずにすんだ三〇人は、コソボの惨状をテレビ映像で見て彼らのために行動を起こす気になったコミュニティの人びとの支援によって、辛うじて救われたのだった。

ケイト・カーネルは、首都特別地域にいるコソボの人びとのためにロビー活動を行っていたキャンベラの支援者による直訴に心を動かされた。彼女は支援者たちに会ったときのことをこう回想している。「これほど多くの人たちが、コソボからの人びとを支援するのに多大な時間を割き尽力していることに、まさに圧倒されました。けれどもそれほど骨を折ってロビー活動をする必要はなかったのです。というのも私は、支援は正当なことだと考えたからです」。彼らとの面談によって、カーネルは、コソボ人の窮状を理解し時間とともに経過を追っていくことができた。到着していたコソボの人びとはひどい状況にあることがわかった。「障がいや問題を抱えた人もいて、大部分の人がほとんど英語を話せなかったけれど、現在は大部分の家族が何とかうまく適応しています。それ以来私は連邦政府の難民の扱いについてとても批判的になりました」と彼女は言い添えた。カーネルはコソボ人が公営

の住居に入れるよう助力し、また民間の家主にコソボ人へ家を貸してくれるよう働きかけた。「どの支援事務所も、首都特別地域政府がコソボ人のために物事を進めようとしていることをよく理解しています」と彼女は結論づけている。この難民支援は継続し、カーネルに次いで労働党のジョン・スタンポールが首相になると、他の難民グループにも広げられたのだった。

教育とケア

一九七〇～一九九九年　難民への英語教育

英語を聞いて理解し、話せるようになるのは、たいていの難民が直面するもっとも難しいことの一つだ。英語ができなければ地域の人と会話できず、買い物にも行けず、公共交通も利用できず、エルバ・クルズが危機感を感じた（第二章）ように、学校に行き始めた子どもたちの言うことがわからなくなることさえある。幸運にもオーストラリア政府は一九四七年の段階でこの問題を認識していた。この年に最初の難民をヨーロッパから迎えることになっていた。一九四八年三月、まだオーストラリアに八〇〇〇人しか非英語圏移民がいなかったときに、政府は成人移民教育計画（ＡＭＥＳ）を発表した。当初は難民のみを対象にしていたが、数か月のうちにすべての移民に適用されることになった。この計画は授業料無償で、さまざまな形での英語教育を必要に応じて行った。オーストラリア到着前、移動中の船上、到着後の教室での授業、通信講座、ラジオ番組、ボランティアによる家庭教師など、多岐にわたっていた。

メラン・マーティン——一九七四年移送船の教育担当官、一九九一年よりキャンベラ工科大学で移民対象の英語教師

一九五八年、キャンベラ生まれのメラン・マーティンは父親であるレス・スミスについてスイスのジュネーブに行った。父親は移民省に創設時から関わっていて欧州移住政府間委員会に配属されたのだった。一〇歳だったメランは学校に通い、フランス語、ドイツ語が堪能になり、見知らぬ異文化に置かれた外国人の子どもとしての生活経験をした。シドニー教員養成カレッジで語学教師の資格を取って教育を修了した。一九七一年にはヨーロッパを旅して、英語を教え、ローマではイタリア語を学んだ。このときの経験で、ことばがわからない国で暮らすということを初めて知ったのだった。

会話ができずにそこにいるだけ、グループにいても端っこで話に加われない、そういう経験によって、オーストラリアに来たけれど人とまったくコミュニケーションを取れず、バスに乗るとか銀行や郵便局に行くといった日常のことができない人たちの気持ちがわかりました。こういうことがらは、その仕組みを理解し、用語を理解し、適切な振るまいの仕方がわからないと、とても難しいのです。移民がどのように感じているか、よくわかるようになりました。

シチュエーショナル・イングリッシュ

一九七二年にオーストラリアに戻ったメランはニューイングランド大学で現代語の学位を取り、移民省に入り、ニューサウスウェールズ州クージーのエンデヴァーホステルで移民や難民の教員をして、船上教育担当官になる訓練を始めた。このとき初めてシチュエーショナル・イングリッシュという革新的な英語教育法に出会ったのだった。これはシドニー大学ドイツ語学科で教えていたラルフ・クロスレイ博士が、さまざまな言語や教育背景を持った人が集まる教室で英語を教えるのに適したプログラムを立ち上げるよう依頼を受けて一九四七年に考案した方法だった。

メランはニール・オスマンが一九五九年に最初に出版したシチュエーショナル・イングリッシュの教科書をもとに教えた。抑揚やリズムを使ってパターン化されたセンテンスを生徒に声をそろえて繰り返させ、身振りや絵、物を用いて聞いたことばがすぐに見た者や動作に結びつくよう覚えさせた。授業では毎回生徒は新しい考えに接し、今までの知識の上に積み重ねることになった。二〇〇七年現行の授業、ことに初心者のクラスでもこの方法の基本を用いていた。

船上教育

一九七四年に、メランはマルコーニ号という移民船の船上教育担当官になった。ジェノバで乗船した数百人もの移民を教えるのために、乗船者の中から英語を話せる者を募って補助とした。毎朝補助となったボランティアの人びとは、訓練を受けた教員が初心者に教えるのを見て、それから自分たちで小さなグループを教えた。午後には船上教育担当官が映像を見せながらオーストラリアでの生活について説明会を行った。教育時間は日々九時間に及び、対象は一度も英語を学んだことがないイタリア人やドイツ人、オランダ人、ユーゴスラビア人だった。

一九八五～一九八八年　キャンベラでの難民英語教育

一九八四年にキャンベラの移民省に戻ったメランは、オーストラリア受け入れが決まっていたヨーロッパ移民の、出国前教育の整備に携わった。キャンベラ専門教育カレッジ（CCAE）で、第二言語としての英語教授法をさらに学んだあと、一九八五年から一九八八年までブルース職業訓練専門学校（TAFE）で移民省が創設したプログラムにより、ベトナム、カンボジア、南アフリカなどを出身国とする難民に英語を教えた。その頃までにシチュエーショナル・イングリッシュ教授法は「概念・機能」英語教授法に代わっていた。この教授法は学習者が必要とするような状況に合わせて英語を教える方法だった。メランはこう説明している。「もし買い物に行くという状況での英語を教えるのだったら、大量とかたくさん、少し、というようなことばを入れるでしょう。初歩クラスでも、道の聞き方のような、学習者がすぐに実際に使えるような英語スキルを教えるのです」。彼女はまた生徒を連れてショッピングセンターに行き英語を使ってみるような外出レッスンも実施した。

　生徒は一日六時間の到着後コースか、すぐに社会に出て就職に役立つような八時間の集中コースに通う。それらの語学授業ではオーストラリア文化や社会についての知識も得られるようになっている。授業は職業訓練専

門学校（ＴＡＦＥ）のキャンパスで行われるので、生徒は職業訓練の授業にも出席できる。語学教師が常駐して、そういった生徒の課題を手伝ったり他の相談を受けたりしていた。

一九九四年　キャンベラ工科専門学校のホーム・チューター計画

一九九一年にメランはオーストラリア首都特別地域職業訓練専門学校で、後にはキャンベラ工科専門学校（ＣＩＴ）で、到着後授業プログラムに携わった。一九九四年には移民省によるホーム・チューター計画の調整に関わることになった。これは一九八〇年に終了した「良き隣人運動」が運営していたものの代替として始められた。キャンベラ工科専門学校では、ボランティアによるチューターは不足することがなかった。特に退職者や、いずれ海外に出て英語教師になろうという若者が主だった。「運動」時代のチューターは最小限の訓練しか受けていなかったが、このチューターたちは七週間以上にわたって三時間の訓練コースを受けた。それが終わると、電話やセミナー、イベントを通じてサポートを引き続き受けることができた。

ホーム・チューターは、病人や高齢者、幼い子を家庭で育てている母親など、終日の授業を受けることができない人びとのところに送られた。メランはこのプログラムの利点についてとても熱心に語った。

これはとてもすばらしいプログラムです。一対一の支援によって真の友情が生まれます。教室では教師は二〇人の生徒について理解し助けなければなりません。生徒のほうも、教師に心配事を相談したり、金銭のやり取りなくただ助けるために毎週家に来てくれるチューターのような親しい関係を持ったりすることはできません。チューターたちの親切が、生徒にはとてもありがたいのです。

メランはまたこの計画が社会的な連携と理解に貢献していると評価する。「キッチンのテーブルで、コミュニケーションを取ろうと向き合って座った瞬間に、別の国の出身や宗教の人でもお互いを隔てる壁はすぐ消えてしまうのです。生身の人間として誰かを知ろうとするとき、偏見や思い込みは消えてしまうのです」。

トラウマを抱えた生徒の教育

メランはまたキャンベラ工科専門学校で、新しく来た生徒たちの最初の不安定な一〇週間を支援し、彼らが集中コースに進む前に生活に必要な英語を教える仕事を課せられた。一九九〇年代初期までにオーストラリアでは完全雇用が難しくなり、住宅を取得するのもたいへんになってきていた。メランの生徒たちは仕事を求めてオーストラリア人と競争になり、職を得ることができなかった。この頃の生徒は旧ユーゴスラビアから紛争を逃れて来たセルビア人、クロアチア人、ボスニア人難民だった。彼らの中でも失業した男性が、家族を養えないことによってアイデンティティと自尊心を喪失してしまっていることにメランは気づいた。彼らが過去の経験によって心に傷を負いトラウマを抱えているのを理解したメランは、キャンベラの虐待・トラウマカウンセリングサービスを提供しているコンパニオンハウスを初めて訪れたのだった。

メランは、責任者のミシェル・ハリスとこの組織のサービスに感銘を受け、心的外傷がひどく、身体的にも虚弱でＣＩＴの英語プログラムを受けるのが難しい人びとに特別授業を提供することを申し出た。一九九六年から九九年まで、ＣＩＴ主催の英語授業が、試験や課題もなく、「とても穏やかな方法で」少人数グループを対象にコンパニオンハウスで行われた。生徒は十分に自信がついた段階で、もっと大人数で要求度も高いＣＩＴのプログラムに進んでいった。こういった特別授業を通して、心に傷を負った難民は再び社会的に人と関われるようになり、人への信頼を取り戻していった。

メランは、自分の生徒がいかに過去のトラウマによって学習能力に影響を受けているか語った。胃腸の症状を訴えて数分おきに教室から出ていなければならない生徒が多い。ある者は背中の痛みがひどくて床に座らなければならない。またある者は心身相関の状態によって階段が登れなかった。ボスニア紛争で経験した恐怖を抱えて生きていけず、自殺を図った女性がいた。「生徒が私に聞かせてくれたり書いてくれたりする話には、本当に恐ろしいたいへんなものが多いのです。けれども私にそれを教えてくれた、ということをとても光栄に思っています」。

ある男性は、あまりにひどい拷問を受けたので、とても初歩的な英語でそれを私に話してくれたのは何年も経ってからでした。クラスで、人が何かしている絵を文と結びつける授業をしていました。絵の中に、女性が梯子に乗って窓を拭いているものがありました。私にはそれはまったく無害に見えたのですが、この男性は、梯子に腕から吊されて何時間も置かれたことがあったのです。梯子の絵がその記憶を呼び覚まし、彼は私に言わずにはいられなかったのです。それは彼にとっては浄化《カタルシス》となったのですが、その恐ろしい過去を思い出させたのだと私は心苦しく感じました。こういう話を聞いて、自分がしている仕事は意義があると思いました。彼らの癒しに貢献するからです。コンパニオンハウスは、彼らの話を聞く私の感情の手当もしてくれました。

一九七七〜一九八九年　エリザベス・プライスと成人移民教育プログラム（AMES）

エリザベス・プライスは、一九七七年にヨーロッパから戻って、成人移民教育プログラムの教師になった。生徒の大部分がラオス、カンボジア、ベトナム、イラン、アフガニスタンからの難民で、みな新しい国に到着した難民が直面する問題と格闘していた。住居、言語、そして過去のトラウマの影響である。エリザベスはすぐに虐待・トラウマのカウンセリングサービスが足りないこと、そして新しい国に定着しようとしている難民にそのような経験が影響を及ぼしているのが一般的に知られていないことに気づいた。来たばかりの人びとに英語を教えるのはたやすいことではなかった。インドシナ半島出身者や中央アメリカのスペイン語圏から来た生徒たちが英語を発音するのにもっとも苦労していた。学校教育をほとんど受けてこなかった男性は教室という環境に慣れなかった。そして女性の生徒のための託児システムも組織されていなかった。イラン対イラク紛争の両当事者を同じ教室で教える教師にとってはクラス運営をするのが難しかった。必要となればうまくいかない生徒同士を別のクラスに配置することもあったが、だいたいにおいて問題は話し合いで解決できていた。

一九八〇年代まで、移民や難民が参加できる成人移民英語教育の授業時間に制限はなかった。また一時滞在ビザを持つ者も授業を受けることができた。さまざまな生徒が持つニーズに応えてとても幅の広いタイプの授業が行われた。後に無料の授業は移民五一〇時間、難民六一〇時間に制限され、一時滞在者は除外された。またクラスの種類も狭められ決まった枠にはめられて、前より柔軟でなくなった。

一九九〇年代後半には、それまで予算を担当していた教育省から移民省が成人移民教育プログラム（AMES）を引き継いだ。移民省は担当教授者を外部委託し、見積を国中から集めた。以前は地域ごとに供給されていたサービスが、オーストラリアのまったく別の場所の団体に任されることになった。エリザベスは、これを「革命的な変化で関係者は残念に思っています。これによって革新的な教授方法の開発を遅らせてしまいます。なぜならいったん他のサービス業者や学校と競争的に仕事を得ようとすると、もう情報の共有からほど遠くなるからです。他の業者に次の入札で負けてしまうかも知れませんから」と考えている。

一九八九年〜　トラウマを抱えた難民へのケア

戦禍に疲弊したヨーロッパから最初の難民が到着してから一九八〇年代後半まで、オーストラリアは戦争の恐怖による後遺症に苦しむ難民を適切にケアしてこなかった。一九五〇年代前半には移民省のソーシャルワーカーたちの目にはトラウマを負った難民の窮状は明らかだったが、彼らを救うことはさまざまな理由により阻まれていた。すべての州で精神疾患に対応する病院は資金不足で患者も満杯であり、精神疾患に対する差別的な見方が幅を利かせており、新しく来た者たちの要求を理解できる言語能力を持った医師や精神医学者も不足し、そういう能力を備えた移民の医師を雇用することへの医学界の反発などがあったのだ。この状況は、一九八九年に連邦政府が各州に虐待・トラウマカウンセリングセンターを設立させることになり、変わることとなった。

一九八九年～　エリザベス・プライスとコンパニオンハウス

キャンベラでの虐待・トラウマカウンセリングサービスの発端は、一九八〇年代終わりにアムネスティ・インターナショナルが主催した会合だった。アムネスティは、海外で苦しんでいる人びとだけでなく、オーストラリアでもリハビリを行うときだと考えていた。当時、中南米から多くの人びとがキャンベラに来ていたが、その母国では政治犯への拷問が広く通常のように行われていて、囚われた人びとの健康、そして新しい環境で生きる能力をひどく損傷していた。

トランザクト〔TRANSACT：ACT の虐待リハビリテーションとネットワークサービス、のちのコンパニオンハウス〕が、移民リソースセンターと似た形で所長と法的責任を取る理事会による法人組織として一九八九年に設立された。当初は保健省、後に移民省の管轄となり、キャンベラ中心部のグリフィン・センターの一室で始まった。最初の所長はミッシェル・ハリスで、彼女についてプライスは「すさまじいエネルギーとすばらしい視野を持ったまれに見る女性で、政治家や権力者をうまくつなげてすべきことを成し遂げる人だった」と思い起こしている。

一九九七年、トランザクトはエリザベス・プライスが働いていた移民リソースセンターと組んで、新しく来た難民への初期介入プログラムを開始する予算を得た。エリザベスはトランザクトによる九か月の初期介入プログラムを受けた難民の定住の世話をする仕事を担当した。まだトラウマの後遺症がある人びとをトランザクトに戻し、うまく社会に適応できそうな人びとについては地域の支援サービスにつないだ。エリザベスはこの仕事に深い関心を持つようになり、翌年にはトランザクトの虐待・トラウマカウンセラーの仕事に応募して採用された。それまでの経験だけでなく、キャンベラ大学でトラウマと危機対応も含んだカウンセリング訓練コースを修了したことによって、資格を有していたのだった。

エリザベスはコンパニオンハウスについて、非政府組織である利点がある、と説明した。多くの難民には政府機関を恐れる傾向があり、政府職員に対してひどく懐疑的になることがあるからだ。コンパニオンハウスはトラウマを抱えた難民に対応し、彼らが必要としていることがらを地域社会、政府、その他の非政府組織に知らせることができる。そこで、教員や歯科の受付担当者といった難民と直接接する職業の人や、難民支援組織のボランティアに訓練を施すことができる。その人びとはコンパニオンハウスの訓練コースに参加することで、総合診療医の訓練に当たるロイヤルオーストラリアン総合診療カレッジ〔専門医学学会による教育組織〕から認可を受け、専門性が高まり、首都特別地域（ACT）政府の多くの健康保険機関の仕事ができるようになる。

一九九〇年代にキャンベラに来た多くの難民が歯に拷問を受けていて、歯科治療に極端な恐れを抱くようになっていた。そういう場合にはコンパニオンハウスのカウンセラーが歯科医のところに付き添った。一九七〇年代に中南米から来た難民は、足を殴打されるという拷問を受けていたので、足専門医に診せなければならなかった。コンパニオンハウスは難民コミュニティのリーダーと連絡を取り、彼らにサービスの評価、食い違いの発見、そしてその文化に特有な必要性に照らしてサービスを適応させる方法の提案をしてもらった。難民たちについて「とても強い人たちです。コミュニティとして、個人として、恐ろしい体験をくぐり抜けてきたのですから。それぞれのコミュニティには独自の回復《レジリエンス》力があり、それを培う方法があり、自分たちに最良のやり方でその方法を使うでしょう」とエリザベスは語った。

カウンセラーは、過去の虐待によって、またはオーストラリアに来てから住居を失ったり失業したり家族関係が崩壊したというようなときにオーストラリアの行政手続きに慣れないことによって、社会にうまく適応できない人びとのための権利擁護にも当たる。コンパニオンハウスは難民が必要としているサービスを提供するために長年にわたってひじょうに多くの連携を行ってきた。問題を抱えた難民は自分からコンパニオンハウスに連絡することもできるし、家族やコミュニティ、移民省、精神保健やリハビリのサービス機関、成人移民英語プログラム、カトリックケアなどを通じて連絡ができる。子どもたちについては教員が紹介することも多い。

近年コンパニオンハウスは子どもや青少年に重点を置いている。成人と同様に彼らも恐怖や混乱の体験により被害を受けているのだ。コンパニオンハウスで働くあるアフリカ人のコミュニティ・ワーカーは若い男女のためのスポーツ活動を起こして、楽しみながらコミュニティの結束を培い孤立をなくしてきた。そのようなコミュニティ活動はリハビリの中心であり、個人のカウンセリングを補うことにもなっている。

一九九五年、コンパニオンハウスは難民健康サービスを組織内に設立した最初の虐待・トラウマサービス機関になった。当初は、主流社会の総合医に行くことができない長期のトラウマ経験者のケアを主に扱った。二〇〇五年までに、新しく来た難民たちにもより重点を置きつつ、長期のサービス利用者のケアにも当たっている。新来の難民はまず非常勤の医師に診てもらう。医師はカウンセラーや通訳の助けを借りながら診察する。その後は自分で医師を見つけなければならない。キャンベラには完全保険診療の医師がほとんどいないので、診察費を賄うのは難しい。コンパニオンハウスで訓練を受けた医師は難民に対しなるべく診察費を抑えるようにしている。「キャンベラはとても受容的なコミュニティで、難民や庇護申請者の医療状態に懸念を抱いている医療関係者が多くいます。私たちの医師は、専門医の診察や病院での治療を必要とする難民患者のための擁護をすると、多くの理解や支援を得られます」とエリザベスは述べている。

庇護申請者

庇護申請者がオーストラリアに来る方法には二種類ある。大多数は訪問ビザか学生ビザで飛行機を使って入国し、庇護申請をする。彼らは移民省が申請を査定するまで一時滞在ビザでオーストラリア社会にいることができる。一九九〇年代初期以降、船でやって来た人びとは、その身分が決まるまで収容所に閉じ込められる。当初は短期だったのだが、一九九〇年代終わり頃からは何年にもわたることもある。

国連の支援を受け、永住ビザを持ってオーストラリアに入国した難民は、連邦政府の資金が潤沢にまわされて、コンパニオンハウスで手厚いサポートを受ける資格を有する。一方、一時保護による難民は、社会福祉支援や資格がもっと制限される。到着の仕方によってその人が受ける処遇に違いが出てくることについて、エリザベスはこのように述べている。

これは、国際法や人権協定にそぐわないことです。けれどもこの方法は、国境の侵入者を防ぐという超党派の強い欲求によって支えられています。一九九〇年終わり頃から、有効なビザを持たずにやって来た人びとは強制収容、一時滞在ビザ取得への厳しい条件、またことに家族再会の禁止といったことで、かなり公然と罰を受けているのです。

エリザベスは、一時滞在ビザを持つ難民は、永住ビザを持った難民とはまったく違う問題を抱えていることがわかったという。

永住ビザのある人びとには、安心感を構築して回復のプロセスを開始するために必要な基盤があるのですが、一時滞在ビザで不安定な生活をしている人たちにはそれがないのです。彼らは回復して生き延びる態勢になれるような状態ではありません。私たちにできることは、彼らが生きていくレベルを維持する手助けをすることだけなのです。回復を目的とした長期の虐待・トラウマカウンセリングを提供することができていません。なぜならトラウマからの回復に絶対に欠かせないのは、現状における安全なのであり、一時ビザの人びとは現状では安心できていないのです。

収容所での生活が、難民、ことに子どもたちに与える深刻な影響が、多くの研究によって明らかにされている。エリザベスはこう述べている。「私たちは、入国管理収容所に五年もいた経験のせいでひどく傷ついた家族や若者を見てきました。これは期限のない投獄のようなものです。オーストラリアに庇護を求めてしまったこと以外には理由のない罰則のようなものです」。収容施設での精神的治療が抗うつ剤に大きく依存していたことによって、コンパニオンハウスのスタッフは「収容所から出てきた人びとが、処方箋による薬がまったくなかったり不十分だったりする状態で、長いバスによる旅をしてやって来たのを知って愕然とした」のだった。

エリザベスは、自分の仕事はとてもおもしろく、またやり甲斐のあるものだと考えている。それはこの仕事が「私たちに共通の人間性と、またその差異」を突きつけるからだという。そのキャリアを振り返って、彼女はこう言っている。

私たちが夢にも考えられないような経験を生き延びた人びとの大いなる力と尊厳には、賞賛の念を禁じ得ません。確かにきつい仕事です。人間性の中でもっとも恐ろしく暗い面に向かわなくてはならないのですから。私たちが向き合っている人びとが持つ力に、私は驚き感服しています。そしてこれまでの経験を生き延びたその力をさらに強めてあげたいのです。彼らがオーストラリアで新生活を創り上げる力の支援をし続けたい。そしてオーストラリアが、人びとが新しい生活を立て直すことができる平和な国であり続けることを願っています。

二〇〇一年～　コンパニオンハウスで医師を務めるクリスティン・フィリップス医師

クリスティン・フィリップス医師は難民の対応をするのには理想的だ。看護師と外科医の両親のもと九人きょうだいの一人として生まれ、父が医師として働いていたビクトリア州の田舎町で育った。メルボルン大学医学部の四年生だったとき学業を中断してアフリカで働き、その後オーストラリア中央部の先住民コミュニティでも仕事をした。医学を修めると最初の研修をダーウィンで行い、さらにアフリカに行ったあとは二〇〇一年にキャンベラのコンパニオンハウスの医療部に加わった。

コンパニオンハウスに勤務する五人の専任医師は、キャンベラでの最初の年に難民の診察を受け持つ。そしてたいていは主流社会の一般診療へと移っていくことができる。彼らはまた、研修で一般医に難民の診療を指導する。コンパニオンハウスは移民省や首都特別地域（ＡＣＴ）政府など、さまざまなところから助成を受けている。ＡＣＴ政府の助成によって、連邦の保険制度メディケアを受けられない庇護申請者への医療が行えるのである。「ＡＣＴ政府は難民にはとても親切です」とクリスティンは述べている。

クリスティンによれば、難民は着いた当初は、長いあいだ求めていた目標に到達したのでかなり多幸感を抱いている。そういう状態のときは、これまでの経験に自分が精神的に影響を受けていることを認めたがらない。

「彼らは、眠れなかったり何か恐ろしい経験のフラッシュバックがあったりしても無頓着です。歯や背中が痛んだり、子どもが順調に育っていなかったりということのほうが心配なのです」。彼らにはまず基本的な医療、ことに歯科診察を受けさせて、支援者を信頼するようになったら、必要なときに心理的支援をしている者につなげる。ときには主流社会の医療機関にまわせない人びともいる。というのも彼らが信用するのはコンパニオンハウスの医師だけだからだ。彼らは再度短期間コンパニオンハウスの診察に戻り、その後に地域社会の医師のところに行くようになる。キャンベラでは一般医が不足しているので、難民患者を受け入れる医師は、個人的な奉仕の感覚を持って診療している。というのもこの患者たちはたいてい医療費が払えない人が多いからだ。「難民患者を診てくれる医師はたくさんいます。本当にありがたいことです」とクリスティンは述べている。

オーストラリアの通訳サービスは世界一だとクリスティンは信じている。移民省が行っている「翻訳・通訳サービス」は一九七三年に始まり、現在はメディケアがカバーするサービスを「医師優先ライン」という電話によってあらゆる言語で五分以内、無料で受けることができる。多くの一般医がこのサービスについて知っているが、専門医は難民患者をいつも診ているわけではないので、こういった有資格の通訳へのアクセスを知らなかったり患者の家族に通訳してもらうほうを好んだりすることがある。病院は便宜主義的で、病棟勤務員や清掃人を通訳に使うこともある。クリスティンはそのようなやり方は不十分であり、守秘義務にも問題があると考えている。「私たちにはこのようなすばらしい方策資源があるのに、十分に活用されていないのです」。

クリスティンは、ACTは、他のどの都市よりも一人当たりの寄附金が多くボランティア参加率も高いので、とてもコミュニティ志向が強いところだと感じている。ACT歯科サービスによって、すべての難民が定住一年目に歯科検診を受ける。コンパニオンハウスはACT精神科サービス（HHS）や胸部診療所（CC）との連携があり、学校もとても協力的である。「個人の善意による支援がすばらしいネットワークを作り上げているのです」と彼女は嬉しそうに述べた。コンパニオンハウスはまた、特別な場合に受け入れられる難民のニーズによって変わる、広範囲の健康促進プログラムを提供している。

難民はいろいろな方法でコンパニオンハウスのサービスについて知る。人道ビザで入国した人びとの保証人になっている人は、自分自身が難民として来ているので、保証している親族にこれを薦めている。移民代理人もクライエントに紹介する。新しく来ていても帰属できるコミュニティがない難民には、大学や英語クラスの教員が紹介することもある。「彼らはどうにかしてたどり着く方法を見つけるのです。コンパニオンハウスはとても受容的なサービスを行っていて、新しく来た難民がここのサービスを受けないことは滅多にありません」とクリスティンは述べている。

さまざまな国からの到着が差し迫っている人びとに対して、移民省が虐待やトラウマの犠牲者をケアするサービスを周知していないことに、クリスティンは批判的だ。

私たちはボスニアからの難民、ことに男性についての恐ろしい心理的トラウマに対処する準備ができていませんでした。アフガニスタンからの難民、またアフリカからの難民の受け入れの変化についても準備ができていなかった。マスコミでは大きな健康リスクとして取り上げていたのですが。いつも新しいグループについての適切な投薬や免疫処置が後手にまわっているのです。学校も難民の子どもたちの需要に合うように準備しなければなりません。例えばスーダンの子どもたちには既存の椅子や机では小さすぎるのです。約一万二〇〇〇人のスーダン難民がすでにオーストラリアに来ているのですから、新しい備品が必要な生徒が激増しているのです。

二〇〇一年以降のキャンベラの庇護申請者たち

一九九〇年代初期にクリスティンがダーウィン病院に勤務していたとき、ホーク政権がボート難民の強制収容を導入した。当時は罰則としてではなく、審査の過程として取り入れられたのだとクリスティンは信じている。その影響を最初に受けたのは、ダーウィン郊外のベリマに収容されたカンボジア難民だった。「彼らが実際に治安への大きな脅威としてみなされたのではないと思います。彼らは一夜のうちに収容所に消えました。明らかに、彼らを理解していてその権利擁護ができる人びとから引き離そうという目的でした。けれど当時は、今のような先が見えない収容ではなかったのです」と彼女は回想している。

クリスティンの懸念は、一時保護ビザによって収容所から出てきた庇護申請者の窮状だ。

彼らの多くはメディケアによる医療を受けられるけれども、誰も自分や子どもたちが留まれるかどうか確信を持つことができないのです。その身体的な健康状態が危機から危機へと揺れ動いていて、心理的状態が常に悪化しています。親としての務めをうまく果たすことができず、不確実性による悪影響が子どもたちにも及んでしまっているようです。メディケアによってカバーされない人びとはコミュニティの慈善に頼るしかないというひどい状況です。手術を受けられない人びと、食べ物を求めてゴミ箱を漁っている人びとの話をよく聞きます。キャンベラでは、ニューサウスウェールズ州やビクトリア州ほどの大きな数の庇護申請者がいないので、このようなことはありません。キャンベラは庇護申請者にはましな場所だと思います。コミュニティが小さくて、個人の結びつきが強いからです。カトリック系病院やＡＣＴ政府の病院には奉仕の精神があり、庇護申請者のためにいつも積極的に支援しているのです。

クリスティンは二〇〇一年の「タンパ号選挙」〔前述のタンパ号事件のあとに難民問題が争点の一つとなった選挙〕後にボート難民としてやって来た人びとに違いが見られることに気づいた。それ以前は、多くが若くて健康な男性と、抑圧的な国の危険を逃れて来た家族たちだった。こういう男性は残った家族の出国も助けていた。国境警備法がその年に通過すると、一時保護ビザの人びとが家族を呼び寄せることが不可能になってしまった。「国にも帰れず、家族も呼び寄せられないので、それ以後は多くの女性や子どもたちがこの危険な海による旅の危険を冒すのです」と述べている。

二〇〇一年以降、収容所から出ることができた庇護申請者は、大都市でなく地方の小都市に予告なしに送られた。キャンベラにあるようなコミュニティは、そこが難民のニーズに対応できるか前もって査定されることもなく、医療記録もない難民が収容所からバスに満載されて翌日送られてくることを突然告げられるようになった。

難民たちはひどい状態でした。というのも突然の出立で準備もなく、バスに数日間揺られていて、酔ってしまったり下痢の症状があったり、また収容所で与えられていた抗うつ剤が突然打ち切られて急性の心的不安に陥ったりした者もありました。どこに行くかも知らされていなかったのです。中にはバスを乗り換えてまっすぐシドニーに向かった者もいましたが、多くはいろいろな定住支援機関やボランティアが見つけてきたバックパッカー用の宿泊所に入りました。キャンベラには実際ペルシャ語やダーリ語の通訳がいませんでしたし、これらの言語で書かれたものもありませんでした。それでアフガニスタンから来た難民たちのために、すでにコミュニティにいたアフガニスタン人が通訳として駆り出されたのです。まったく衝撃的なことでした。まだ監獄のほうがましです。

その後制度が改良され、ことに国際移住機関（IOM）がナウルの収容所からの難民移動に関わるようになってからは、改善が見られた。これらのうち五〇名がキャンベラに送られた。マリオン・レイがその解放に向けて尽力したことが関係していて、今回は医療記録も携えていた。クリスティンはACT政府によるこれらの難民への支援をとてもありがたく感じた。「スタンホープ政府〔首都特別地域（ACT）政府 二〇〇一〜二〇〇四年〕は、オーストラリアで最初に一時保護ビザの人びとに公的補助による住宅を供給した政府だったのです」とクリスティンは述べている。

収容所で抗うつ剤が適切に使用されていたかどうかクリスティンには判断がつかないが、かつての収容者の話を聞くと、綿密な精神科医療が必要なときに隔離という手段が取られたことが不適切だったのでは、と考えている。けれども収容所での精神科医の診察は十分でなく、臨床心理士への支援も不十分だった。収容所そのものがひどい精神疾患を醸成することになっていたのでは、とクリスティンは考えている。解放されたとき、収容所にいるあいだに与えられた薬、たとえ糖尿病のような疾患についてでも、その処方箋を持って出てきた人に会ったことがなかった。「収容所での精神的ケアの水準にはかなり確信が持てます。おそらくひじょうに限られていたようです。けれども大きな問題は収容所そのものなのです。収容システムが健康を害するようになっているのです」。

クリスティンは首都特別地域の刑務所で働いた経験があり、収容所より刑務所のほうがもっと精神疾患に理解があると考えている。そして子どもや思春期の若者を無期限に収容する上で起こる長期的リスクについて警告している。

矯正施設に入った子どもたちについては、収容という経験が人格形成や実社会での適応能力にどのような影響を与えるか懸念があるので、スキルを得たり柔軟性を身につけたりするよう注意深く支援が行われます。難民収容所ではそういった支援はまったくありません。オーストラリアは奇しくも突飛な心理的実験の先駆者となったのです。そして年齢もさまざまな若い人びとが、男女同じ収容所で、長くまた先の見えない期間に収容されるという経験をして、それが自己の確立にどのような影響を及ぼすか観察していることになります。これがひじょうに有害なのは疑問の余地がありません。一番適応力がある子どもでも、その傷を負って成人していくのです。思春期の若者は、幼少の子どもよりもっと精神障がいを負いやすく、難民収容によってもたらされる長期的なトラウマを経験することは、子どもにとってひじょうに危険なことなのです。

拷問

クリスティンは、ボスニア男性が強制収容されて拷問を受けたのは「恐ろしいショッキングなことで、かつてのユダヤ人難民に起こったことを想起させる」と考えた。けれども拷問を受けた経験を持つ難民は少数なので、一般医師にその対応を習得する必要性がなかったことを認めている。彼女は、虐待を受けた患者については理学療法士か病院の疼痛処理部門にまわすようにしてきた。

強制移動させられ、人が拷問を受けるのを見聞きすることによる心理的影響は、難民のコミュニティに広く見られるものであり、それを理解することが必要だとクリスティンは経験によって知った。というのもそれには終わりがないからだ。オーストラリアに着いた当初の難民は、そのような記憶を意識の外に押しやる。だが海外で何か恐ろしいことが起こると、それを引き金に記憶が甦ってきて、パニックや恐怖感、不安感を引き起こす。「かつてのユダヤ人難民にこういった現象が見られたのです」とクリスティンは述べている。

難民は、ことに年を取って世界が実際いかに脆いものかをますます感じるようになったり、最近の記憶が失われて過去に心に刻まれた恐ろしい記憶が甦ってきて圧倒されてしまったりすると、それがきっかけで回復力が破壊されてしまいます。私たちはこのことを理解しなければなりません。世界のどこかで戦争が起きている限り、難民は自分自身が受けた過去の苦難をまた追体験しなければならないのです。これに終わりはないのです。

この問題は第二次世界大戦の生存者が暮らす高齢者施設で認識されている。そしてクリスティンはベトナムから難民として来て仕事や人生に成功している人が、中年になってから問題が起こるのを見てきている。

二〇〇一年から難民を支援する医師として、クリスティンは、難民がだいたいにおいて医療スクリーニングを受けて入ってきており、年齢が若いこともあって、実際はかなり健康で他の国内人口より医療費がかからないとみなしている。「どちらかといえば、難民は健康保険制度を十分に活用していません」と彼女は言う。オーストラリア国立大学で教鞭を執るクリスティンは、医学生に、難民を診るに当たってはあまり複雑に考えることはなく、自分自身の難民問題への意見に関わりなく、他の人びとと同じ診療を施せばよい、と教えている。「それがオーストラリアの気風なのです」と彼女は結論づけている。

第九章

二〇〇一年以降の庇護申請者へのコミュニティ支援

一九九〇年代以降、船でやって来る庇護申請者の問題はますます政治的になり、また軋轢を生じるようになった。ハワード政権下では、それまで個人や、移民省とうまく協調して難民の定住を支援してきた組織が、新しいボート難民の波に対してますます厳しくなるやり方に怒りの声を上げ、助けに乗り出した。

二〇〇一年にノルウェーの貨物船タンパ号が公海で沈みかけた船から四三三人のアフガニスタンからの難民申請者を救助したことがきっかけに抗議の声はひじょうな高まりを見せた。船長のアーネ・リーネンは彼らをオーストラリアに上陸させることを拒否されたが、この人びとが下痢や脱水症状に苦しんでいたため、オーストラリア領クリスマス島に向けて航行を強行した。するとオーストラリア軍がタンパ号に乗船してきて、リーネンは密航業者として起訴されるとの脅しを受けた。結局難民申請者はみなナウルとパプアニューギニアにあるオーストラリアの国外難民収容所に送られ、ほとんど全員が正当な難民と認められた。だがそのうち誰もオーストラリアに定住することはできなかった（あとになってオーストラリアに定住できた者もあった）。

二か月後、超満員状態で航海が無理な船（後にＳＩＥＶＸ：不法侵入容疑船Ｘ号と呼ばれる）がインドネシアとオーストラリアのあいだの公海で沈没し、三五三人の乗船者が溺れ死んだ。ほとんどが女性と子どもで、生き残ったのは四四人だった。ジョン・ハワード首相は二〇〇一年一一月の選挙で、この二つの事件をボート難民の問題から国家安全の問題へと誇張して利用したのだった。

一九七六年～　ボート難民の第一波

ハワード首相の非正規難民へのこの姿勢は、一九七五年にインドシナ半島を逃れて来た難民の最初の波に対応した当時のマルカム・フレイザー首相の対応とはかなり異なっていた。フレイザーはオーストラリアが加担した戦争から逃れた人びとを受け入れる責任があると考えていた。一九七六年から一九八一年にかけて、二〇五九人の人びとが五四隻の船で到着し、ＵＮＨＣＲの勧告により全員が難民認定され永住許可が与えられた。さらに五万六〇〇〇人が通常の難民審査で受け入れられた。フレイザーはオーストラリアを協和的な多文化社会にするという夢を促進するために、オーストラリア社会が難民を受け入れ生活再建を支援するように力を注いだ。このような方策が賢明だったのは、その後の難民とその子どもたちがオーストラリアの経済や文化に寄与したことが証明している。

一九七六年以降オーストラリアに船でやって来た難民の数は、年間の受入数よりずっと小さく、年間の移民数から見ればひじょうに小さい割合だ。インドシナ難民の最初の波が壊れそうな船でやって来るのを止めたのは、力や抑止によるのではなく国際協力によってだった。一九七八年にオーストラリアは非正規のインドシナ難民の出国を止めるＡＳＥＡＮの合法出国計画に参加した。ベトナム政府と協議の上、ベトナム難民が他の国に定住するための公式な手順が決められたのだった。

一九八九年にはジュネーブで開催された国際会議で包括的行動計画が立ち上げられ、避難先の国々の難民キャンプが溢れかえる問題、そして国によっては船でやって来る難民申請者を追い返している問題について取り組むこととなった。一九九六年にこの計画が終了すると、難民認定された者は再定住し、認定されなかった者は送還され、難民キャンプは閉鎖されてオーストラリアは一八万九〇〇〇人以上もの難民を受け入れた。

一九七六年以降にオーストラリアに受け入れられたインドシナ難民の第一波は、どのような到着の仕方でも、第二次世界大戦以後に受け入れられた移民や難民と同様の扱いを受けた。永住権を与えられ、家族呼び寄せも保証され、あらゆる社会福祉の恩恵を受け、到着後の住居も供給された。一九七九年には移民省の役人であるブライアン・エッサイ（第七章）がかつてのダーウィン検疫所（北部準州）でインドシナ難民の到着時住居の手配の責任者となった。彼はその仕事について、「難民を迎え入れて類別し、健康診断や一時滞在用ホステルの手配をし、すべての州のコミュニティで彼らが受け入れられるよう準備すること」と言っている。移民省がもっとも心配していたのは難民がオーストラリアで「小さな孤立地域《ゲットー》」を形成してしまうことで、当時のフレイザー政権（一九七五〜一九八三）が多文化主義政策によってかつての同化主義的移民政策に対抗しようとしていたことを反映している。ブライアンは難民アドバイザー委員会を立ち上げて北部準州政府に定住、健康診断、住居、その他の難民が受けられるサービスについての助言を行った。

一九九〇年代になると、非正規の庇護申請者への政府の対応が劇的に変化した。最初の庇護申請者用の収容センターが一九九一年に西オーストラリア州のポートヘッドランドに設立され、一九九二年の法令で非正規のボート難民はすべて収容されることが決まった。一九九九年にはオーストラリアの史上初めて、難民というカテゴリーにはすべて一時保護しか与えられなくなった。ハワード政権は、ポーリン・ハンソン〔ワン・ネーション党〕の一九九八年選挙時の主要な政綱の一つを真似て、ビザなしで入国してきた庇護申請者に三年限りの一時保護ビザしか与えない法律を施行した。三〇か月後、その出身国に安全に戻れないということが認められれば、永住ビザが与えられることになった。ビザなしでやって来た庇護申請者が、難民と認定されて一時保護ビザで収容所から出ても、もはやかつての連邦政府によるすばらしい定住サービスは受けられず、就労の権利も持てなくなってしまった。オーストラリア国内で多くの人びとが、この庇護申請者に対する政府の非人道的な処遇に対して、これを改善するための組織づくりをして働きかけ始めた。そのうちの一人がかつての陸軍士官だったジェフ・マクファースンだ。

二〇〇一年～　「キャンベラ難民支援」とジェフ・マクファースンの活動

ジェフ・マクファースンは、さほど裕福とはいえないカトリック一家に五人きょうだいの一人とし

て生まれ、一九七二年に陸軍に入った。退役後の二〇〇一年に、キャンベラ難民支援組織（ＣＲＳ）の法人設立を助け、軍で学んだ技術をまったく質の違う組織で活用することになる。これまでにも学校や地域組織での活動に関わってきていて、一九九〇年代には特に東チモールからの難民の窮状を意識していた。難民が行政上の問題に対応する上で彼はかつての経歴を生かした有益な支援を行い、その難民定住への貢献によって二〇〇四年には首都特別地域（ＡＣＴ）政府によりその年の「キャンベラ市民オブザイヤー」に選ばれた。

ＣＲＳは一九九九年に移民省の「難民コミュニティ定住計画」による助成を受けたボランティアの一グループから始まった。二〇〇一年に、連邦政府は、そういったコミュニティのボランティアグループから商業的組織に移行し、契約を結んで、国連仲介による難民のみに到着時のサービスを限定すると決定した。ＣＲＳをはじめとする多くのＡＣＴのコミュニティ組織はセンタケアというこの地域での最高位入札組織の下請けとして働くことを選ばなかった。それ以後ＣＲＳは法人組織として完全に独立して運営されることになった。ジェフはこう説明している。

原則的に契約業者を用いることについては特に異論はありません。英語教育や医療支援といった難民サービスは、契約業者によって適切に行われています。けれども私たちはコミュニティ組織を契約業者という地位に追いやってしまった新しいシステムから距離を置いたのです。これは「良き隣人運動」とその後継の時代から続いていた長いコミュニティ運動の伝統から大きく逸れることになると考えたのです。

他の一二人のCRS設立メンバーも多様なスキルを有していた。中にはメディア研究専門の元教授、退職した公務員、移民向け英語教員など、難民に対する経験と専門性がある者もいた。やがてメンバーは九〇名にもなり、大学生、公務員、専門職を退職した人びとなどが集まった。ジェフは、メンバーに唯一共通するのは、社会的良心を持ち、政府の人道支援政策を批判していることだと信じていた。他にも献身的な支援者が多く控えていて、中には連邦政府公務員であるために正式なメンバーになれないと感じている者もいた。二人だけ、かつて難民だったメンバーもいた。いったん自立したコミュニティ構成員になってしまえば、難民はもう支援組織と関わりたくないかも知れないとCRSは認識しているが、彼らのスキルや経験、人的つながりに頼ることもあった。

この新しい組織は、政府が庇護申請者に対する定住サポートを提供しなくなったのでその溝を埋めることにした。主に収容所から解放されたボート難民や、また空路でオーストラリアに来てから難民申請したが連邦政府からほとんど支援がなく地域社会で暮らせない人びとの緊急的ニーズに応えることに集中した。その規約には、主たる目的としてボランティアの難民支援ワーカーを組織育成して、難民の定住、権利擁護、連邦政府とACT政府双方の官僚に政策提言を行うこととある。この政策提言については、政治的ロビー活動とともにひじょうに重要になった。というのも庇護申請者は永住権を得られるまで最長七年コミュニティで生活することができたが、その一時的な滞在資格のゆえに結婚したり子どもをもうけたり、コミュニティサービスを受けるための税の支払いができなかったのだ。

ＣＲＳによる北部準州政府への働きかけは、連邦政府よりもうまくいっていた。またＡＣＴ政府は、一時保護ビザで滞在している庇護申請者や難民が、仕事に就いて社会の生産的な一員になれるよう、公営住宅を申請したり無料の英語教室に通ったりすることに同意した。政府はまた英語教室に通う両親に託児所を設け、そのビザの種類にかかわらずすべての庇護申請者に無制限の医療サービスを行うこととした。ＣＲＳは、長期にわたって拘束されている何千もの人びとへの心のケアを行うよう連邦政府に働きかけたが、失敗に終わった。「彼らは、これからの人生においてずっと精神的問題を抱えていくでしょう。そして連邦政府はそれを助けなければならなくなる。彼らの政策が、問題の一番の原因になっているのに」とジェフは述べた。

ＣＲＳはまた連邦政府に、立場が弱い難民に関係する仕事をする職員や支援者について、その登録簿と「行動規範」の作成、そして警察による犯罪経歴チェックを行うよう推奨したが、これもかなえられなかった。けれども連邦政府は難民に直接関わっている職員については訓練を施し、犯罪歴を調べ、継続して監督・指導した。また「優れた実践ガイド」を作成して付与し、通訳の使いかた、難民当事者の権利と守秘義務、虐待とトラウマによる症状、難民が搾取されている場合の見分け方などを指南した。ＣＲＳが、難民が搾取されているケースを発見していたのだ。

ＣＲＳは連邦政府からは助成金を受けなかったが、法人組織として寄付を募ることはできた。毎年キャンベラのコミュニティは何万ドルもの金額を難民支援に差し出し、ときどき資金集めのイベントを開催した。ＣＲＳには事務所がなく専任職員もおらず、会合はメンバーの家で開催していたので、収入は実際にすべて必要が迫った人びとのために使われていた。ＡＣＴ政府のほか、地域の企業や団体機関から大きな支援を受けた。海外からの家族呼び寄せのときなどに、必要な額だけ寄付を募り、いつもそれに応えてもらっていた。またACT政府、連邦政府のすべての主要政党に属する多くの議員からも「多大な支援」を受けた。

移民省の「電話通訳サービス」は永住ビザを持っている人にしか適用されなかったので、CRSは有料の通訳・翻訳者や、必要な語学能力を有している組織のメンバーにより、組織の対象の大部分である一時滞在ビザしか与えられていない人びとを支援した。通訳者は医師や不動産業者に行くのに付き添ったり、難民認定のための事実記載書を作成するのを手伝ったりした。家族によってはビザの関係で就労できないのに生活費を捻出しなければならず、それが何年も続くことがある場合があり、そのような家族が就労できるまで、または社会保障が受けられるようになるまで支援もした。

CRSの利用者はさまざまなところから紹介を受けてきた。ACT政府や関連機関、赤十字、保健機関やコンパニオンハウス、移民代理人やコミュニティの一般の人びとだ。ときには庇護申請者が自ら連絡してくることもあった。連絡を受けると、CRSはその必要事項を査定し、適切な支援が受けられるよう協力する。一九九〇年代終わりには難民の大部分がかつてのユーゴスラビア紛争から逃れて来たコソボ、クロアチア、マケドニア、セルビアの人びとだった。その後、イランやイラクといった中東の難民が来るようになった。その後は、人道ビザを取得してきたアフリカ人やその他の人びともあったが、たいがいの人びとは正規の認証なしで、船で直接到着したりナウルのような海外に設置された収容所から来たりする者が多かった。大使館で働きながら庇護申請した人を支援する場合もあった。その支援対象者の約四分の三が独身男性で、残りは家族だった。定住までのプロセスに何年もかかることがあり、また潜在している問題が明らかになるのに時間がかかる場合もあるので、利用者の中には、オーストラリアの市民権を得てからもケアを受け続ける者もあった。一時滞在ビザを持つ難民申請者に対する移民省のビザの制度がひどく複雑化していて、ＣＲＳは特殊な場合について移民代理人の助言を求めることもよくあった。

あるエネルギッシュな手術室看護師がその良い例でしょう。この女性はブリッジングビザと呼ばれるつなぎのビザでオーストラリアに何年も滞在していて、就労はできませんでした。医療機関でその経験を生かしたいと申し出たのですが、それが可能かどうか私が彼女のビザについて調べてみると、彼女には有給・無給にかかわらず仕事はできない、と言わなければならなかったのです。何も生産的なことができないなんて、普通ならひどいことだと思われるでしょう。そのように否定的な条件をつけて、何が得られるのかという疑問が生じます。そのようなビザの条件によって生じるストレスにさらされている人びとは、ポジティブに、また果敢に対応しようとしていて、それによって帰国を決めたり庇護申請を取り止めたりする人はいません。決して抑止力にはなっていないのです。

ＣＲＳは着いたばかりの庇護申請者に弁護士や移民代理人を紹介したり、住居や食料を手配したりした。独身男性用の緊急用宿泊場所は比較的容易に見つけられたが、急な依頼では公営住宅はほとんど利用できず、予告なしにやって来た家族に滞在場所を探すのは一番難しかった。けれどもジェフはこう言う。「私たちは一度も依頼者を路頭に迷わせたことはありません。いつも何か手立てを考えます。一晩はホテルに泊めて、そのあと臨時の手配を続けるとか。優先的に扱ってあげてほしいと思っているのではありません。ただどんな家族でも同様の状況にあれば同じように扱ってあげたいと思っているだけなのです」。ジェフたちはまた、着いたばかりの人びとに、受けられる範囲の社会福祉への申請を手伝った。中には資格があっても自信が持てず申請しない人たちがいたのだ。就労はできなくても、連邦政府から生活資金が支払われると知ると、多くの難民たちは驚いた。ACT政府は一時滞在ビザを持つ難民に公共交通や電気のような光熱費の割引を行い、また連邦の成人移民英語プログラムには入れてもらえないので、キャンベラ工科大学で代わりの英語クラスを開催した。

ジェフは、難民は収容経験によってその後のコミュニティでうまく定住できなくなり、この収容所での経験が、ことに子どもの人生に傷を残してしまうと強く考えていた。「罰則的な収容は、その制度に巻き込まれた人の人間性を損なうだけでなく、その後解放された人を傷つけ不安定にさせてしまうのです」と、収容所から解放されたばかりの四歳の子の例を引きながら断言している。収容所で、あまり英語を話せない両親がその子に絶対必要な英語を教えたという。それはその子につけられた番号と、「看守さん、おはようございます」という挨拶だったのだ。

CRSは、収容所にいるあいだに適切な精神的・身体的医療処置を受けていなかった人をコンパニオンハウスやACT保健省につないだ。ACT政府からの助成金により、難民も庇護申請者も無料の病院、救急車、その他医療サービスを利用することができたし、CRSのメンバーで医療関係の職に就いている者がそのネットワークを通じて、利用者に必要な専門的医療を受けられるようにしていた。

ジェフは首都特別地域の学校が、難民の子どもたちへの教育の必要にとてもよく対応して、三つの小学校とディクソン・カレッジで入門英語センターを開いたことを賞賛している。子どもたちはその年齢によってクラス分けされ、ジェフは「ついていくには懸命に頑張らなければなりませんが、同じくらいの子どもと一緒なので、うまくいくことが多いのです」と言う。CRSのボランティアが担任の教師と協力して（ときにはほとんど教育を受けたことがない）子どもの宿題を見ることもある。それはもちろん両親の同意を得た上でのことだ。CRSはまたキャンベラの四つの入門英語センターそれぞれに毎年子どもを対象とする奨学金を出した。それは成績最優秀者ではなく、努力がめざましくそれを認めることで益になると考えられる子どもに授与された。連邦政府は一時滞在の子どもが州の公立学校に通うのを許可していたが、それが終わると、高等教育に進むには満額の学費を払わなければならなかった。ジェフは、これは非情で過酷だと考えた。

ジェフは、専門職があったのにその資格をオーストラリアでうまく生かせている難民は多くないと言い、アフガニスタン出身で現在は肉体労働をしているもと農業学教授や、学会でオーストラリア滞在中に難民申請した医師の例を挙げている。ジェフの組織の支援でこの医師は資格認証のための多くの試験に通ったが、まだオーストラリア滞在の許可が下りていない。CRSでは、キャンベラ工科大学で英語のコースを受けている難民のほうが、より落ち着きを取り戻し就職のチャンスも多くなるようだと見ている。けれども雇用者の側では一時滞在ビザの難民を引き受けたがらないようだ。

CRSが長年支援してきた何百人もの庇護申請者のほとんどが正規の難民認定を受け、オーストラリアに留まっている。けれどもそういう難民家族にとって、市民権取得に移民省が要求する何百ドルもの金額が障害になっていて、結果的に彼らはオーストラリア社会に市民として完全に、また平等に参加できずにいるのだ。CRSは、思いやりある幅広いコミュニティがこの組織を内包しているからこそ存在できている。「コミュニティの人びとから多くの支援を受けながらこういう仕事ができるのは、まさに喜びなのです」とジェフは締めくくった。

二〇〇一年から二〇〇七年のヘレン・マキューと「地方オーストラリアの難民支援」活動

タンパ号の難民に対するハワード政権のやり方に怒りの声を上げたのは、都会のオーストラリア人だけではなかった。オーストラリア中の田舎町で難民支援グループのネットワークが立ち上がることになった。二〇〇一年にはニューサウスウェールズ州サザン・ハイランズでヘレン・マキュー、スーザン・ヴァーガ、アン・クームスによって「地方オーストラリアの難民支援」（RAR）が設立された。

ヘレン・マキューは一九四六年にキャンベラに生まれ、キャンベラ病院で看護師をしながら労働組合の代表を務め、その後一九八一年にニューサウスウェールズ大学で医療従事者教育学の修士号を取得した。それから中東で世界保健機関の仕事に就き、その後一九八二年から八三年にかけてレバノンで国連救済事業機関の一員としてサブラー・シャティーラ難民キャンプ虐殺事件のパレスチナ人生存者を支援した。オーストラリアに戻ると

ヘレンは、難民キャンプの職員の訓練を行う労働組合支援団体の「オーストラリア海外健康教育および開発支援」を共同で設立し、その後この機関の南アフリカおよび中東の地域アドバイザーとなった。一九九四年にはニューサウスウェールズ大学で、イスラム圏の女性についての研究で政治学博士号を取得し、ニューサウスウェールズ州のサザン・ハイランズに移り、先住民との和解やコミュニティ組織に関わるその他の人権問題に取り組んだ。

収容されている難民の扱いに心を痛めていたヘレンは、タンパ号事件に触発され、友人のアンとスーザンとともに地方でのアクションを起こすことにした。弁護士で作家のスーザンはユダヤ人難民としてオーストラリアに来ていて、第二次世界大戦中に父親と多くの親類家族をドイツの収容所で失っていた。アンはジャーナリストで作家だった。「私たちはみな国に奉仕したいと強く願っていて、都会の人が思うほど地方の人たちが反動的で保守的であるわけではないと思っていました」。

すでに東チモールの紛争や先住民和解について地域で公開の会合を開いていたので、彼女らには新しい組織に喜んで関わろうとする人びとがついていた。庇護申請者の問題について調査し、一〇条にわたる組織の綱領を作成し、難民に関して流布している思い込みを正すパンフレットを製作し、地方紙に掲載した政府への書状への賛同署名を集めた。そして二〇〇一年の選挙前に五日間にわたる公開の集会を開き、その地方の立候補者すべてに話をしてもらった。七〇〇人もの聴衆が集まって地方紙の一面に掲載され、ＡＢＣ〔公共放送〕やＳＢＳ〔半官半民の多文化・多言語公共放送〕、チャンネル９〔民間放送〕などのニュースで報道され、ＡＢＣ全国地方ラジオプログラム「ブッシュ・テレグラフ」で特集された。「あれは本当に良い始まりとなりました。全国の人が聴いていたのですから」とヘレンは述べている。
この放送の翌日、彼らはニューサウスウェールズ、西オーストラリア、ビクトリアなどの州のたくさんの町からRARの支部を作りたいという人びとの連絡を受けた。「電話が鳴り止みませんでした」。

それはまるで水門を開け放ったかのようでした。人びとは、私たちとつながりを求めたのです。連絡してきた人たちには、私たちはただ運動を始めただけで一〇条の綱領に賛同してくれさえすればRARの名を語って構わないと言いました。そしてそうなったのです。他の地域の人びとの中には難民の問題について座り込みの抗議運動をしたり結集したりしていた人びともいましたが、私たちはそういう活動について知り及んでいませんでした。収容から解放された人びとを定住させていたコミュニティもあったのです。

RARの綱領には、収容所の閉鎖、政府助成によるコミュニティ組織のケアのもとで庇護申請者が暮らすあいだの健康と安全の調査確認、オーストラリアによる国際的難民支援義務の固守、一時滞在ビザの廃止とオーストラリアの年間難民受入数の増加の要求などが含まれていた。
オーストラリア中のRARのグループが、収容されている難民に手紙を書き、テレフォンカードを送って電話をしてもらい、訪問できるようにし始めた。訪問には地域の人たちが善意のメッセージを寄せた「ウェルカムブック」を携えていった。「収容された人たちに、地方の人たちもこの状況が変わってほしいと願っていること、この状況が道徳的に誤っていて弁解の余地がないとわかっていること、そしてオーストラリアの自分たちの町に歓迎したいことを伝えたかったのです」とヘレンは述べている。ウェルカムブックから、ウェルカムタウンという考え方が生まれた。ＲＡＲはオーストラリア中の地方議会に決議書を準備し、難民が定住できるようできるだけのことをするウェルカムタウンになることを宣言してほしいと依頼した。アーミデイルとベリンジェン（ニューサウスウェールズ州）が二〇〇一年に最初にこの宣言を行い、多くの難民を擁しているマウントアイザ（クィーンズランド州）がこれに続いた。ＲＡＲは最初のタンパ号賞を、キャンベラのノルウェー大使館を通じてこの船の船長アーネ・リーネンに公式に授与した。二回目の賞はウェルカムタウンのプロジェクトへの貢献によってマウントアイザ市議会に与えられた。

その開始から数か月後にはＲＡＲはメールやウェブサイトの管理のために管理者を置く必要が出てきた。それぞれの地方のメンバーによる活動で、難民問題を理解する助けも続けた。政治家へのロビー活動を行い、新聞に寄稿し、地方のラジオ局で話し、収容されている人びとに手紙を書いたり子どもたちに玩具を送ったりするよう人びとに促した。ある男性は、オーストラリア中から一五〇〇人ものネットワークを構築して、手紙を書いたりテレフォンカードを送ったりする活動を行った。

ＲＡＲのグループは、解放された庇護申請者を支援する団体のために資金を募ったり、毛布や家具、食料を集めたりした。そのネットワークを通じて、ビザの関係でメディケアのような保険が得られない難民にその地域で無料や低料金の医療サービスを探し出したり、精神的問題を抱えている人に一番近い場所にある虐待・トラウマ対処サービスを手配したりもした。地方の職業訓練専門学校の校長の中には、規則に反して学費を取らずに難民に授業を受けさせた者もいたようだとヘレンは言っている。

二〇〇一年以後、このインターネットでつながったコミュニティはネットのニューズレターで活動を報告し、二〇〇二年からはメンバーが年次大会で実際に会うようになった。もとになったグループが疲弊してしまわないように、最初の大会では各地域のグループが年ごとに管理者の役割を担うことが決められた。

ＲＡＲはさまざまな政治的見解を持つ人びとからの関心を集めた。たいていの人はすでにコミュニティで活発に行動していて、多くが社会正義というキリスト教的考え方に駆り立てられていた。ヘレンはこう言っている。

オーストラリアにはいつも社会的地域営農運動がありました。地方の人びとは昔から強い社会正義の意識を持っていて、それが国中でその声を拡大させる構造を作ったのです。「これは嫌いだ。オーストラリアにはこのようなことをしてほしくない。国際法にも違反している。非道徳的であり、恥ずべきことであり、その加担をしたくない。私たちの声を聞いてもらい、公式に表明してもらいたい。これを変えたい、止めたいのだ」。ＲＡＲはこういった人びとの気持ちと結びついたのです。

グループのサイズはいろいろだった。ベリマ（ニューサウスウェールズ州）のような小さな田舎町ではＲＡＲの公開ミーティングには三〜四〇〇人が集まり、より大きな町では三〇〇〇人も集まることがあった。ヘレンには地域で中心となっているグループの参加者数を正確に見積もることは難しかったが、二〇〇五年までにはオーストラリア中で九〇ほどのグループがあり、おそらく少なくとも二万人のメンバーが活動していたと考えている。

ＲＡＲが望んでいたことの一つが、収容所から解放された難民が支援していた田舎町のコミュニティに定住することを希望して、その人口減少と萎んでいる社会福祉支援への抵抗力となることだった。場所によってはその希望がかなえられたが、そう多くはなかった。ヘレンは、収容所における政府による庇護申請者の扱いには反対しているが、その田舎町での定住計画については、ワガワガ（ニューサウスウェールズ州）のベトナム難民やベリンジェンのスーダン難民といった定住の成功例を挙げ賞賛している。「政府がその地域のコミュニティと協働して支援サービスが行われることを確約すれば、難民も地域に受け入れられていく」とヘレンは考えている。彼女は田舎町での難民の定住が成功するには、その町が同じ文化を持ったある程度の人数が集められるか、そして彼らを雇用できるかどうかにかかっていると考えている。「オーストラリアの田舎町にはあまり仕事がありません。ＲＡＲのグループがあるリートン、マッジー、ヤング（いずれもニューサウスウェールズ州）といった町には食肉処理場があるので、かなりの数の難民が定住するのです」。

政治的ロビー活動をしてきたにもかかわらず、ＲＡＲは二〇〇七年に解散するまで多くの目標を達成できなかった。個々の難民を多く助けて収容所から解放し、コミュニティに定住させてきたが、一時保護ビザ、強制収容、難民認定数の増加などについての政府の政策にほとんど影響を及ぼせなかったのだ。ヘレンはその一番の成功は、目標としてはっきり決めたわけではないことにあると考えていた。この組織によって、地方の田舎町の人びとが自己の力を覚知し、情熱を傾けられる問題に取り組むコミュニティの活動家になることができたのだ。「私たちの運動は、参加型民主主義のとても良いモデルになったのです」とヘレンは結論づけている。

ここまでのインタビューに加え、二〇一〇年にヘレンは次のように述べている。

RARの会員たちは、主要な政治家たちを難民に引き会わせ、収容所に連れて行き、庇護申請者問題の複雑さを理解してもらうのに力を発揮してきました。ハワード政権においても、その主要なメンバーに、庇護申請者や難民に対する自分たちの政権の政策、ことに子どもの拘束や長期化する拘束、難民認定や一時保護ビザ発給の遅れに対して抗議させたことについては、かなり成功しています。さらにRARは他の難民権利擁護グループとともに社会の意識啓発に貢献していて、二〇〇七年の連邦選挙では庇護申請者と難民の政策が公開討論の主要テーマになりました。二〇〇八年から二〇〇九年にかけて、RARはオーストラリア国立図書館に広範囲の難民に関わるアーカイヴを設立するための記録担当者を雇っていて、現在研究者がそれを使用できるようになっています。

二〇〇一年からのシスター・ジェイン・キーオウと難民アクション委員会の活動

二〇〇一年に起こったできごとは、まったく縁のなさそうなオーストラリア人を過激にした。ジェイン・キーオウは一九四五年にシドニーのカトリック家庭に生まれ、一九五八年に家族で移り住んだ

キャンベラで教育を終えると、すぐにブリジダイン修道会〔ローマカトリック系〕に入った。二六年間カトリック系の学校で教鞭を執り、ニューイングランド大学、サンタバーバラ大学で大学院の学位を取得したのち、二〇〇一年、療養中の母親のケアのため退職してキャンベラに戻った。タンパ号事件に触発されて、彼女は難民アクション委員会（ＲＡＣ）に加わった。

タンパ号事件が起こったとき、私はまだ校長を務めていました。新聞で読み、テレビで見ましたが、理解できませんでした。私の足元がすくわれたような気がしたのです。これまですばらしい思いやりのある国に住んでいると思っていましたが、それが突然絶望的な人びとに言語道断な対応をしたのです。胸が悪くなる思いでした。それでキャンベラに戻ったときに「難民問題に関わろう」と思ったのです。今まで政治的活動は一切したことがなかったのですが。

彼女はすぐに集会やデモ行進を組織したり、ポスターを作ったり、土曜日の路上スタンドに人を動員したりすることを覚えたが、いつも嫌がらせに遭った。「自分には困難な仕事なのだ」と彼女は感じていた。南オーストラリア州にバクスター収容所が開設されたとき、弁護士のジュリアン・バーンサイドが抑留者のリストを入手し、Ｅメールで配布した。そのときジェインはＲＡＣのニューズレターの責任者で、一五〇〇人の支援者たちに定期的に送信していた。収容所にどのように小包を送れるか、また中に何を入れてよいかがわかったので、読者たちにバクスター、ウーメラ、ポートヘッドランドの収容所にラマダンの終わりを祝う励ましの小包を送るよう提案した。すぐに六〇〇人が応じたので、彼女はそれぞれにジュリアン・バーンサイドのリストの名前を振り分けた。間もなく人びとは他にどんな方法で連絡を取った被収容者を支援できるか質問攻めにしてきた。

ジェインはまたバクスターの土地の人びとが収容所を訪問していることを知り、キャンベラからアデレードまで一四時間のバスの旅になるにもかかわらず、自分も行ってみようと決心した。バクスターには一二回ほど訪れ、毎回一週間滞在し、一日三回の面会時間のあいだに三〇人ほどに会った。やがて彼女は収容者のほとんど全員に会っていた。彼女は少しずつ面会相手の信頼を得る方法を学び、他の多くの支援者にもそのやり方に倣ってもらうよう説得したので、すぐにすべての抑留者が誰かしらの面会相手を持つことになった。

国外退去の計画が知らされると、抑留者は自分の面会相手の支援者に知らせた。支援者が弁護士に連絡し、その進行を止めるよう働きかけた。「イラン人が何名か国外退去になりそうだったのですが、戻れば死刑になったり拷問されたりするのです。本当に恐ろしいことです」。バクスターの職員は国外退去が迫ると電話がつながらないよう遮断し得たので、RAC支援者は抑留者に携帯電話を差し入れた。それによって収容所内での事故についての事実を知ることができ、それをマスコミに伝えたのだった。携帯電話は禁止されていて見つかれば没収されてしまったので、面会者は入口で検査された。けれども彼らは身につけて入ったり、またはジェインのように郵送したりした。

携帯電話を入れるのにちょうど良いサイズのビスケットの箱を探しました。それをカーボン紙にくるんだのです。そうやって幾つか持ち込みました。充電器は別に送り、ＳＩＭカードはポテトチップの袋に入れました。もしバクスターに携帯電話を持ち込んで見つかったら、もう訪問できなくなりますから、とても危険でした。それで私は一度だけしか持ち込みはしませんでした。そのときは、入ってから出るまで緊張でひどく気分が悪くなりました。捕まるかも知れないからではなく、私の訪問権が奪われるのが怖かったのです。テレフォンカードを持ち込んだときは、トイレに入ってペーパーの下にそれを隠しておきました。

ジェインはＲＡＲのポートオーガスタ（南オーストラリア州）支部の支援者たちと協力して、バクスター収容所にいる二五〇人の抑留者のデータベースを作成した。彼らの名前、年齢、出身国と宗教、面会支援者と移民代理人、そして連絡先をリストにしたのだ。

私のこれから二年先にかけてやるべき仕事は、バクスターの抑留者一人ひとりを支援する移民代理人を見つけることになりました。それでマリオン・レイとそのすばらしいアシスタントであるクレア・ブルーンズに出会ったのです。私たち、ことにクレアがボランティアでアフガニスタン人の依頼人を引き受けるようマリオンを説得し、やがて彼女は誰も助けてくれなかった三〇名の人びとを引き受けたのでした。多くの人たちにとって彼女は命の恩人です。私は司法訓練は受けていませんが、マリオンが扱うケースの幾つかについて、その人の出身地方や、迫害した軍指導者の名前、その指導者の居場所と生死について調査しました。私はまたハザラ、タジク、パシュトゥン民族の違いについて学び、ハザラ人には少数民族として迫害の長い歴史があるのでそれを証明するのは容易だけれども、一般には迫害側として知られるパシュトゥン人については難しいことがわかりました。中には「パシュトゥン・ワリ」犠牲者、すなわち報復の名誉殺人の犠牲者が多くいたのです。バクスターに収容されていた多くのパシュトゥン人の少年は、家族が別の一族の軍指導者らに殺されるのを見てきました。不幸にも、当時アメリカがタリバンと戦わせるためにこれらの軍指導者たちに財政援助をしていたので、とても力を持っていたのです。

ジェインはまた調査で得た情報を他の移民代理人がパシュトゥン人のケースを支援するために提供した。彼女がバクスターで出会ったあるパシュトゥン人少年は家族をすべて喪っていて、まるで養子のような存在になった。彼が一〇歳の弟がむごい殺され方をしたことを嘆いているときに、訪れたジェインは母親もまたすでに亡くなっていたことを知らせなければならなかった。ジェインはそのときのことを思い出して涙ぐむ。

私は二年ほどのあいだ、二日おきに夜電話をかけて自殺しないよう彼を励まさなければなりませんでした。リラックスできるように呼吸法を教えたり、母親と過ごした楽しいときを思い出させるようにしたり、ときにはただ黙って一緒に座っていました。ときには私は夜泣きながら目を覚ましたのです。政府がボート難民を防ごうとして、今ここにいる善良な人びとをひどい目に遭わせ、その人生がひどいダメージを受けてしまっているのですから。タンパ号事件、そして難民支援の仕事が私という人間を変えました。このように何らかの理由があって私たちは存在している、そして難民のために働いているこの年月こそが、私が生かされている理由だと思っています。

ジェインは、収容されている人びとにとって面会者がいるということは「大きな違い」を生んだと述べている。「彼らは言うのです。『オーストラリアでは助けてもらえると思っていた。こんなトラウマを抱えていて、どうして犯罪者のように扱われるのかわからない。どんな過ちをしたというんだろう?』と。それが、収容されている人びとにとって最大の苦しみの原因となっているのです」。彼女は、抑留者がかつての経験により負ったトラウマにほとんど理解を示さない収容所管理職員もいて、抑留者を刺激してかっとさせていることがあるということがわかった。また管理職員によるつまらない意地悪、例えば薬をもらうのに一時間も並ばせて、渡さず追い払う、といったような件について報告した。ジェインは、ナウルで収容されている人びとも、バクスターと同様に先が不確実なことによりトラウマを受け苦しんでいるけれど、少なくとも難民として扱われていて犯罪者としてではないので、心理的なダメージは少ないのではないかと考えている。

ジェインはオーストラリアの不当な法律が変わっていないことを悲しみ失望しており、また主流社会からの疎外感も感じている。

私は正義が勝つと信じたいのですが、かつての頃ほどオーストラリア人であることに安寧を感じられないのです。当時は、世界で起きていることには目を向けず、ここは福音書の精神を持って見知らぬ人、喪失した人たちを迎え入れる国だと信じていました。日曜に教会に行っている人たちはみな、まるでこの苦しみが自分たちの足元で起きていることとは認識していないかのようです。この苦しみを分かち合うことによって、私はより人類の一員になったのかも知れません。けれども善に仕えようとしている国の一員である気がしないのです。

一九九二年以降の移民代理人マリオン・レイの活躍

第七章でインドシナ難民のための初期の仕事が紹介されているマリオン・レイは、おそらくキャンベラでもっともよく知られた庇護申請者の権利擁護者だろう。彼女が長年にわたって移民大臣と移民省の役人にとって頭痛の種だったことは確かだ。彼女はまた依頼人のための根気強く、ときに勇敢な努力を重ねたことが広く認められている。一九八八年には彼女は建国記念シティズン・オブザイヤーとなり、一九九〇年にはベトナム難民支援によりオーダー・オブ・オーストラリア勲章を授与された。一九九四年には卓越した難民支援によりオーストケアのポール・カレン賞を受賞し、二〇〇三年には三〇年にわたる人権運動への貢献によりオーストラリアの人権メダルを受けている。

一九九二年にマリオンは移民代理人の登録をして、一九九一年の大晦日にイザベラ号で北部準州のスィフト湾に到着した五六人の中国人庇護申請者を支援した。彼らは何日もさまよった挙げ句、救助されてポートヘッドランドの収容所に送られ、マリオンが彼らの代理となって裁判所命令を得て初めて解放されたのだった。彼女はまたカンボジア他からの庇護申請者の「第二波」の力強い擁護者となった。この人びとは一九八〇年代終わりから、第一避難国の満杯になったキャンプから逃れてきて、あちこちの収容所に抑留されていたのだった。一九九四年には彼女はフルタイムの教員として教えながら、オーストラリア国立大学で国際法の修士課程を終えて、さらに複雑になる難民支援に備えたのだった。

マリオンはコソボのプレセシェヴォ谷出身のアルバニア系ムスリムの三家族を助力し、彼らは二〇〇〇年に一時保護ビザが切れたときに、滞在が許可されたのだった。この家族の女性たちは、夫がコソボ解放軍に徴兵されたあと、土地のセルビア人にひどい仕打ちを受けていた。そのトラウマがあまりにも深かったので、健康上の理由からオーストラリアに留まる三年期限のビザが出た。このビザが切れようとしていて難民審査裁判所がさらなる保護を否決したとき、マリオンがそのケースを引き受けた。そして彼女らが攻撃してきたセルビア人を特定できず、彼らがまだ住んでいると思われる場所に戻されれば絶え間ない恐怖の中で暮らさねばならず、この暴力的な「民族浄化」の犯人の悪意にさらされるであろうと主張したのだった。

マリオンは、ベトナム難民、コソボのアルバニア難民の支援をしたあとは、アフガニスタンについて何も知らなかったので、その後の新しい庇護申請者の波の支援には関わりたくなかった、と認めている。しかし二〇〇二年に、一時保護ビザでカーティン収容所（西オーストラリア州）から解放されたばかりの三人のアフガニスタン人にキャンベラで会ったとき、彼女はその禁欲的な姿勢と倫理的職業観に強い印象を受け、彼らを助けることにしたのだった。他のケースも起こるべくして続いた。六年経っても彼らのケースはまだ審査中だった。

移民省が大勢のアフガニスタンからの庇護申請者の保護を、マリオンの依頼人数名も含めてパキスタン人だからと拒否したことに憤った彼女は、アフガニスタンに赴き、移民省が場所を特定できなかった北部の小さな町を探し出し、依頼人の一人の身元を確認してきた。彼の手書きの地図だけを頼りに、彼女はアフガニスタンに飛んで運転手と通訳を雇った。アフガン女性の格好をして、バン型の車に乗り込み、「道なき道を、乾いた川床を、雪やぬかるみの中を、そしてタリバンの検問所を」越えて、とうとうその村を見つけたのだった。彼女はその位置をGPSリーダーで実証し、その旅程をすべて念入りに映像記録に残した。この証拠が難民審査裁判所にその依頼人の身元の証明として認められ、彼とその家族は拘束から解かれたのだった。この旅で、彼女はまた三年収容されていた別の依頼人の家族の居場所も明らかにした。息子のウーメラ収容所のIDカードを見たとたん、その父親は「わっと泣きだし、胸を打って泣き叫びました。『これは私の息子だ、死んだと思っていたのに、生きていたんだ』と」。だが難民申請のために提供した証拠にもかかわらず、この男性の収容生活は四年目に入り、その後審査が再開して、ようやく家族とともに解放されたのだった。

マリオンは、アテム・ダウ・アテム（第六章）の家族を二〇〇三年に父が亡くなる前日に再会させた鍵となった。一一年に及ぶスーダン内戦でアテムの母ときょうだいがケニヤのカクマ難民キャンプに逃れ、家族は離ればなれになっていた。ＡＢＣの地方ニュース番組「ステートライン」にマリオンが登場し、四回にわたって家族のことが報道されたあと、キャンベラでは家族をオーストラリアに呼び寄せるために一万五〇〇〇ドル以上の募金が集まった。マリオンは保証人志願をとりまとめて、家族全員を一緒に入国させ、父親が癌で亡くなるほんの数時間前に臨終に立ち会わせることができたのだった。

マリオンはフィリップ・ラドック〔自由党、キャンベラ出身〕が移民省の「影の大臣」〔与党の大臣に当たる役割を野党側で担う担当者。一九八三～一九九六〕のときも、実際の移民大臣になったときも〔一九九六～二〇〇三〕、彼との誠意あるつながりがあった。この期間、彼女は大臣採可〔審査におけるすべての申請方法が通らなかったときの最後の手段〕を六八ものケースについて勝ち得たのであり、これはオーストラリアの移民代理人としては一番多かった。彼女はまたナウル難民収容所視察を許された唯一の難民権利擁護者もしくは弁護士で、訪問ビザは三度与えられ、そのたびに難民支援者らにより資金が賄われた。

二〇〇三年のクリスマス直前に、ナウル収容所の抑留者たちがハンストに突入し、唇を縫い合わせるという事件が起きた。これについては本書第五章で一二歳だったムスタファ・ジャワディが語っている。マリオンは、これはオーストラリア側の誰かが悪意を持ってけしかけた抗議だと考えた。すでに彼女は移民大臣のアマンダ・ヴァンストン〔自由党、二〇〇三～二〇〇七年に移民大臣〕と交渉して、彼らのケースの再審を要求し、クリスマスイブには同意を得ていたのだ。マリオンは公にハンストを非難したが、抗議した難民たちは彼女をテレビで見ており、彼らの法定代理人になってほしいと移民大臣に申し入れた。マリオンは〔ナウル行の〕ビザを申請したが、出発前に彼女は抗議者たちにこう申し入れた。その要請は聞き入れられ、「私は唇が縫われてしまっている人とは話ができません。するつもりもありません。理由は、そんなことが嫌いだからです。あまりにも野蛮な自傷行為ですから」。

ナウルに行ってから三週間で、一四三人の庇護申請者が解放され、キャンプは閉鎖され、そのうちの八家族がマリオンの近くにいられるようにキャンベラに行くことを選んだ。彼らのビザは一時保護で、連邦政府が支給する難民定住サービスは受けられないので、ACT政府が支援に乗り出し、三か月の緊急用住居手当と生活支援、英語教室、そのための保育サービス、そしてその後には公助住宅の申請を助けた。この「すばらしい手当」は、ACT政府の首相であるジョン・スタンホープの多文化主義に貢献する姿勢が引き出したものだとマリオンは考えている。彼女はまた庇護申請者家族を助けようとするキャンベラのコミュニティを讃え、マムード・サイカル（第三章）大使の主導によるアフガニスタン大使館の、ナウルから着いた人びとを迎え入れる支援の貢献も賞賛している。

マリオンは、オーストラリアの一時入国者のうち不法滞在や犯罪者についてては収容所の必要を認めているが、庇護申請者やその家族にこれを適用することには反対していて、何年も抑留されている人びとに心理的なダメージを及ぼしていると声高に主張する。彼女は自分の記録をオーストラリア国立図書館の文書コレクションに寄贈して、将来の歴史家が「私が手がけた人びとの、このすばらしい希望と大志、勇気と決意の物語を役立ててくれることを望んでいます。それぞれの人、それぞれの個人が自分の物語を持っているのであり、一度これをないがしろにしたり、聞こうとしなかったりすれば、私たちにはまったくの損失になるのです」と述べている。

第一〇章

オーストラリア国内外での難民支援

定住を希望する難民を審査する上でオーストラリア政府は、世界中で紛争により移動を余儀なくされている何百万もの人びとを支援している国際的な最高組織と緊密に連携している。国連難民高等弁務官事務所（UNHCR）、国際移住機関（IOM）である。またオーストラリアはコミュニティに根ざした難民支援団体だけでなく、国全体にまたがるアクション・エイド・オーストラリア（前オーストケア）、オーストラリア難民協会、そしてオーストラリア赤十字を有する。

ウィリアム・メイリー教授と国の難民支援

ウィリアム・メイリーはオーストラリア難民協会の執行部、またオーストケアのキャンベラ支部のメンバーとして難民問題に取り組んできた。彼は一九九六年の首都特別地域（ACT）政府による

キャンベラへの難民定住に多大な貢献をしたことで知られている。二〇〇二年には、地雷撤去のための啓発運動が評されて連邦政府からオーダー・オブ・オーストラリア勲章を受けた。また二〇〇三年には難民への支援によりオーストケアより表彰されている。

一九八〇年代にオーストラリア国立大学で経済学と法学の学士、さらに修士号を取ったあと、ウィリアムはニューサウスウェールズ州の最高裁判所、さらに連邦の高等裁判所の法廷弁護士となった。一九九一年に、キャンベラの防衛大学で政治を教えているあいだに、ニューサウスウェールズ大学で博士号を得た。彼は二〇〇三年からオーストラリア国立大学のアジア太平洋外交研究所の教授として所長を務め、アフガニスタンに関するトップの専門家の一人となっている。しばしば難民再審査裁判所への助言を行い、またアフガン難民が関わるケースについて、政府審査裁判所〔連邦法に基づいて下される決定の是非を審査する裁判所。二〇一五年には移民、難民関連の審査裁判所が統合された〕、ニューサウスウェールズ州裁判所、また連邦裁判所において専門家として証言を行っている。

オーストケアとオーストラリア難民協会

一九六七年にポール・カレン陸軍少将は、海外のキャンプにいる難民を支援するための基金を募るためにオーストケアを立ち上げた。オーストケアはときに政治的な立場を取る必要性に迫られ、それが政府への方針に背く危険性があった。だが援助活動はある程度政府に頼っていたので、一九八二年にカレンは支援プログラムの部門と難民権利擁護の部門を切り離し、後者としてオーストラリア難民協会を設立し、難民政策に提唱する機関とした。ウィリアムは一九八七年にこの協会に関わり始め、一九九〇年代はじめに執行部に入り、一九九八〜二〇〇三年には会長を務めた。彼はこう述べている。

この協会は、抗議デモの組織など一般向けの活動ではなく、高度なロビー活動を展開しています。他の組織とともに、政府の非正規庇護申請者の強制収容の代わりとなる「オルタナティブ収容モデル」を推奨することを進めています。このモデルは逃亡する可能性の高い人を留め置く一方で、危険性が低い人たちはさまざまな支援を受けられるようコミュニティに送るというものです。

協会は強制収容にずっと反対してきた。非正規に到着した人びとを短期抑留し、そのあいだに健康や保安のチェックを行うことは認めるが、その人びとを抑留したままにしておくことにメリットはないと考えていた。ウィリアムは、たいがいの虚偽難民申請者は、短期の観光もしくは就労の電子ビザで正規にやって来ている、と言っている。これらの人びとは逃亡する可能性が高いのだが抑留はされていない。アフガニスタンやイラクと言った国から危険を冒して船でやって来る人びととの大部分は、過去に移民省や難民審査裁判所によって難民申請をすることが認められているので、逃げ出す動機はない。しかしこの人たちは自動的に抑留されてしまっている。「これは、強制収容という政策全体が、ある人びとを国から追い出すということより、特定の選挙民の偏見を満たすものだろうということを示している」と彼は認識している。

ウィリアムの信条は、学究者は世界とその機能についての専門知識を一般に伝えるべきだということであり、そのために長年にわたってさまざまなコミュニティの組織で話をしてきた。ロータリークラブ、第三世代大学、鉄鋼業連合、キャンベラ労働者クラブ、そしてさまざまな民族の組織である。彼は政府の政策をときにははっきりと批判してきたが、それが政府との関係を損なってきたとは考えておらず、また自分の主張が政府の政策に大きな影響を与えてきたとも思っていない。というのも政治家は票田の志向をもとに、その意思決定をしているからだ。彼は、オーストラリア人の中には異質な人びとへの嫌悪感と差別意識を持っている人たちもいるが、一般市民の規範というものが社会に強く、実際に難民と出会ったときに必ずしも無礼な態度を取るとは限らない、と考えている。「難民に角や尻尾が生えているのではないことはすぐにわかるのです」。けれども、彼はこうも言っている。

二〇〇一年選挙前の連邦政府による難民の非人格化は、彼らを、迫害を逃れてきた生身の人間ではなく、何か漠然とした脅威のように見せるというものでしたが、それは政治的な目的があったのです。当時の野党労働党の最大の弱点は、難民の別のイメージ、キャンベラのコミュニティが最初に出会った姿を見せようとしなかったことです。

オーストケアは、難民がオーストラリア社会にどのような貢献をしてきたかを紹介するために「難民ウィーク」を始めた。オーストケアはまた全国で教会や地域の組織が毎年参加できる行事を運営している。難民ウィークは、海外の難民キャンプでさまざまな難民認定プログラムによってオーストラリアへの定住を希望している人びと、またはそれぞれの方法ですでにオーストラリアにやって来た人びとの双方に対する、より寛大な政策の必要性を唱えている。ウィリアムは、一九九〇年にキャンベラ難民ウィーク委員会の委員長にボランティアとして就任したとき、ACT内のコミュニティ組織から難民に対する多大な善意が寄せられているのを感じていた。

キャンベラの難民支援

ウィリアムはACT政府による超党派の難民支援、ことに宿泊場所や英語レッスンなど、庇護申請者に連邦政府が拒否している基本的な定住サービスを供給していることを賞賛している。

かなり非現実的なことが起こっています。例えばイラクやアフガニスタン出身の難民が一時保護ビザを与えられて収容所から解放され、南オーストラリアの収容所からバスに乗せられてキャンベラで放り出されるのです。彼らはバックパッカー旅行者用のホステルに一晩か二晩泊まれるだけで、通りに立ちつくし、キャンベラの人びとが助けてくれるのを待っているのです。ホステルの従業員や、多くのコミュニティグループが、彼らの支援に乗り出しすばらしい援助をしてくれています。英語を母国語としない人が、一〇ページにもわたる書類を記入しなければならないなどという、ひどく困った経験をしています。ACT政府は、ケイト・カーネルとジョン・スタンホープ〔ともに元ACT首相〕のもとで、躊躇なく難民支援のグループを助成し続け、また定住を促進する実際的な政策を行っています。こういった政府の主導により、起こり得る問題にもうまく対処できているのです。

ウィリアムはキャンベラの報道機関の難民への支援も賞賛している。また庇護申請者、特に移民省に誤ってパキスタン人と認定され、場合によっては何年も留め置かれている人びとに対して、アフガニスタン大使館が行っている支援に敬服している。マムード・サイカル大使のもとで、大使館はナウルにいる庇護申請者のために多大な援助をしている。それには「大使館が、ホスト国の外交関係に関わらないようにしながら、綱渡りで支援を行わなければならなかったのです。コミュニティ内のハザラ人のために、大使館は限界まで挑みました。こういった状況では、優れた外交官がいることによりすばらしい成果を上げられるのです」とウィリアムは述べている。

ウィリアムは、難民定住に関して日の当たらない英雄は、着いたばかりの難民の親類縁者で、彼らはときに多大な犠牲を払って難民を呼び寄せている、と言う。「人びとがここに定住するのは、政府の難民支援サービスが第一の理由ではなく、家族がいるからです。保証人になった人は、文字通り走り回って、子どもの就学やさまざまな政府支援への申請を助け、自立できるよう援助しているのです」。彼はまた教会や他のコミュニティグループの活躍も賞賛している。これは良き隣人委員会から発展した成果であり、かなり多くのメンバーがそこから巣立っていっている。ウィリアムは、彼らの仕事を民間業者に委託するという政府の決定は残念で、その活動が政府の実務指針に縛られてしまっていると考えている。「着いたばかりの難民にとって一番大事なのは、広いコミュニティの人びとと出会うことです。政府の決定は、良き隣人運動の主要な指針の一つ、つまり難民定住にオーストラリアの主流社会が関わるということをなくしてしまったのです」。政府は、一九七八年にこの委員会の仕事を各民族コミュニティに外部委託してしまったので、良き隣人委員会の主義を捨て去ってしまっている、と彼は考えている。これにより、新しく到着した難民の定住について、主流社会のコミュニティの多くが特に役割を担えないと感じてしまっているのだ。

地域による難民サポート

ウィリアムはことに、二〇〇四年の選挙時に、下院の平《ひら》議員を通じて連邦政府に働きかけ成功した「地方オーストラリアの難民支援」に感銘を受けた。この組織の説得によって、多くの国民党の議員が、そしてやがては政府が「もう難民叩きで票は取れないと考えたのです」。

最小限の支援サービスしか受けられない状態で一時保護ビザの取得者をコミュニティに放り出したことで、政府は知らずして難民の経験を多くの地方コミュニティの人びとにさらすことになったのです。難民がセンターリンクによってすべての支援を受けていたら、この人びとは決して難民には出会わなかったでしょう。この例をヤング（ニューサウスウェールズ州）の食肉処理場で目にしました。議会の中で、より目端が利く議員はその選挙区で難民政策に不満を持つ人がいることにすぐぴんときて、やがてキャンベラの議員会館までそれが届き、この難民問題には柔軟性が必要だと言われ始めたのです。

彼は驚くほど多くの地方議会が、難民受け入れ特別区を自治体で制定しており、都会に比べて地方の人びとは保守的で、人種差別主義的で、偏見があるというステレオタイプに対抗していると述べた。「『地方オーストラリアの難民支援』は、物理的な定住に留まらず、多くの建設的なことを実施しています。彼らは難民に、コミュニティに歓迎されているという気持ちを持ってもらうこと、そして彼らがその尊厳が守られるべき道義的な存在としてみなされることに、とても気を使っているのです」。彼は難民が地方で消えかかっている産業を救っていると言い、例としてアフガニスタン系ハザラ人が働いていることで何年も生き延びているニューサウスウェールズの町ヤングの食肉処理場を挙げている。「農場経営者、牧羊業者、その他地方の経営者がオーストラリアにくる難民の保証人になっているという例が驚くほど多くあります。彼らはこれまでで最高の働き手だ、と言っているのです」。

ウィリアムは、ハワード政権が一時保護ビザ計画で行ったもっとも残酷なことは、所得補助への制限ではないと言う。彼が出会ったほとんどの難民はアフガニスタン出身で、政府による経済的な補助を受けたことがなく、期待もしていなかった。もっとも彼らにこたえたのは、難民と認定された人びとが近親家族の保証人になれなかったり、別の国で安全に暮らしている家族を訪れるとオーストラリアに再入国できなかったりすることだった。これは、国連の難民条約に反しており、「官僚主義的な残酷さだ」と彼は考えている。

ウィリアムは、庇護申請者に対する政治家の姿勢は良くなっていく見込みがあると楽観している。

「現行の政策は、良いから行われているのではなく、政治家エリートたちが難民を叩けば票になると考えているからです。そういった偏狭さはやがて政治システムの中でも消えて行き、難民政策に高潔さを取り戻すでしょう。それはマルコム・フレーザー元首相やその前のロバート・メンジーズ元首相の頃に見られたのです。彼らは個々のケースに対してヒステリックに対応したり、不運な個人を例にしたりするのは良い公共政策とはみなさなかったのです」。ずっと強硬路線を続けると、自らの政策に敵を作るばかりだ、と彼は考えている。

オーストラリア社会に難民がどのように貢献してきたかについて、ウィリアムは長期的に見る必要がある、と主張している。難民として到着してからすぐには、たいてい失業率は高く社会福祉に頼る場合が多い。だがオーストラリアに留まるしかないので、仕事と成功に対する彼らの動機づけはとても強い。難民の中にはかなりの起業家がいる、と彼は主張する。「『ビジネス・レヴュー・ウィークリー』のオーストラリアの年間高所得者上位一〇〇人を見ると、その中でもと難民だった人が多いことに驚きます」「もとの生活を失った人たちが、その子どもの教育を強く支援するので、高い成果を上げる子どもには難民家族出身の者が多く、専門的職業につき、高い税金を払うようになるのです」と彼は主張する。「けれども、難民が貴重であることには別の意味があって、それはある種の証人であるということなのです」と彼は言う。

コミュニティに難民がいるというのは、オーストラリアとは違う場所がたくさんあるということを思い出させてくれます。そういった場所では、法は機能せず、日々抑圧の恐怖にさらされ、国の権力が日常的に悪用されているのです。オーストラリアの、ことに若者が、これを知るのは重要なのです。自分たちがいる世界について理解できる一端です。そのような国々、状況から来ている人が周りにいて、その証言が他者の経験を理解する手助けになるのです。

パウラ・カンスキーの移民省、国連難民高等弁務官事務所（UNHCR）、国際移住機関（IOM）での活躍

パウラ・カンスキーは、ダークスーツに身を固めた無情で英語しか話さないアングロケルト系の男性、という移民省の役人のよくあるステレオタイプにはまったく当てはまらない。ポルトガルで一九五八年にポルトガル人の父とコートジヴォワール出身のアフリカ系の母のあいだに生まれたパウラは、ポルトガル語、フランス語、英語ができ、ドイツ語とスペイン語も少し話し、イラン、イラク、ブラジルのインターナショナルスクールで教鞭を執ってきた。

一九八一年に西オーストラリアのパースに移り住み、西オーストラリア職業教育学校で第二言語としての英語を教え、その後パースにある移民省翻訳局に勤務した。マードック大学で社会学の学位を取得し、一九九七年から二〇〇〇年まで西オーストラリアの移民省の副局長を務めた。二〇〇〇年に移民省の人道プログラム局長としてキャンベラに移り、その後、新しく設立された人道的定住戦略の責任者として対難民サービスのコミュニ

ティ組織から民間委託業者への移行を差配した。だが彼女自身はボランティア組織から商業的組織に替えることによって、かねてから「良き隣人運動」によって新しく到着した難民に差し伸べられていた善意の水準が失われると信じていた。

二〇〇二～二〇〇五年　アフリカにおける国連難民高等弁務官事務所と国際移住機関での仕事

パウラはアフリカで移民省地域局長として、増加するこの地域からのオーストラリアへの難民受け入れを管理した。ポルトガルで独裁者のもとで暮らした家族の経験から彼女は、国を離れなければならないという人権侵害について理解していた。長兄はポルトガルを逃れ、何年も離国生活を送っていた。「私は自らの権利について、そして自国の政府が何をしているのか自覚することの大切さを学んで育ちました。また道徳的に誤っていると感じる問題が起こったときには声を上げる勇気を持つことも教えられました。こういった価値観にとても影響を受けていて、今日まで私が世界を見る上での指標となったのです」。この仕事に就いた理由について彼女は、自分のルーツがあるアフリカの国を知ることができ、またここでの難民状況はもっとも悲惨なものだったから、と説明している。

その後三年間、パウラは南アフリカ、ケニヤ、カイロやモーリシャスといた移民省のアフリカ関連のポストすべてで責任者となった。このとき初めてアフリカからの難民審査が移民省の課題の上位に置かれ、数も多くなっていた。「年間一〇〇〇人だった難民受け入れが、いきなり四〇〇〇人に増え、私の任期の終わり頃には八〇〇〇までになり、私がいた三年のあいだに合計一万六〇〇〇人にも上ったのです」と彼女は述べている。その主な仕事はＵＮＨＣＲと協力してできるだけこの数に対応することだった。

オーストラリア再定住のための難民認定

オーストラリアは庇護申請者の難民認定の依頼について、国連にその内容チェックを頼っており、オーストラリアがアフリカから受け入れていた数は、アフリカのＵＮＨＣＲ事務所の職員不足と照会の過程に手がかかることもあって、当初は限られていた。そこでオーストラリア政府は、ＵＮＨＣＲに資金を拠出して照会過程のスピードを上げるよう決定した。南アフリカのプレトリアにいたオーストラリア政府派遣の熟練した職員二～三名がＵＮＨＣＲのカイロキャンプに派遣され、ＵＮＨＣＲのチームとともにエチオピア人とスーダン人の難民の面接をした。さらにはガーナでシエラレオネ人を、ケニヤでスーダン人を、そしてギニアのコナクリでリベリア人を面接した。仕事はきつかった。

私たちは難民キャンプにたどり着くのに一〇～一二時間もひどい道を車に乗って移動しました。到着してから面接する人数は天文学的な数字だったのです。チームのそれぞれのメンバーが、厳しい状況の中で、一日平均八人に面接をしました。ガーナやギニアの暑さといったら、四〇度を超えたのです！　とにかく使えるところを事務所として借りました。我慢できないくらい暑くて、インタビューの途中で気絶する人もいたのです。私たちは手続きと面接を効率化して、健康診断をＩＯＭ所属の医師にしてもらい、必要な書類や証拠はすべて一度に集めるようにしました。それで、また別のグループの照会をするまで、同じキャンプに戻らずにすんだのです。かつては二～三年かかっていたことを、私たちは四か月でやってのけました。

オーストラリアは治療可能な範囲ならば健康問題のある難民も受け入れたが、治療にお金がかかったり、治療不可能だったりする人びとは除外していた。四肢に損失のある場合は受け入れられた。自分で気づかなかった疾患で除外された場合は、ＩＯＭの医師が相談に応じた。パウラのチームは難民申請者について、危険かどうか等の人物照会は行わなかった。なぜならその国で人びとを迫害した政府にこのような情報を確認するのは難しかったからだ。そこでＵＮＨＣＲが行った照会に頼っていた。パウラは移民省に、定住に際して考慮すべき特記事項を知らせていた。例えばどのくらいの期間キャンプにいたか、虐待やトラウマのカウンセリングを必要としているか、そのトラウマのレベルはどのくらいか、文化的に考慮すべきことがらなどである。この情報は定住を支援する人びとに伝えられた。

パウラの主な任務は難民問題についてアフリカにおける協力組織であるＩＯＭとＵＮＨＣＲと連絡協議することだったが、ときには実際に面接も担当して、部下の職員が働いている状況や、どのような内容の話を聞いているかを直《じか》に経験した。彼女の部下の仕事は、すでにＵＮＨＣＲが照会してオーストラリアの定住候補として挙げてきた申請者を照合し確認することだった。パウラは、難民を選別するというのがいかにたいへんなことかすぐに思いいたった。みなトラウマを抱えており、受け入れ余地さえあれば選ばれる資格があるような人ばかりだったのだ。

家族がみな殺され、自分自身も迫害を受けて逃げてきた人びとから、集団強姦や大虐殺の話を聞くのはまるで恐怖物語そのものでした。ギニアに最初に行ったあと、こういった話が甦ってきて何日も眠れませんでした。けれども面接では、国連から得ている情報に対して彼らの話が本当であるか査定し、照合し、記録しなければなりません。毎日朝から晩まで二週間もこのような話を聞き続けるのは、面接官にはとてもきついことです。「ここで私はたいへんだと思っている。でもこの恐怖を経験したのは私ではない。このかわいそうな女性は夫が斧で切り殺され、子どもたちが虐待されたのを見たと言っている。どうやってこの人が受けた恐怖と、その心中がいかなるものであるか理解できるだろう?」と思っていました。

UNHCRの職員の中には、再定住が難民にとってもっとも良い解決法ではない、なぜなら土地から引き離されて、まったく新しい環境に適応しなければならないという多大なストレスを経験しなければならないのだから、と言う人もいるとパウラは述べている。けれど、と彼女は反論する。

他にどのような方法があるというのでしょう? 彼らを難民キャンプに残してはおけません。自国の紛争が治まらなければ送還させられないし、最初に庇護を求めた国で二〇年もキャンプに閉じ込められていたあとでは安定は見込めません。このような状況下では、第三国定住のほうが人里離れた難民キャンプでの生活よりましです。キャンプでは知的刺激もないし、子どもたちも正規の教育や保健制度がないところで育つのですから。

パウラは、ケニヤのカクマキャンプは「難民キャンプの中ではハイアットホテル」だと言う。もっとキャンプとして典型的なのはギニアのコナクリにあるキャンプで、多くのリベリア人やシエラレオネ人が、ただ生き延びているだけの状況だという。

そこは周りに何もないところで、どこからも何百キロも離れているのです。難民たちにはちゃんとした家屋がなく、自分で避難小屋を建てなければなりませんが、多くの場合は低木にビニールシートをかぶせただけのもので、その下に潜り込むのです。煮炊きするために木が必要なので、周りにはほとんど木が残っておらず、食料にするために動くものはすべて捕まえて食べているので、動物ももうほとんどいません。そのようなキャンプではコミュニティという感覚はなく、人びとは生き延びるだけで精いっぱいなのです。でもそのような中でも女性たちが集まって互いの髪を編むような活動で、生活にめりはりをつけようとしているようすには、尊敬の念が高まりました。男性にはすることがほとんどなく、退屈して知的刺激も欠如していることによって、ましな場所で暮らしていれば起こらないような恐ろしい振るまいをすることがあるのです。子どもたちには学校もありません。時おり、キャンプに元教師がいて、子どもを集めて教えることがあります。けれども教材もないので、木の下に座って子どもたちに話をし、地面に何か書くだけなのです。この人びとは、信じられないようなひどいトラウマを負っていて、さらにこのひどい状況の中で暮らしているのです。

反乱者たちが村の大人を虐殺するとき、子どもたちは茂みに逃げ込み、同じように命からがら逃げ込んでいる大人の誰かに保護を求めることがある。その大人がオーストラリアに受け入れられれば、一緒に住んでいる子どもも、家族として受け入れられる。または付き添いなしの未成年者として特別措置のもと、難民として認定される。

パウラは、アフリカ人の血が入っていることは、仕事には関係ないと知った。「これほどの悲惨な状況を見れば、私たちの中の人間性は揺さぶられます。『誰もこんな扱いを受けるべきではない、彼らを助けなければ』と誰もが思うのです。この人たちのために涙するのは私たちの人間性の証です。人がこれほどの残酷な仕打ちを受けてよいわけがないと思えるのです」。彼女はまたアフリカでは他人の肌の色がどれだけ自分のより明るい色か、ということで他者を区別するということに気づいた。あるとき、彼女が部屋に入ると、一人の女性が「白い女性が来たわよ」と言うのを聞いたのだ。彼女は見回して白い女性がどこにいるのか聞き、それからそれが自分のことだとわかって笑い出した。彼女は土地の人たちにとってはアフリカ人のイメージではなかったのだ。

パウラは、もし難民を引き受けている主要国すべてが、年間の受け入れをアメリカ合衆国並みの五万以上に相当する数にすれば、難民やそのキャンプの数は大きく減少するだろうと考えている。合衆国を含めた多くの受け入れ国は、現行では割り当てを満たしていないが、その理由がわからない、と彼女は言う。「おそらくこの解決方法は、一九八〇年代のインドシナ難民に係るキャンプ解体プログラムほどには包括的でないかも知れません。でも、もし難民受け入れ国が毎年割り当てを満たすだけで、難民キャンプの人口はかなり少なくなるでしょう」と彼女は述べている。

渡航前の難民への情報提供

アフリカを出る前に、難民はオーストラリアについて簡単な文化的オリエンテーションコースを受ける。

私たちは、彼らにいちどきにたくさんの情報を詰め込まないようにしています。おそらく対処しきれないでしょうから。挿絵や写真を載せたとてもシンプルな教材を開発しました。乗って行く飛行機とか、彼らの行き先である地方都市の航空写真、主に移民リソースセンターが中心となった出迎えの人びと、成人移民教育クラスの教師、彼らが買い物をする青果商やその品物のようすなどです。この本には文章はほとんどありません。多くの難民は自国のことばも読み書きできないからです。「学校」「バス」「野菜」といった見出しだけ挙げて、英語のことばと画像を結びつけるきっかけにしています。私たちはこの本を三年前から使い始め、とても好評です。

この本は、ビクトリア州バララットや南オーストラリア州マウントギャンビア、ビクトリア州シェパートンといった、難民受け入れを開始しようとしていた町のコミュニティの協力を得て開発された。「これは新しく来た人たちにとって良かっただけではありません。コミュニティにとっても良かったのです。どんな人たちが自分の町にくるのか、たくさんの情報を得られたのですから」とパウラは述べている。

アフリカからオーストラリアの奥地《ブッシュ》へ

アフリカで三年働いたあと、パウラは二〇〇五年に移民省の企画情報部に異動した。その仕事は難民についての情報を集め、引き受ける側の連邦諸機関や州・準州・地方政府がどのようなサービスを供給するか見定める助けをすることだった。彼女はまた当時オーストラリアに来ていた難民グループの特性をまとめた小冊子を作成し、難民支援に関わる人びとが難民の背景や文化、生活様式について理解できるようにした。これらの小冊子は、難民グループの到着前に、警察、病院、その他コミュニティサービスなど広い範囲にわたった組織に配布された。

アフリカからの難民の多くはかつて農民だったので、移民省は新しい戦略を打ち出し、彼らが地方に再定住できるように入念に計画した。この戦略は、州政府に難民を特定の地域に送ることを同意させ、その地のコミュニティ――地方議会や警察、教員、医師、職業紹介所など――の協力を得て定住支援をすることだった。新参者たちに仕事が提供でき、また彼らに敵対的な反応が起こらないと判断された町が選ばれた。移民省はこういった地方の利害関係者に情報を提供し、委員会を設立し、その委員会は町に来る難民家族の情報を得た。「いったん合意に達し、私たちの責任範囲の支援サービスが確立されれば、コミュニティが仕事を引き継ぎ、私たちには大きな役割はないのです」と彼女は説明している。

毎年移民省は同じ民族出身の五〜一〇家族を特定の地方都市に送って存続し得るコミュニティ創設を図っているが、その規模は町が支えられる範囲に留めている。「これはとても良い戦略だとわかりました。やって来た難民たちが帰属感を持つことができ、またまとまりある歓迎的な雰囲気が出てくるのです」。田舎出身の難民の多くは大都市よりも小さな町のほうが安心できるとパウラは考えている。彼女は地方都市も多様性により親しむことによって恩恵にあずかれると言う。「新しい人びとが新しいことを持ち込むので、コミュニティは豊かになるとわかるのです。そして難民が外見は違っても個人として自分たちと同じような目標や大望を持っていることも。より多様性を重んじるようになることで、私たちは人間として成長すると思います」。この新しい人口の流入が、地方都市の人口減少とそれに伴う学校や銀行の閉鎖といったようなことを防げるかどうかについては、まだ判断は早いと彼女は言う。けれども移民省は、難民が最初に送られた地方で就職し、子どもを学校に通わせながら留まってくれることを期待している。

コンゴ人が再定住したシェパートン、ビルマ人のマウントギャンビア、そしてトーゴ人のバララットのコミュニティは、彼らを喜んで受け入れてくれました。マレーブリッジ（南オーストラリア州）にはすでにさまざまな民族グループが暮らしていたので、これからここでの複合的な難民グループの再定住を計画しています。シェパートンでは極端なくらいコミュニティが歓迎ムードで、再定住したコンゴ人に寛大でした。農夫が難民の家の前に食べ物の入った籠を置いていったり、庭の芝生を刈りに来てくれる人がいたりしたそうです。難民の人びとが依存的にならないよう、あまり過剰な歓待は抑える必要があります。自力で生きていくことを学ばなければなりません。けれどもこういったコミュニティの反応というのはすばらしいと思います。

オーストラリアはアメリカ合衆国に比べれば難民引き受けの数はかなり少ないが、私たちが提供している定住支援のレベルの高さを誇ってよいと、パウラは考えている。

私たちは彼らを永住者として引き受け、社会で自立した一員となれるようなプログラムに投資しています。誰かに「いったいなぜこういう人たちをここに連れてくるんだ？」と聞かれれば、「あの難民キャンプに取り残されていたら、どんな人生になるのか考えてみてください」と答えるでしょう。彼らが適応するには時間がかかります。けれども結局は乗り越えて適応できるでしょう。そしてその子どもたちはもっと容易に適応するでしょう。私たちはこの人びとに希望を与えられるのです。オーストラリアにとってこのような人びとの受け入れはすばらしい機会であり、私たちの支援を誇りに思うべきです。彼らがいることで、いろいろな意味でオーストラリアが豊かになります。ことに私たちが人道主義的な活動をしているというプライドが持てるのです。

パウラは、アフリカで働いているあいだに難民の過去の経験を理解し、そのような目に遭っていないオーストラリア人がいかに恵まれているか悟ったと言う。「難民たちが、その過去の経験を乗り越えて、オーストラリア社会で生き延び、適応しようとしている努力を私たちはもっと評価すべきなのです」とパウラは目に涙をためて語っていた。

二〇〇九年には国連難民高等弁務官事務所（UNHCR）の委任下で故国を離れて暮らす難民は一〇四〇万人いて、その人びとの大多数に庇護を与えたのは、最小限でしかその支援ができない国々だった。上位三か国は二〇〇万人以上を受け入れたパキスタン、そしてそれぞれ一〇〇万人以上を受け入れたイランとシリアだった。オーストラリアは四七位で、二万二五〇〇人――世界の合計ではほんの〇・二%だった。

難民問題は、本書の物語が示すように、国際的・国内的双方のレベルで対応しなければならないものである。第二次世界大戦前夜にピーター・ウィティングがドイツから逃れた物語は、当時迫害されていたマイノリティの人びとを守る国際的条約がなかったことから起きた、人類にとって大きな悲劇の連続の、ほんの一場面に過ぎない。オーストラリアはその歴史上、紛争によって避難を余儀なくされた多数の人びとを再定住させるのに国際的に大きな役割を二度果たしている。最初は一九四七～一九五二年に、国際難民機関（ＩＲＯ）とともにヨーロッパの難民キャンプからの人びとを再定住させたときだ。二度目は一九八〇年代で、他の国々とともに包括的行動計画によりインドシナの戦争によって難民になった人びとの再定住を助けた。もし同様の国際的に組織化された再定住方策が実現できないと考えられているとしても、現在巨大なキャンプで人生を無駄にしている難民の多くを毎年相当数受け入れるという責任を先進国が果たしさえすれば、彼らは再定住できるだろう。そして非正規に庇護を求める人びとの数を、失くせないまでも減らすことになろう。第三国定住はＵＮＨＣＲにとってあまり好まれない選択肢だが、パウラ・カンスキーが二〇〇二年から二〇〇五年にかけて難民審査をしたときに感じたように、それが唯一可能な選択肢である場合も多い。

オーストラリア政府は二〇一一／二〇一二年度の予算から二五億豪ドルを、続く四年間の庇護申請者対応に割り当てた。不法入国を抑止するためには、オーストラリア国内外で強制収容することよりも、難民受け入れを増やし、ＵＮＨＣＲや国際移住機関（ＩＯＭ）との連携を拡充して避難国における庇護申請の審査に当たるほうが、ずっと人道的で費用対効果の高い方法ではないだろうか。長期間の強制収容が、国外での難民審査の当てもなく絶望した庇護申請者を抑止するという説得力ある証拠はない。過去に行われていたように、証明書類なしで到着した人びとには、まず健康診断と人物照会を入国後に収容センターで行い、その難民申請が審査されるあいだは、政府助成を受けている地域コミュニティの福祉機関で対応するのが最善である。

オーストラリアで難民が定住に成功しているのには、二つの理由がある。一つは一九四七年以降から打ち出してきた定住のためのサービスの質の高さ、そしてもう一つは難民が到着してから最初の困難な数年のあいだ、彼らを支援し、希望を持ち続ける助けとなった専門家やボランティアの技術、善意、そして献身である。難民定住がオーストラリアでもっともうまくいっていたのは、政府が政府系組織の専門家だけでなく「良き隣人運動」や「コミュニティ難民定住計画」などのコミュニティに根ざした組織と強い協力態勢を持っていたときである。ジェフ・マクファースンが指摘しているように、難民支援サービスの一部を商業ベースの組織に委託するのは妥当であり、役所にとって管理上やりやすいことは確かだ。だが、現行のように難民定住をカトリックケアやサルヴェーションアーミーなどのような主要な福祉組織に完全に委任するのは、それぞれの土地のコミュニティで毎日当事者たちと会っている一般のオーストラリア人にそれが関わりないことであるかのような印象を与えてしまう。ラケンバで私が育ったときに気づいたように、そして政府が一九五〇年に「良き隣人運動」、一九七九年に「コミュニティ難民定住計画」を設立したときに認識したように、難民は普通のオーストラリア人と交わるだけでとても多くのことを学ぶのだ。現在のように庇護申請者が政治的な問題とされてしまうと、すべての難民に対する脅威や疑念が生まれ、難民は社会的に孤立し疎外感を味わうことになる。難民をコミュニティと関わらせるためのあらゆる努力が、彼らやその子どもたちを幸福で生産的なオーストラリア人にしていくのだ。

本書で語られた難民や庇護申請者の物語は、このような人びとを受け入れることによっていかに国も恩恵を被り得るかを示している。彼らの話を聞くことができたのは、私個人としてとても名誉なことであり、二〇〇五年にインタビューを記録し始めて以来、これらのすばらしい人たちから思いもよらなかった力を与えられた。この本を構成しているインタビューの、編集の手が加えられていないものは、オーストラリア国立図書館のオーラル・ヒストリーと民話のセクションに収蔵され聴くことができる。このプロジェクトが、人びとがそれぞれの場所で難民やその支援者のインタビューを行い、オーストラリアでこれからもさらに続いていくだろう難民定住の歴史物語に加わるきっかけになることを願っている。

原著者による謝辞

本書は、私のインタビューを受けてその人生の物語を提供してくれた人びとの寛容さがあってこそ書かれたものであり、彼らが草稿での修正を助けてくれたことに感謝している。彼らの物語を書きとめて世に送り後世のために残すことができたのは、ケヴィン・ブラドリー部長のもと、オーストラリア国立図書館のオーラル・ヒストリーと民話のセクションのスタッフの多様で豊かな技能があってのことだった。彼らが温かく迎えて助けてくれたこの一〇年のあいだ、図書館のこの部門は私の第二の家のように感じられた。このプロジェクトを始めるよう促してくれたキャンベラ難民サポートのジェフ・マクファースンと、難民のキャンベラのコミュニティへの貢献を調査し記録するため二〇〇五年にコミュニティ開発助成を授与してくれた首都特別地域（ACT）政府の多文化局にも謝意を表したい。本書を出版するに当たり、二〇一一年にACTヘリテージ助成を授与してくれたACT継承・環境・持続可能性開発部門にも感謝する。オーストラリア・ニュージーランド・パプアニューギニア・太平洋地域のUNHCR代表を務めたリチャード・トウル氏に前書きを、そしてフランク・ブレナン神父に序言を書いていただけたことを光栄に思っている。本書を書き始めたときに、オーストラリア国立大学政治・国際関係学部キム・ヒュン博士に助言と励ましをいただいたことにも感謝している。

二〇〇八年一二月に最良の批評家で校閲者、またそれ以外の支えでもあった夫ジョスを喪い、私は友人や家族に、本書の章を長きにわたってチェックしてもらうようになった。時間を費やし、それに堪えてくれたことに感謝する。炯眼をもって原稿全体を編集してくれたベンティ・イエンセン、その書式や内容について助言してくれたジェニファー・シャプコットには深く感謝している。ホルステッド出版社のマシュー・リチャードソン、アラナ・アイリフ、クレア・マクヒューは本書がテーマにふさわしいものとなるようその能力を合わせて発揮してくれた。最後に、一九七三年にチリから難民としてオーストラリアにやって来たクリスティーナ・コルデロが、そのエッチング「パルティメント」を装幀に使わせてくれたことに感謝する。この繊細な図柄は、本書の主要なテーマ——脱出、行程、希望、そして家《ホーム》——を簡潔に表象している。

出　典

オーストラリアの移民・難民定住政策

本書で引用された政府の定住サービスの歴史的概観については下記参照。

・Ann-Mari Jordens, *Redefining Australians. Immigration Citizenship and National Identity*, Hale and Iremonger, 1995.

・——, *Alien to Citizen. Settling Migrants in Australia 1945-75*. Allen and Unwin in association with the Australian Archives, 1997.

"Situational English" については下記参照。

・Los Carrington, *A Real Situation. The Story of Adult Migrant Education in Australia 1947 to 1970*, Canberra, 1997.

現行の虐待とトラウマ対策サービスについては下記参照。

・Forum of Australian Services for Survivors of Torture and Trauma, *From the Darkness to the Light. Australia's Program of Assistance for Survivors of Torture and Trauma* (PASTT), 2011.

インドシナ難民

・Frank Brennan, *Tampering with Asylum. A Universal Humanitarian Problem*, University of Queensland Press, Revised edition 2007, p.29.

- Malcolm Fraser and Margaret Simons, *The Political Memoirs*, Miegunyah Press, Melbourne, 2010, p.421 ff.
- Kim Huynh, *Where the Sea Takes Us. A Vietnamese-Australian Story*, Fourth Estate, Sydney, 2007.

インドシナ難民協会の歴史については下記サイト参照。

- http://www.ausref.net/cms/home/history-mission/

強制収容と一時収容

- Frank Brenna, *Tampering with Asylum* (2007 edition) pp.32-34, 93-94.

統計

オーストラリアの過去から現在までの難民受入数の統計については下記参照。

- Refugee Council of Australia, *Annual Report 2009-10*, Australia's Refugee and Humanitarian Program p.4, UNHCR global refugee statistics 2009-10, p.10.

ボートによる到着についての下記の情報は次を参照した。Janet Phillips and Harriet Spinks, *Boat Arrivals in Australia since 1979*, Parliamentary Library, Social Policy Section, Background note updated 11 February 2011 www.aph.gov.au

- オーストラリアに入国する庇護申請者の大部分が有効なビザを持って飛行機で到着し、その後国内での保護を申請する。
- 二〇〇九年から一〇年にかけて、オーストラリアに入国しようとした庇護申請者のうち四七パーセントが不法船舶による到着で、二〇〇八／〇九年に比べて一六パーセント増加したが、年間の庇護申請者受入数の半分に満たない。

庇護申請者に関する次の情報は、オーストラリア難民委員会の二〇〇八／〇九年度報告書（四ページ）からのものである（http://www.abcdiamond.com/australia/boat-people-and-australia/）。
・一九七六年に最初の正式書類のないインドシナのボート難民が到着してから一九八三年にフレーザー政権が終わるまで、難民は移民受け入れ合計数の約二〇パーセントを占めていた。
・この難民のうち約七万人がインドシナからであり、二千人が船でやって来た。
・一九九六年以降のハワード政権下の一〇年に、難民は移民受け入れ合計数の八・五パーセントにとどまった。
・ハワード政権によって受け入れられた約九万三千人の難民のうち、一万二〇〇〇人が船でやって来た。
・船で到着した八五〜九〇パーセントの庇護申請者についてハワード政権は申請が妥当であるとみなした。その中には、申請が決定するまで収容施設に何年も留め置かれた者もいた。

タンパ号とSIEV X（Suspected Illegal Entry Vessel）不法入国船X号

・Frank Brennan, *Tampering with Asylum. A Universal Humanitarian Problem*, University of Queensland Press, revised edition, 2007; Tony Kevin, *A Certain Maritime Incident: the Sinking of the SIEV X*, Scribe Publications, Melbourne 2004.

解説——難民とオーストラリア、そして日本

飯笹佐代子（青山学院大学教授）

難民の受け入れにおいて、オーストラリアは先進国の中では注目すべき実績を有する国の一つである。その数は第二次世界大戦後以降、およそ八〇万人に及ぶ。戦後しばらくのあいだ、同国は白豪主義のもと、ヨーロッパ系に限定した受け入れを行っていた。しかし、一九七〇年代後半のインドシナ（ベトナム、ラオス、カンボジア）難民の大量発生を機に、それまで敬遠してきたアジア系にも門戸を開いた。ベトナム戦争に加担したことへの贖罪意識や国内外の政治力学を背景に、最終的に約一八万人ものインドシナ難民を受け入れるに至っている。そのほとんどを占めるベトナム難民の多くは、本書第二章のヴァン・フン氏のようにボートで密かに祖国を脱出し、近隣諸国の難民キャンプでの審査を経てオーストラリアに入国した。他方で、二〇〇〇人ほどがボートを漕ぎ続け、長く辛い航海を経て、はるかオーストラリアの海岸にたどり着いた。彼（女）らも難民認定後は定住支援を受け、その多くがオーストラリア国民となっている。

ところが一九九〇年代以降、庇護申請を目的にボートで上陸を試みる、いわゆるボートピープルに対しては、かつての寛容さが失われ、強制収容はじめ対応の過酷さが増していった。二〇〇〇年前後

には中央アジア・中東地域の政治的動乱を背景に、アフガニスタンやイラク、イランを逃れ、インドネシアの海岸から密航業者の手配する船でクリスマス島などのオーストラリア領土を目指す人びとが増加した。赤ん坊や子どもも含めて全員が、国内に相次いで増設された収容所に送られ、しばしば長期にわたって留め置かれた。もっとも、強制収容はすべての非合法入国者が対象とされ、第四章のジゼリ・オスマニ氏（彼女はボートピープルではない）は、収容所のようすについて、「監獄」のようだと述べている。

当時、オーストラリア政府のボートピープルに対する強硬姿勢をもっとも印象的に内外に知らしめたのが、本書でもしばしば言及されている二〇〇一年八月に起きた「タンパ号事件」である〔第三章参照〕。この事件以降、ボートピープルの多くはオーストラリアへの上陸を許されず、ナウルやパプアニューギニアのマヌス島に送還、収容され、難民審査を受けることとなった。本書第五章のムスタファ・ジャワディ氏も家族とともにナウルに送られた一人である。それでも、この家族が難民認定後にキャンベラで定住できたことはまだ幸運であった。なぜなら、二〇一三年七月以降、難民認定されたとしてもオーストラリアでの定住が認められなくなったからである。こうしたボートピープル政策が、国連難民高等弁務官事務所（ＵＮＨＣＲ）や人権擁護団体はじめ、国内外からの懸念と批判の対象となってきたことは言うまでもない。

以上のように近年のオーストラリアでは、たとえ同じ国の似たような状況から逃れてきたとしても、ＵＮＨＣＲを介して海外から受け入れた難民と、かたや上述したようなボートピープルとでは、まったく異なる扱いを受けてきた。前者は人道的配慮と手厚い公的支援の対象となる一方で、後者はテロと結びついているかも知れない危険人物として、国家の安全保障上、排除されるべき対象とされたのである。実際には、ボートピープルの大半が後にれっきとした国際条約に基づく難民として認定されているにもかかわらず、である。難民や移民の安全保障化とも称される現象は、程度の差こそあれ他国にも共通してみることができる。

なお、二〇一六年にナウルとマヌス島にいる難民認定者を約一二〇〇人までアメリカが受け入れるという協定が、当時のオバマ政権と現ターンブル政権間で交わされた。その実現は、翌年のトランプ政権への移行によって危ぶまれているが、二〇一八年三月時点でようやく約二〇〇人が渡米したようである。

さて、私たち日本の読者にとって、難民とはどのような存在なのだろうか。実は日本にも、オーストラリアと同様に過去にインドシナ難民を受け入れた実績があるが、その数は一九七八年から二〇〇五年までのあいだに一万一〇〇〇人弱。最近の難民受け入れはもっと少なく、二〇一六年度に法務省が難民として認定した数はわずか二八人、海外の難民キャンプからの受け入れは一八人である（対して、同年度のオーストラリアにおける新規難民数は二万人を超える）。私たちの多くにとって、難民は自分たちとは関わりのない遠い世界の顔の見えない存在に過ぎないかも知れない。

それでも、本書で語られる一人ひとりの筆舌に尽くしがたい苦難を乗り越えた個人史は私たちの胸に刺さり、それぞれの語りを通じて世界で起こっている迫害や紛争の過酷な現実を突きつける。同時に、オーストラリアの支援者たちの活動、とりわけ自国政府による非人道的なボートピープル政策に果敢に異を唱え、支援のために立ち上がる行動力に敬意の念を抱くとともに、そこに大きな希望を見出すことができる。

では、しばしば「難民に冷たい国」と称される日本には、希望がないのであろうか。確かに受け入れ数はオーストラリアに比べるとはるかに少ない。とはいえ、難民の受け入れや支援のために、本書に登場するオーストラリア人同様、熱心に活動し、奔走している人たちが決して少なくないのも事実である。その中には、かつて難民として日本に定住した人たちもいる。日本社会にも希望は存在するのである。

UNHCRの最新報告によると、世界中で紛争や暴力、迫害などを含むさまざまな事情により強制移動を強いられた人は、二〇一七年末の時点で六八五〇万人に上り、過去五年連続で増加したという。うち、国外に逃れた難民は約二五四〇万人で、昨年より二九〇万人も多い（*Global Trends: Forced Displacement in 2017*）。難民は日々、新たに生まれている。私たちは今、「難民の時代」に生きていると言っても過言ではない。こうした中、本書が日本で刊行されることの意義はとても大きい。翻訳者の加藤めぐみさんは、私のオーストラリア研究の仲間であり、難民への関心を共有する長年の友人でもある。学務や研究でご多忙を極められる中で翻訳の労をとっていただいたことに、心から感謝したい。

本書からどのような示唆を引き出すのか、また、そこからどのように希望につなげていくのか、私たち一人ひとりに問われている。

訳者あとがき

著者アン＝マリー・ジョーデンスは「難民がどのような人たちなのか、どうしてオーストラリアにやって来たのか」を知らせるために本書を書いたという。オーストラリアでは難民問題が政治論争の焦点の一つになっている一方で、難民や庇護申請者に一度も会ったことがない人もいる。だが解説で指摘されているように二〇一七年に国連難民高等弁務官事務所（ＵＮＨＣＲ）が支援対象とする難民、避難民の数は、世界で約六八五〇万人にものぼっている。これだけ多くの人びとが家や祖国を追われている現状がある中、難民支援は国際福祉の一環であり、オーストラリアだけではなく日本の私たちも無関心ではいられない。

第一部の難民当事者たちのライフストーリーは、まさに第二次大戦から現代までの世界史を側面から証言するものであり、各地の紛争によっていかに一般の人びとが犠牲になってきたかを伝えている。言い換えれば難民の歴史は世界の歴史そのものであろう。ユダヤ人難民ピーター・ウィティングは終戦までの上海での収容生活を日本軍の監視下で過ごした。（第一章）難民としてオーストラリアに渡り市民として暮らしている人が、そのような背景を持つことを私たちが知る機会は少ないが、実は難民問題がこのように日本にも関わっていることを示している。

難民たちは、往々にして不法移民、非正規入国者というレッテルを貼られ差別の対象になるが、それでも庇護を求め、定住を希望してやって来る。それには十分な理由があることが、本書で語られる難民のそれぞれの物語から読み取れる。彼らは想像を絶する逆境を乗り越えてきた生存者《サバイバー》であり、回復力《レジリエンス》があり、それを自ら語る力強さを持つ人びとである。多くの語り手に共通するのは、誇りを失わず、人間らしく生きる権利と教育の機会を求め、祖国への思いとオーストラリアへの感謝を併せ持っていることだ。

そして難民が希望を捨てず、新たな人生を踏み出すためには、それを支援する人びとの存在が不可欠であることが第二部によく示されている。キャンベラの人びとが「良き隣人運動」をはじめとして彼らを迎え入れコミュニティの一員とする手助けをしてきた経緯は、これから外国人滞在者が増えるであろう日本社会にとって大いに参考になるのではないか。本書に集められたそれぞれのライフストーリーは、確かに成功物語ばかりかも知れない。またオーストラリアでは比較的州政府の権限が強く、連邦政府とのスタンスの違いが本書にも表れている。公務員等の職業人が多く住人の意識が高いといわれるキャンベラの土地柄が、成功理由の一つになっているかも知れない。だが保守的とみなされている地方の人びとが立ち上がった例（第九章）を見れば、互助関係が民族を超えて新たなコミュニティを作る動きは、都市や知識層にとどまるものではないことを示している。

難民の援助は難しい。メアリー・アンダーソンは『諸刃の援助——紛争地での援助の二面性』（明石書店）で、紛争地における部外者による援助が、その紛争の一部となったり加担したりする可能性を指摘している。だが、見て見ぬふりをするのは解決にならない。この援助の延長線上にいるのは本書で紹介されているような支援者たちであり、彼らが人種や民族、宗教や信条を超えて、人道的な支援を草の根レベルで行い、紛争や迫害の被害者を一人ひとり救っている。

本書のあちこちに「まだ続いている《オン・ゴーイング》」というフレーズが見いだされることからもわかるように、難民の物語はこれで完結するわけではない。オーストラリア社会に居場所を見出したあとも、彼らのこれからの人生は続いていく。クリスティン・フィリップス医師が「世界のどこかで戦争が起きている限り、難民は自分自身が受けた過去の苦難をまた追体験しなければならないのです。これに終わりはないのです」（第八章）と述べているように、世界に紛争がある限り難民がうまれ、また傷ついた元難民による生活を再建し継続するための闘いが続いている。

このように、難民たちのライフストーリーは私たちに多くのことを教えてくれている。アテム・ダウ・アテムは「オーストラリアにいて持てる者の悩みがわからない——キャンプではまず生き延びることが大事だった」（第六章）と述べており、またメイリー教授が強調するように、彼らの語りを通して「今持てるもの——安全で平和な場所で平等に生きる——がいかに貴重で特権的なものであるか」（第一〇章）がわかるのだ。彼らのオーラルヒストリーは、貴重な歴史的ナラティブであり、この無名の人びとの記憶をオーストラリア国立図書館が国の財産と位置づけ、プロジェクトとして記録保存しているのは有意義なことであろう。

本書に出てくる組織を訪ね人びとに会う機会を得た訳者は、この難民物語がまさに「続いている」ことを実感した。アテムは現在ニューサウスウェールズ州のある地域でコミュニティ・プロジェクトと多文化問題担当の仕事をしながら、他のスーダン難民をはじめ新しくやって来た移民や難民の支援に関わっている。ムスタファ・ジャワディは、雇い主の自動車修理工場経営者の支援を受けて自分の工場を立ち上げ、同じハザラの女性と結婚して、オーストラリア社会の一員として一歩を踏み出しつつある。

支援者たちの日々の支援活動にも終わりはない。マリオン・レイ、ジェフ・マクファースン、ウィリアム・メイリー、ジェイン・キーオウ、クリスティン・フィリップ各氏が、いろいろな組織との連携を図りながら自分ができることを果たすだけ、と異口同音に淡々と述べるようすには気負いはなかった。コンパニオンハウスでは、本書では五人と紹介されていた医師が二〇一八年三月には九人に増えていた。六月二〇日の「世界難民の日」に合わせて行われる「難民ウィーク」（第一〇章）の行事は、キャンベラではひところの規模のものではなくなったが、ニューサウスウェールズ州やビクトリア州に広がりを見せている。状況や事情に合わせて変化しつつ、政府の難民政策とは別なところでオーストラリアのコミュニティにおける難民支援活動は続いている。

日本では難民と身近に接することは少ないかも知れない。だがミャンマーから政治難民として日本に逃れ、二五年以上にわたって祖国の民主化運動を支えた人や、ムスタファのようにハザラ系アフガニスタン人として迫害を逃れて来日し、現在は大学院で学びながら機会あるごとに平和と教育の重要さについて講演している若者もいる。そういった人びとを社会に包摂し、その可能性を育むのは日本にとって有意義なことであろう。

本書は、著者アン＝マリー・ジョーデンス氏の快諾と支援があって邦訳が可能になった。そしてこれを刊行するにあたり明石書店の大江道雅社長、編集の岡留洋文さんにはたいへんお世話になった。飯笹佐代子さんにはオーストラリアの難民問題の現状について多くのことをご教示いただき、また本書に要を得た解説を書いていただいた。本書の出版はオーストラリア政府・豪日交流基金による出版助成を受けている。心より感謝の意を表したい。

加藤　めぐみ

本書は日本学術振興会科学研究費（課題番号：17H02241研究代表者　鎌田真弓）及び（課題番号：15K02358 研究代表者　加藤めぐみ）の成果の一部である。

〈筆者略歴〉

アン＝マリー・ジョーデンス（Ann-Mari Jordens）

第二次世界大戦後の移民史を専門とする歴史家。キャンベラ在住。
シドニー大学、メルボルン大学で歴史学修士号を取得。1977年から1983年にニューサウスウェールズ大学のキャンベラキャンパスで歴史を教える。1983年から1989年にはオーストラリア戦争記念館の歴史部門でベトナム戦争関連の調査研究に携わる。1989年から1996年にかけてキャンベラの移民・多文化省に所属。著書 *Alien to Citizen. Settling Migrants in Australia 1945-75*（Allen and Unwin with Australian Archives, 1997）と *Redefining Australians. Immigration, Citizenship and National Identity*（Hale and Iremonger, 1995）は、1992年から1993年にかけてオーストラリア国立大学でフェローとして行った研究の成果である。その他 *The Stenhouse Circle. Literary life in mid-nineteenth century Sydney*（Melbourne University Press, 1979）をはじめ、市民権、戦争、オーストラリア社会・文化史について多くの論文や記事、著書がある。1999年からオーストラリア国立図書館の依頼でオーラルヒストリーコレクションに収集するため110人にインタビューを行う。本書は、そのうちの26名の聞き語りに基づいている。

〈訳者略歴〉
加藤 めぐみ（かとう　めぐみ）

津田塾大学文学研究科修了（文学修士）。
ニューサウスウェールズ大学人文学部研究科修了（文学博士）。
現在、明星大学人文学部福祉実践学科教授。
専門は英語圏文学、オーストラリア地域研究。
［主な著書］
Narrating the Other: Australian Literary Perceptions of Japan, Monash University Press, 2008
『オーストラリア文学にみる日本人像』東京大学出版会，2013年
『海境を越える人びと――真珠とナマコとアラフラ海』（共著）コモンズ，2016年
『オーストラリア・ニュージーランド文学論集』（共著）彩流社，2017年

Australian Government

豪日交流基金
Australia-Japan FOUNDATION

希望　オーストラリアに来た難民と支援者の語り
――多文化国家の難民受け入れと定住の歴史

2018年9月10日　初版第1刷発行

著　者　アン＝マリー・ジョーデンス
訳　者　加藤めぐみ
発行者　大江道雅
発行所　株式会社明石書店
〒101-0021 東京都千代田区外神田6-9-5
電　話　03（5818）1171
FAX　03（5818）1174
振　替　00100-7-24505
http://www.akashi.co.jp
装丁　明石書店デザイン室
印刷／製本　モリモト印刷株式会社

ISBN978-4-7503-4723-3
Printed in Japan
（定価はカバーに表示してあります）

移動する人々と国民国家 ポスト・グローバル化時代における市民社会の変容
杉村美紀編著 ◎2700円

グローバル化する世界と「帰属の政治」 移民・シティズンシップ・国民国家
ロジャース・ブルーベイカー著
佐藤成基、髙橋誠一、岩城邦義、吉田公記編訳 ◎4600円

移民のヨーロッパ 国際比較の視点から
竹沢尚一郎編著 ◎3800円

カナダ移民史 多民族社会の形成
ヴァレリー・ノールズ著
世界歴史叢書　細川道久訳 ◎4800円

多文化社会ケベックの挑戦 文化的差異に関する調和の実践 ブシャール＝テイラー報告
ジェラール・ブシャール、チャールズ・テイラー編
竹中豊、飯笹佐代子、矢頭典枝訳 ◎2200円

湾岸アラブ諸国の移民労働者 「多外国人国家」の出現と生活実態
細田尚美編著 ◎5500円

帰還移民の人類学 アフリカ系オマーン人のエスニック・アイデンティティ
大川真由子著 ◎6800円

移民と「エスニック文化権」の社会学 在日コリアン集住地と韓国チャイナタウンの比較分析
川本綾著 ◎3500円

世界と日本の移民エスニック集団とホスト社会 日本社会の多文化化に向けたエスニック・コンフリクト研究
山下清海編著 ◎4600円

ブラジルのアジア・中東系移民と国民性の構築 「ブラジル人らしさ」をめぐる葛藤と摸索
ジェフリー・レッサー著
世界人権問題叢書 95　鈴木茂、佐々木剛二訳 ◎4800円

トランスナショナル移民のノンフォーマル教育 女性トルコ移民による内発的な社会参画
丸山英樹著 ◎6000円

移民の子どもと学校 統合を支える教育政策
OECD編著　布川あゆみ、木下江美、斎藤里美監訳
三浦綾希子、大西公恵、藤浪海訳 ◎3000円

オランダとベルギーのイスラーム教育 公教育における宗教の多元性と対話
見原礼子著 ◎6500円

移民政策の形成と言語教育 日本と台湾の事例から考える
許之威著 ◎4000円

グローバル化と言語政策 サスティナブルな共生社会・言語教育の構築に向けて
宮崎里司、杉野俊子編著 ◎2500円

多文化社会の教育課題 学びの多様性と学習権の保障
川村千鶴子編著 ◎2800円

〈価格は本体価格です〉

マリアナ先生の多文化共生レッスン ブラジルで生まれ、日本で育った少女の物語
右田マリアナ春美著 ◎1800円

まんが　クラスメイトは外国人 多文化共生20の物語
「外国につながる子どもたちの物語」編集委員会編　みなみななみ まんが ◎1200円

まんが　クラスメイトは外国人　入門編 はじめて学ぶ多文化共生
「外国につながる子どもたちの物語」編集委員会編　みなみななみ まんが ◎1200円

多文化共生教育とアイデンティティ
金侖貞著 ◎4800円

グローバル化時代の日本型多文化共生社会
明石ライブラリー100　駒井洋著 ◎2500円

多文化共生の学校づくり 横浜市立いちょう小学校の挑戦
【オンデマンド版】山脇啓造、横浜市立いちょう小学校編 ◎2300円

異文化間介護と多文化共生 誰が介護を担うのか
川村千鶴子、宣元錫編著 ◎2800円

「多文化パワー」社会 多文化共生を超えて
国際交流・協力活動入門講座Ⅳ
毛受敏浩、鈴木江理子編著 ◎2300円

多文化共生政策へのアプローチ
近藤敦編著 ◎2400円

外国人の人権へのアプローチ
近藤敦編著 ◎2400円

外国人の子ども白書 権利・貧困・教育・文化・国籍と共生の視点から
荒牧重人、榎井縁、江原裕美、小島祥美、志水宏吉、南野奈津子、宮島喬、山野良一編 ◎2500円

異文化間教育 文化間移動と子どもの教育
佐藤郡衛著 ◎2500円

異文化間に学ぶ「ひと」の教育
異文化間教育学大系1　異文化間教育学会企画　小島勝、白土悟、齋藤ひろみ編 ◎3000円

文化接触における場としてのダイナミズム
異文化間教育学大系2　異文化間教育学会企画　加賀美常美代、徳井厚子、松尾知明編 ◎3000円

異文化間教育のとらえ直し
異文化間教育学大系3　異文化間教育学会企画　山本雅代、馬渕仁、塘利枝子編 ◎3000円

異文化間教育のフロンティア
異文化間教育学大系4　異文化間教育学会企画　佐藤郡衛、横田雅弘、坪井健編 ◎3000円

〈価格は本体価格です〉